应用型高等教育财经类专业“十三五”规划教材

越商创新管理典型案例集锦

朱杏珍　严家明　李小明　编著

上海财经大学出版社

图书在版编目(CIP)数据

越商创新管理典型案例集锦/朱杏珍，严家明，李小明编著．—上海：上海财经大学出版社，2019.6

ISBN 978-7-5642-3254-2/F·3254

Ⅰ.①越… Ⅱ.①朱…②严…③李… Ⅲ.①企业管理-创新管理-案例-绍兴 Ⅳ.①F279.275.53

中国版本图书馆 CIP 数据核字(2019)第 076930 号

□ 责任编辑　徐　超
□ 联系信箱　1050102606@qq.com
□ 封面设计　张克瑶

越商创新管理典型案例集锦

朱杏珍　严家明　李小明　编著

上海财经大学出版社出版发行
（上海市中山北一路 369 号　邮编 200083）
网　址：http://www.sufep.com
电子邮箱：webmaster @ sufep.com
全国新华书店经销
上海华业装璜印刷厂印刷装订
2019 年 6 月第 1 版　2019 年 6 月第 1 次印刷

787mm×1092mm　1/16　14 印张　332 千字
定价：45.00 元

前 言

时光飞梭，转眼一年过去了。

2017年，在《越商管理案例集锦》出版后，求书量大大超过我们的预期。求购者中比较踊跃的便是学生，能将所学理论真正用于实践，见著立书，这份喜悦对于本科生乃至硕士生而言都是深受鼓舞的。事实上，对学生而言，案例集对他们而言比泛泛而谈的教科书更具体、更有吸引力，并且，他们还可以以此为鉴，去学习更多理论，去挖掘更多案例，实现两者的深度融合。案例企业或致电或亲自前来要求获取此书，就书中对于企业的真实描述、给予的梳理与积极的评价，非常感动，也对今后的经营倍添信心。作者所在区域的很多企业都提出希望成为案例企业，欢迎编写组师生赴企业作深层次调研，让企业从不同角度审视自己，从而不断做好企业。政府部门、社会各界对此书也赞赏有加，他们认为，《越商管理案例集锦》是绍兴第一部专门研究越商管理案例的专辑，对于探究越商经营的精髓和传统越文化富含的商业文化基因、提高越商的知名度、提升越商经营信心都具有重要意义和推动作用。

正是在这样的背景下，2018年，编写组教师带领学生，深入走访企业，通过反复修改与论证，终于形成了《越商创新管理典型案例集锦》。

《越商创新管理典型案例集锦》是继《越商管理案例集锦》之后的续集。本书特点可以归纳为以下几个方面：

1. 真实反映越商奋斗经历。管理的知识不是深藏于研究文献中，而是体现在管理者为提高竞争优势而努力的过程中。本书汇集的10个案例研究，真实地再现了越商在竞争和成长中所遇到的问题，分析他们如何创造性地克服各种挑战、把握机会和创造价值，以及这些成就对新一代管理者的启示。

2. 实现管理理论与实践的无缝对接。管理理论博大精深、纷繁复杂。本书汇集的10个案例研究，是对20世纪以来风靡世界的管理理论的阐释。这些理论或体现为管理学大师的最新著述，或体现为协同理论、系统管理理论、内生增长理论、创新管理理论、转型升级理论、可持续发展理论、核心竞争力理论等在内的具体学派和理论。

3. 采用朴实的分析方法。本书在充分阐述基本概念和原理的基础上，增加了大量的图、表，使所述内容更加生动，易于接受，受众广，在体现实用性和可操作性的同时，也为后来者在处理复杂的企业经营管理问题时提供了分析工具和对比标杆。

本书付梓出版之际，我们要特别感谢为我们提供案例支持的绍兴女儿红酿酒有限公司、浙江洁丽雅股份有限公司、浙江帅丰电器有限公司、由由嘉园、浙江圣塔绍兴酒有限公司、大唐袜艺小镇、筑脸网、巷深竹缘农庄、浙江古越龙山绍兴酒股份有限公司、绍兴御茶村茶业有限公司等10家企业；感谢各个团队的周鸿勇、丁志刚、刘海林、雷宇、李小明、严家明、朱杏珍等指导老师和同学；感谢所有为本书出版作出贡献的老师、同学和编辑。

由于时间紧迫和水平有限，书中纰漏和不足难免，敬请各位同仁、专家和学者批评指正。

越商创新管理典型案例集锦编写组

目　录

纺织印染篇

乡村振兴篇

其他篇

老字号篇

案例1
基于协同效应下的“女儿红”三嫁成败分析

摘　要:企业为取得更好的发展,必须解决资源的重组整合问题,而协同效应的实现则是资源重组的目的,协同效应在现代企业的并购浪潮中发挥着不可替代的作用。本案例以绍兴女儿红酿酒有限公司这一老字号企业为研究对象,以女儿红三次“嫁人”的“婚史”为线索,从被并购方角度出发,探讨协同效应下的企业资源重组成败问题。

本案例首先完整地梳理出女儿红三次“出嫁”的前因后果,在此基础上结合协同效应理论,从经营、管理、财务三个维度分析了“三嫁”产生出的不同协同效应,分析了女儿红“第一嫁”和“第二嫁”的失败之处,以及女儿红“第三嫁”成功之处。最后总结出企业重组整合要成功,需要双方具备一定的条件:一是行业相通,实现资源对接;二是文化相融,实现感情认同;三是资本充足,实现物力支持,从而形成经营、管理、财务的协同,实现“1+1>2”的最终目标。

关键词:女儿红;协同效应;三嫁成败

一、绪论

(一)研究背景

企业并购是在经济全球化背景下企业为了促进发展而采取的一种战略措施,目的是使企业能够在激烈的市场竞争中占据优势地位,获得持续发展的能力。企业并购后的整合更是成为国际上重要的研究问题。重组后的整合离不开协同效应,它是经营者有效利用资源的一种方式,协同效应的实现与否影响着企业整合的成功和发展。协同效应可以产生增效作用,两家企业合并后产生的效益大于合并之前各自预期的效益之和,即“1+1>2”。在协同效应下,企业可以共享技能、共享有形资源、协调战略、垂直整合、联合力量等,一些企业正是运用协同效应实现了资源的优化配置,促进了转型发展,因此研究协同效应具有非常重要的意义。

本案例研究以绍兴女儿红酿酒有限公司为例,从被并购方的角度,结合公司发展历程,从多个发展阶段详细分析女儿红三次“嫁人”的成功与失败，从现实的角度总结出其发展过程中的经验教训，在一定程度上为公司的发展提出可供参考的建议。同时，我们还将对公司如何实现协同效应进行详细的讨论，该公司发展过程中是如何解决经营协同、管理协同、财务协同这三方面问题的。通过本案例研究，可以有效探讨实现协同效应对于企业发展的重要性，也为企业实现有效的资源整合提供理论指导。

(二)研究对象

绍兴女儿红酿酒有限公司是一家老字号绍兴酒生产销售企业，现隶属于浙江古越龙山绍兴酒股份有限公司，前身是1919年成立的东关金复兴酒坊。绍兴女儿红作为绍兴东路酒的代表，位于浙江省绍兴东麓的东关镇，占地130亩，属于长江三角洲开发区，北临杭州湾，南靠会稽山，北有萧甬铁路，南有杭甬运河，地理位置十分优越。公司总资产1.5亿元，是一家以黄酒、白酒生产与销售为主进而辐射果酒、保健型酒的企业。公司占地面积166 000余平方米，有传统黄酒生产线一条，机械化黄酒生产线2条，瓶酒灌装线5条，检验检测设备齐全，年生产黄酒能力5万吨，瓶胆灌装3万吨。

公司的注册商标“女儿红”(见图1－1)是中华老字号、浙江省著名商标、浙江省知名商号。公司已通过IS09001质量管理体系、IS014001环境管理体系及HACCP体系认证，是食品卫生A级单位。产品屡获国内外大奖，远销全国20多个省份，出口日本、美国、西欧、东南亚等国家和地区，深受国内外消费者的喜爱。

图1－1 女儿红商标

(三)理论依据

协同效应(Synergy Effects)是指企业在战略管理的支配下，企业内部实现整体性协调后，由企业内部各部门的功能耦合而成的企业整体性功能远远超出企业各部门的功能之和，即公司的整体价值大于各部分的价值之和。如图1－2所示。

1. 经营协同效应

经营协同效应指由于在经营上，并购双方呈现互补态势，使得两个或两个以上企业合并成一家企业以后，收益增大，或者成本减少，从而实现规模经济、优势互补、成本降低、市场份额扩大、全面服务等目标。这种并购企业间产生的化学效应即为经营协同效应。

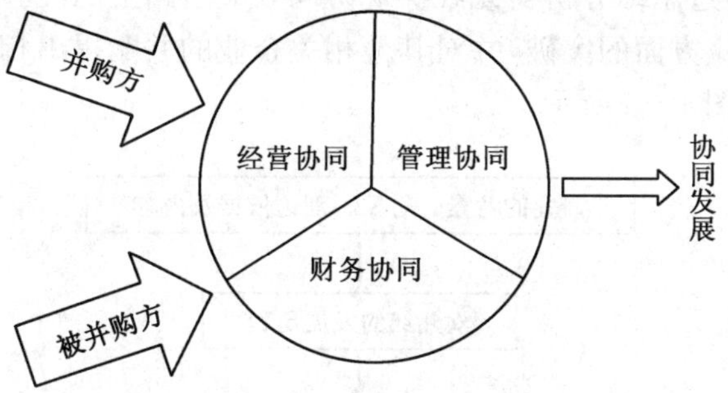

图1—2　协同效应关系图

2. 管理协同效应

管理协同效应又称差别效率理论，主要是指任意两个管理能力不等的企业进行合并，合并后的企业将会受益于具有更高管理效率的企业，使综合管理效率得到提高，即合并企业的总体在管理上的表现将会大于两个单独部分的相加之和。实现管理协同效应可以更有效地配置、使用人力资源以及提高企业的管理能力，实现企业制度、人才与文化方面的协同。

3. 财务协同效应

财务协同效应指企业在并购后给企业财务方面带来诸多效益与影响。简言之，企业之所以发生并购，目的是为追求并购后产生的财务协同效应。在女儿红三次“嫁人”的过程中，财务协同效应也是决定其成败的关键因素，主要体现在资金协同、费用协同、资本协同这三方面。

(四)研究方法

1. 文献分析

通过文献以及互联网了解女儿红公司的发展历程、发展现状及趋势，并结合协同效应理论及从公司取得的文献资料所提供的有效信息来分析判断影响企业被并购成败的因素。

2. 实地访谈

我们到绍兴女儿红酿酒有限公司并和部分企业工作人员进行实地访谈，实地参观黄酒的酿造设备以及酿造过程，了解企业的运作机制、管理模式和经营特色等。

3. 案例分析

分析收集到的关于绍兴女儿红酿酒有限公司的资料，在分析公司基本情况的条件下，结合协同效应着重对公司三次被并购成败的原因进行分析，总结出女儿红公司发展过程中的成功之道和经验教训，给企业如何实现有效并购提出有效建议。

(五)研究内容

本文主要内容共分四个部分：

(1)绪论。阐述本案例分析的研究背景、对象、理论、方法与内容。

(2)女儿红三嫁，好事多磨。介绍女儿红公司的发展历程。根据女儿红公司的发展历程，叙述其“三嫁”过程，并从中了解到公司不同阶段的发展状况。

(3)三维分析，协同发展。分类分析协同效应，从管理、经营、财务三个方面详细对比分析女儿红“三嫁”中的成功与失败。

(4)经验总结。通过总结分析女儿红实现协同效应道路上的经验与不足,详细阐述女儿红公司在实现协同效应方面的突破,并对其他相关企业的并购提出相关建议。

具体研究思路如图 1—3 所示。

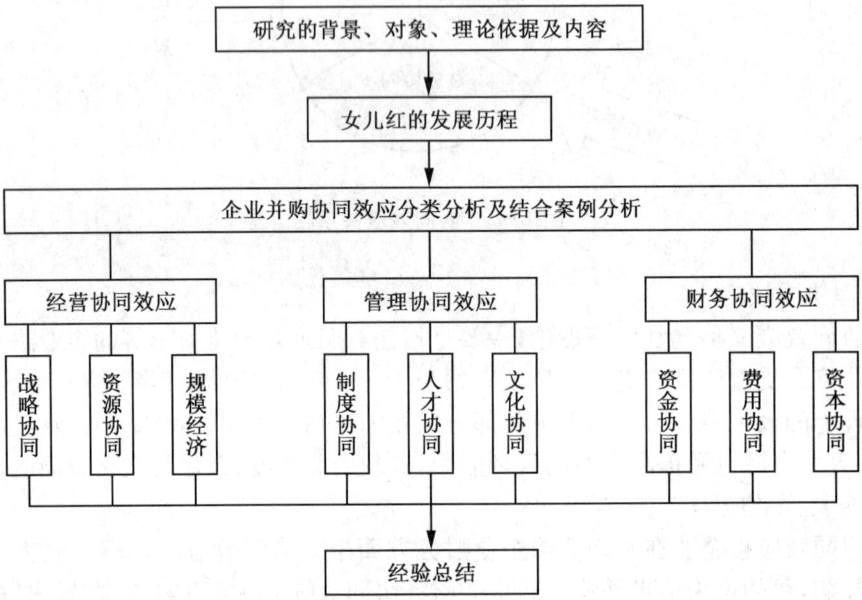

图 1—3　研究思路

二、女儿红三嫁,好事多磨

女儿红的三嫁历程,曲折而漫长。从早期的东关酒厂到最终的绍兴女儿红酿酒有限公司,经历了改制后的颠沛流离,体验了"嫁人"后的艰难历程。最终,佳偶良婿,婚姻美满。女儿红发展历程如图 1—4 所示。

(一)女儿红初生,含苞待放(1919～1999 年)

藏着晋代典故的女儿红,含有浓厚的历史气息。生女时埋酒,嫁女时取饮,是代代流传的古老习俗。1919 年的东关金复兴酒坊,是女儿红诞生之始用名,1956 年公私合营时,由金复兴等 14 家酒坊组成东关酒厂。1967 年改为地方国营上虞酒厂,是绍兴市四大酒厂之一,具有万吨生产能力。因为绍兴特殊的历史、地理、自然环境和酿酒特点,上虞酒厂成为绍兴东路酒的代表。

上虞酒厂从 1985 年起就被浙江省粮油食品进出口公司定为出口绍兴酒的定点单位,远销美国、日本、东南亚国家和港、台地区,书写了绍兴东路酒历史上的光辉一页。这不仅为绍兴东路酒树立了一面旗帜,恢复了东路酒的声誉,而且带动了绍兴东路酒酿酒工业的崛起。

1991 年,上虞酒厂更名为绍兴越泉酒厂,并在 1994 年申请到女儿红商标,更名为绍兴女儿红酿酒总公司。1994 年,著名电影《女儿红》在女儿红酿酒总公司举行开机仪式,该片由作家沈贻伟编剧,汇集了两岸三地的明星。1996 年的央视春晚,更是播出了由杭州电视台拍摄的电视艺术片《女儿红》,这些艺术形象奠定了女儿红的文化背景。

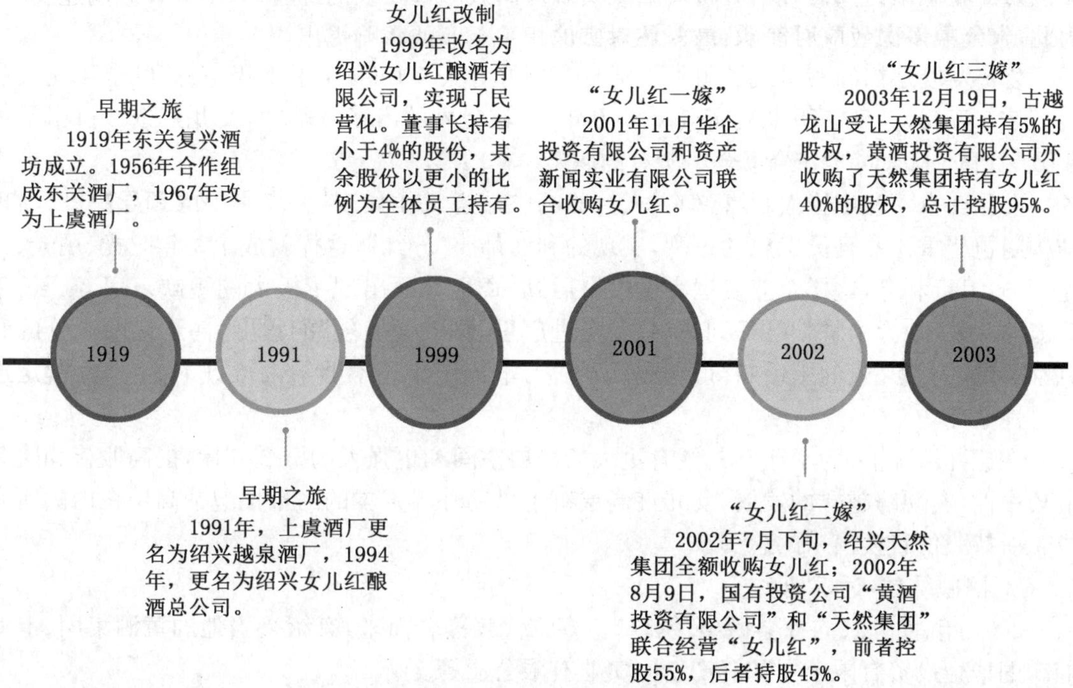

图1—4 发展历程

1999年，正式改名为绍兴女儿红酿酒有限公司(以下简称女儿红)，公司致力于产品品质提高和开发多样化产品，注重内外市场的拓展，主打品牌“女儿红”承历史记载之典故，集传统工艺之精华，系绍兴黄酒之精品，深受国内外消费者肯定。

凭借“女儿红”三个字，女儿红的规模和效益在绍兴黄酒业中跻身前列，成为一家“老资格”的黄酒生产企业。1984年女儿红占地不过30亩、资产不过300万元、利润不过30万元，2000年公司实际资产超过4 000万元，销售规模超过1亿元，年利润从1995年开始一直保持在500万元以上，有的年份达到800万元，企业的前途一片光明。

(二)女儿红一嫁，所托非人(2001～2002年)

1. 前景堪忧，女儿红须嫁

1999年，党的十五届四中全会通过《中共中央关于国有企业改革和发展若干重大问题的决定》，进一步明确了国有企业改革与发展的目标，明确提出了国有经济“有进有退”的战略方针。这意味着一大批国有企业将从相当一部分行业中退出，数量巨大的“退出型”国有企业将实行民营化改革。

在这样的时代背景下，担任董事长的朱公廉对女儿红进行了民营化改制。朱公廉是一个充满理想主义的企业家，为了让职工都享受到公司发展的成果，他提出“让女儿红所有员工都得到股份”的想法。这个想法得到了全厂300多位职工的认同。一场轰轰烈烈的改制运动在女儿红展开了。但在改制的同时，朱公廉犯下了一个连自己都无法原谅的错误，为“女儿红”走向没落埋下了一个深深的隐患。

企业改制以后，担任董事长的朱公廉只持有女儿红不到4%的股份，其他股份以更小的比例为全体干部员工持有。当时的上级政府并没有同意这种方案，仍要求经营者持有大股。为此，朱公廉多次与政府洽谈，最终达成协议。

公司发展之初确实出现了更加灵活自主的好势头。1999年下半年，女儿红全年完成利税近800万元，达到了历史最高点。2000年底，在激烈的市场竞争中，女儿红依然拼出了近400万元的利润，同样分给了全厂所有的职工。

女儿红全厂职工皆大欢喜，但人人持股的弊端也日益显现：没有集中的领导决策，治理结构问题严重。并且员工急功近利，实现的利润都要“分红”，这样就成了每年吃光、用光、分光，再还银行利息，这样企业发展完全没有后劲，资金方面出现了极大的短缺。用老厂长朱公廉的话说，他为了贷款已经到了“只要走进厂里，脚就会发软”的程度，甚至连两三分的利息都会借，用绍兴人的土话叫“口渴喝咸菜卤”，辛苦一年还不够给银行打工，生产经营走进了恶性循环。

在这种情况下，为了让女儿红有更大的发展空间和更强大的资金支持，提高股权和决策的集中性，实现跨越式的发展，女儿红高层有了借助外界资本的力量把包括高层在内的所有员工所持股份置换出来的念头。

2. 泪抛绣球，远嫁他乡

2001年，女儿红向社会抛出“绣球”。多方代表慕名而来，有绍兴当地的黄酒集团、上海浦东的华企投资有限公司和资产新闻实业有限公司等。

华企投资有限公司(以下简称华企)是由首钢、邯钢、山东兖矿、宜宾五粮液等国内著名公司联合组建的商业投资公司；资产新闻实业有限公司(以下简称资产新闻)的发起组建单位也是国内10余家大企业。

绍兴黄酒集团本是最具有实力的并购者，然而由于女儿红之前同绍兴黄酒集团是水火不容的竞争对手，双方结下了很深的“宿怨”；并且黄酒集团曾经收购过当地另外两个品牌，一两年后这两个品牌都从市场上消失了。带着对竞争者的防备，女儿红担心被绍兴黄酒集团收购之后会成为对方寻求市场垄断的牺牲品。

并且女儿红的确有借助外地乃至境外公司的销售网络提高市场占有率，达到企业更大发展的愿望。

所以，在“被人兼并”还是通过“收购重组”来求得新的发展这两种选择之间，“女儿红”选择了前者。于是2001年11月，女儿红拒绝了绍兴黄酒集团6 000万元的高价，把整个“绣球”以4 150万元抛给了华企和资产新闻。

3. 婚姻破裂，危难再起

在并购之初，华企和资产新闻都显得雄心勃勃，表示要利用其雄厚的资金实力以及企业管理、市场营销、资本运营、国际化经营等方面的丰富实践经验，使女儿红驶上国际化品牌经营的轨道。

当时的女儿红董事长潘壮指出：在当今世界口味偏淡又崇尚营养的时代，黄酒正是“好花逢时节”，女儿红应适时引进国际化的、有世界营销网络的境外食品集团加盟，只要是按照国家的《指导外商投资方向暂行规定》的要求并制定出保护生产工艺的有效措施，都可以允许外资参与。在中方绝对控股的前提下向政府申报中外合资，对“女儿红”的品牌走向世界有很大的帮助。可惜，潘壮的雄心壮志并未来得及实现。

舍高就低和舍近求远使女儿红收购事件在国内黄酒产业界闹得沸沸扬扬。业内人士，尤其是绍兴本地黄酒界人士，纷纷表示对女儿红的选择难以理解。华企和资产新闻的经营范围主要在于项目投资、企业托管、资本运作等领域，实际上都是投资公司。并且资产新闻在收购了女儿红 53.56%的股份后，曾考虑将其中 25%的股份转让给香港一家具有台资背景的公司。绍兴政府以及当地黄酒界人士担心系国家级机密的绍兴黄酒酿造工艺因此流向境外。

一波未平一波又起，对于这家酒业公司的“女儿红”商标注册问题，中国黄酒业界一直在私下争议颇多。此次女儿红被收购再次引起黄酒界人士对这个商标的关注。早在 1988 年，国家工商行政管理局商标局以“‘女儿红’是‘花雕’的别名，花雕则是黄酒品种的通用名称，所以女儿红也是黄酒品种的通用名称”这一理由驳回了绍兴县咸亨酿酒厂提出申请注册“女儿红”商标的要求。但是于 1995 年 6 月绍兴工商局发布《关于“女儿红”商标异议的裁定》，称：“异议商标‘女儿红’确系异议人国营绍兴越泉酒厂自创。”结果招致了绍兴境内的 18 家黄酒企业联名抗议。最后，国家工商行政管理局商标局还是核准了绍兴越泉酒厂提出的“女儿红”商标注册。

由于“远嫁”导致商标问题的重提，黄酒界人声鼎沸，仿佛是刚出阁的姑娘不顾闺誉与人私奔。在不断的质疑和指责中，女儿红的婚姻出现了危机。华企和资产新闻收购女儿红的初衷是为了资本运作，但是由于黄酒行业所涉及的政策特殊性，向境外企业转让股权困难重重。同时，这两个企业缺乏经营黄酒企业的经验，收购后女儿红的生产经营事实上陷入了停顿。截至 2002 年 7 月底女儿红亏损了 398 万元，而过去该公司每年平均能有 700 多万元的利润，两公司最后不得不“忍痛割爱”。

绍兴女儿红酿酒有限公司 1999～2002 年销售、利润如图 1－5、图 1－6 所示。

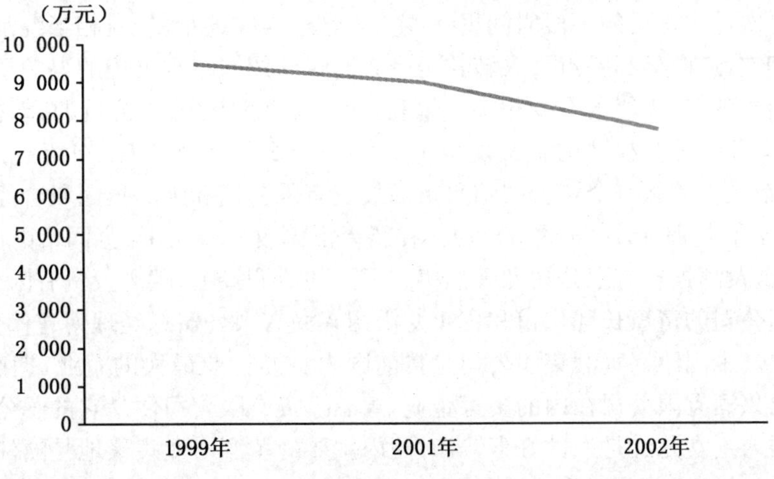

图 1－5　1999～2001 年女儿红酿酒公司销售情况

这段没有得到社会群众和当地政府两位“长辈”祝福的婚姻，在一意孤行的“远嫁”后，最终由于经营管理不善而劳燕分飞。

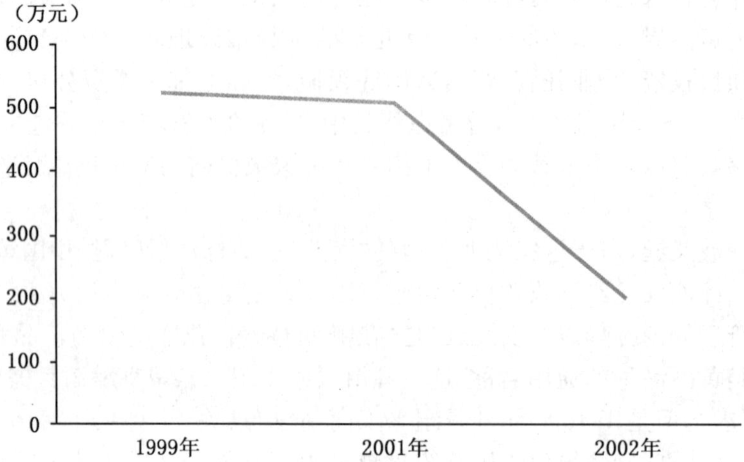

图 1—6 1999～2001 年女儿红酿酒有限公司利润情况

(三)女儿红二嫁,难侍二夫(2002～2003 年)

1. 女儿红再嫁,一波三折

2002 年 7 月下旬,浙江绍兴天然集团公司(以下简称天然集团)出资4 500万元从华企和资产新闻手中收购了女儿红。天然集团是从事羽绒及其制品生产的大型企业。此次进军黄酒业,天然集团打算发挥自身在国际市场方面拥有的优势,扩大女儿红黄酒产品的外销,利用女儿红的品牌优势开发红酒等系列产品,进而进军食品、妇女保健品、女性服饰、餐饮等行业。天然集团投入4 500万元资金控股女儿红,不仅仅是为了每年取得几百万元利润,而且希望借助"女儿红"这个平台,获取更大的发展空间。

女儿红再次易主之后的一段时间里一度陷入管理真空地带,经营相当混乱,女儿红这座金山几乎被掏空,连商标都差点被人转移至个人。时任绍兴市委书记的冯顺桥十分重视,认为绍兴酒是绍兴独有,不能给人变相买卖牟利,而且互相买卖的经营目的、动机不纯。在这样的情况下,女儿红的产权结构就又发生了变化。2002 年 8 月 9 日,在绍兴市政府有关部门的协调下,新成立的国有全资公司绍兴黄酒投资有限公司和天然集团联合经营女儿红,前者控股 55%,后者持股 45%(见图 1—7)。在绍兴市体改办牵头下,会同市财政局、经贸委、供销合作总社、黄酒投资有限公司和天然集团召开的协调会上,黄酒投资有限公司的母公司绍兴黄酒集团公司的董事长邱仁甫和古越龙山绍兴酒有限公司总经理傅建伟代表黄酒投资有限公司签字。中国绍兴黄酒集团公司是目前国内黄酒行业最大的企业,拥有包括上市公司古越龙山绍兴酒有限公司在内的多家企业,黄酒投资有限公司便是它的子公司。

黄酒集团入主女儿红是一件好事,当时国内主要的黄酒产业集聚地是浙江绍兴,其共有 100 多家黄酒生产企业,但只有 10 家拥有注册商标,除了绍兴黄酒集团等少数几家生产比较上规模之外,多数企业还处于小、散、乱的状态。黄酒集团作为行业龙头企业,拥有技术、人才优势和庞大的销售网络。而天然集团则拥有资金实力和海外市场开拓能力以及作为民营企业的灵活机制,两者优势的结合对于女儿红的发展能够产生倍增效应。

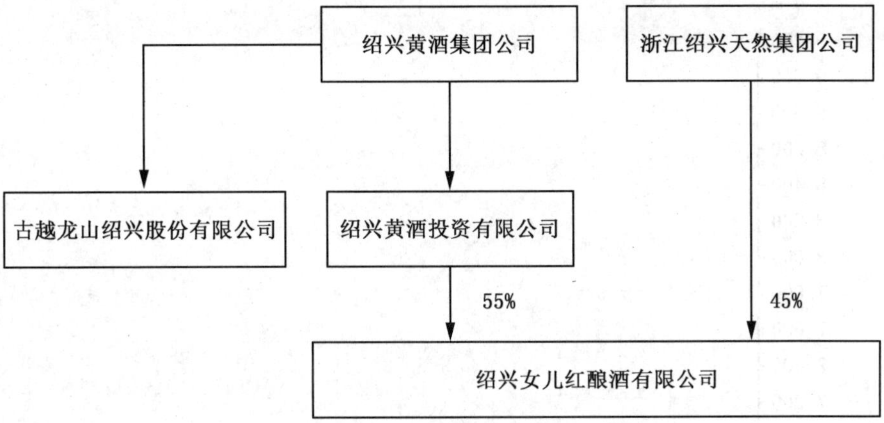

图1—7　二嫁时女儿红与控股公司的关系

2. 东家之女，难侍二夫

然而，看似美好的组合却并不如意。两个股东间的矛盾一开始就在悄悄酝酿，女儿红的婚姻之路，漫长而艰辛。2002年11月17日在绍兴黄酒集团召开的一次"女儿红"董事会上，双方就总经理人选、"女儿红"经营目标等问题发生严重分歧。12月上旬，双方又出现了新的矛盾焦点：天然集团从华企和资产新闻手中收购了女儿红的产权后，即取得了"女儿红"商标权，而与绍兴黄酒投资有限公司联合收购的资产中没有包括这个商标。黄酒投资有限公司方面得知后非常不满，因为女儿红的核心竞争力在于其品牌。与此同时，天然集团对控股方的不满也是与日俱增，认为女儿红的所有生产经营管理都被黄酒集团所控制，天然集团所能预见的权利只有以后每年按照持股比例分红，这对于确保其投资安全和收益很不公平，更别说通过女儿红实现扩大其发展空间，进军更大市场的初衷了。因此，一起给女儿红带来希望的并购便伴随着两个股东矛盾的激化而结束了。

一年中多次的资产置换，使得女儿红员工在感情和信心上都受到了伤害和打击。职工对董事会新聘任的个别领导、中层干部意见很大、不信任，认为新的领导班子对女儿红的发展缺乏真正有效的思路和得力的措施。随后更传出新任领导班子竟将女儿红库存的大量优质原料酒低价变卖转移的消息，造成了大量的资产流失，更加剧了员工的逆反心理。从2002年9月底到10月下旬，公司主要领导在办公区内被职工围堵十多次。10月18～23日，还发生了停产，导致有六七个产品生产中断，部分待组装的酒发酸。11月22日，一位重金外聘的常务副总经理突然不辞而别，原因据说是"看不到希望"。女儿红陷入困境，跌落低谷，2002年前8个月"女儿红"销售收入仅为3 814万元，亏损460万元。8月下旬以来，由于员工与新领导班子对立情绪严重，生产经营一直处在不正常状态。尽管之后上任的徐城法平息了这场混乱，他通过对女儿红臃肿的机构进行"手术"，即裁员和精简部门，变革日常管理和经营，采取相应措施拉动销售等缓解了厂内的紧张情绪，但这场混乱仍旧给女儿红带来了沉重的打击。

绍兴女儿红酿酒有限公司2001～2003年销售、利润情况如图1—8、图1—9所示。

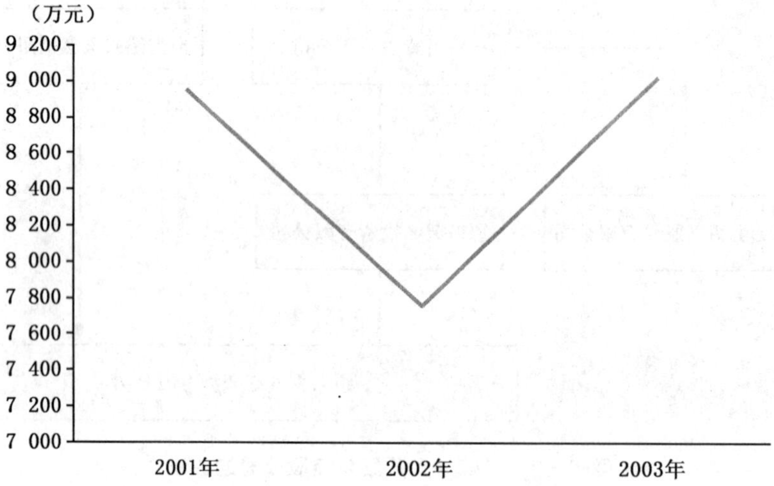

图 1—8 绍兴女儿红酿酒有限公司 2001～2003 年销售情况

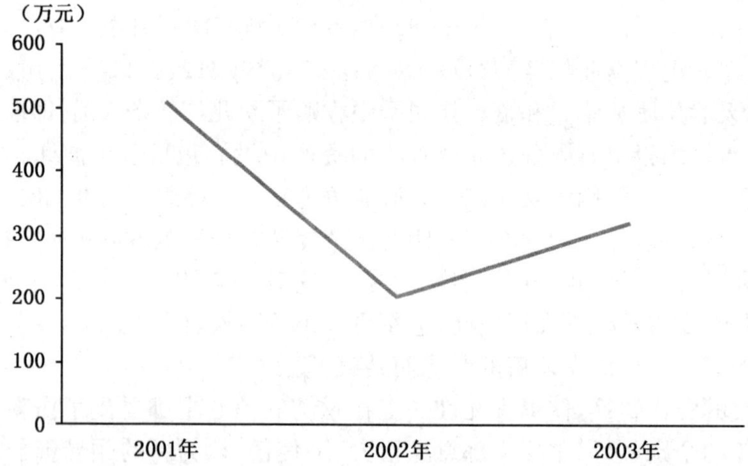

图 1—9 绍兴女儿红酿酒有限公司 2001～2003 年利润情况

员工与领导的矛盾、天然集团和黄酒投资有限公司的间隙,使得女儿红的婚姻再一次走向了尽头。

(四)女儿红三嫁,终得良人(2003 年至今)

1. 女儿红三嫁,终遇良婿

2002 年 12 月上旬天然集团与黄酒投资有限公司双方出现矛盾,天然集团决定放弃女儿红的股权。与此同时,政府介入女儿红,通过开座谈会以平复员工情绪,通过协商建立新的工资制度、奖惩条例等措施以提高员工的积极性。女儿红自此以后,一是稳定人心,二是整顿发展,三是进入快速发展的轨道。

2003 年 12 月 19 日,浙江古越龙山绍兴酒股份有限公司与天然集团签订股权转让协议,受让天然集团持有女儿红 5%的股权,黄酒投资有限公司亦收购了天然集团持有女儿红

40%的股权，总计控股95%(见图1—10)。

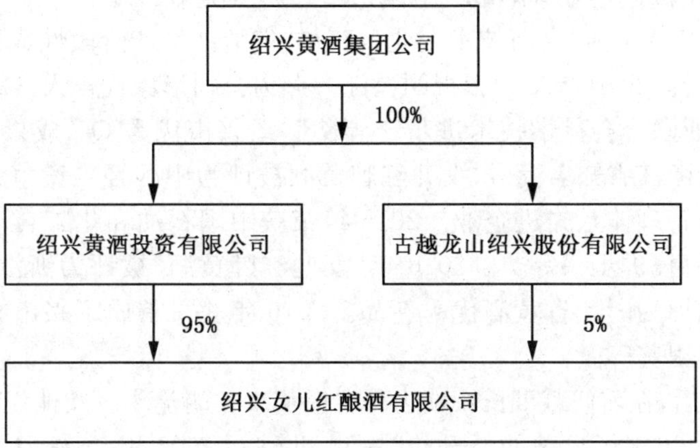

图1—10　三嫁时女儿红与控股公司关系

浙江古越龙山绍兴酒股份有限公司(以下简称古越龙山)是中国最大规模的黄酒企业。拥有国家黄酒工程技术研究中心和26万千升陈酒储量，聚集2名中国酿酒大师、13名国家级评酒大师和众多酿酒高手，黄酒年产量达16万余吨，整体品牌实力跃居中国酒业第一高地。公司产品畅销全国各大城市，远销日本、东南亚、欧美等40多个国家和地区，享有“东方名酒之冠”的美誉。

2009年9月11日，古越龙山召开第二次临时股东大会，审议通过《关于受让绍兴女儿红酿酒有限公司95%股权并增资的议案》。古越龙山拟收购黄酒投资有限公司所持有的女儿红95%股权，将女儿红全部“娶进门”。

2009年9月17日，古越龙山公司支付女儿红95%股权转让款1.6亿元。2009年10月15日，股权变动已完成工商变更登记，女儿红成为古越龙山下属全资子公司。根据2009年第二次临时股东大会决议，在收购女儿红股权完成后，公司将对女儿红进行增资扩股。女儿红公司于2010年3月26日办妥工商变更登记。

古越龙山希望通过入主女儿红，运用女儿红悠久的历史、较高的品牌知名度，改变黄酒行业产品共性强、个性不足以及企业对市场营销不重视的现状，以市场营销进一步树立品牌影响力，提高竞争力，使黄酒向大企业集中，使其逐渐由分散生产向规模生产转移，进而形成大型龙头企业的主导地位。在古越龙山收购女儿红的背后，也代表着绍兴政府整合资源做大黄酒产业的决心。

2. 佳偶天成，婚姻美满

2004年，“女儿红”成为浙江省名牌产品，得到市场和消费者的认可。公司通过ISO14001环境管理体系认证，被列入全国酿酒行业百强企业，被评为食品卫生分级管理A级单位。女儿红产值增速飞快，将近翻了一倍，这也证实了专业黄酒公司控股能为女儿红带来重生希望。与此同时，女儿红商标也在2005年登上荣誉之巅——获得了中国驰名商标。同年女儿红获得全国质量诚信推荐品牌，并被认定为国家免检产品。2006年又获得中华老字号、全国黄酒十六领军品牌称号。2007年公司被评为“上虞市工业百强企业”及“节能标兵企业”，获得“绍兴市、上虞市和谐企业”称号。2008 年，女儿红被评为“浙江省老字号”，公司获“浙江食品工业百强企业”称号及“上虞市市长质量奖”荣誉。

2009 年，公司被认定为“高新技术企业”，获得“省清洁生产阶段性成果企业”“市级重点农业龙头企业”称号。2010 年签约影视明星江一燕为公司形象代言人。2013 年公司科技项目获得“中国轻工业联合会科学技术进步三等奖”“绍兴市优秀 QC 成果二等奖”。2014 年“女儿红”被认定为浙江省知名商号，女儿红牌黄酒被评为中国轻工竞争力优势品牌产品和中国轻工品牌培育管理体系先进企业。2015 年荣获中国石油和化工自动化应用科技进步一等奖、全国商业科技进步一等奖。2016 年“女儿红牌黄酒”被评为浙江省黄酒经典产品，“十年桂花林藏”被评为浙江省黄酒优秀新品。2016 年获得首届绍兴市文化旅游创意产品设计大赛（产品组）银奖等。

女儿红“三嫁”后，在前任董事长徐城法和现任董事长胡建华以及他们的团队的不懈努力下，主营业务收入也出现了显著的上升趋势。女儿红在 2002 年 1～8 月实现销售收入仅为 3 814万元，亏损 460 万元。2003 年后，从4 500万元，到6 500万元，到7 800万元，到 1 亿多元，到现在的 2.5 亿元、3 亿元，女儿红进入高速发展期。2011 年女儿红实现净利润1 634万元，2010 年为 945 万元，同比增长 72.96%。考虑到摊销和递延所得税转回，2011 年实际产生收益 894.69 万元。到 2016 年，绍兴女儿红酿酒有限公司实现产量 5 万吨，营业收入36 231.23万元，实现利润总额3 950.39万元，净利润3 193.27万元的骄人成绩。目前女儿红发展势头良好，不断加大技术改造、文化营销力度，与科研院校开展校企合作加强研发力度，聘请江一燕为品牌形象代言人，拍摄 36 集电视连续剧《女儿红》，2017 年 5 月 16 日在 CCTV-1 黄金档首播，反响很好……女儿红与古越龙山一道，成为股份公司旗下两大主力品牌在全国市场比翼齐飞。绍兴女儿红酿酒有限公司 2003～2016 年销售、利润情况如图1－11所示。

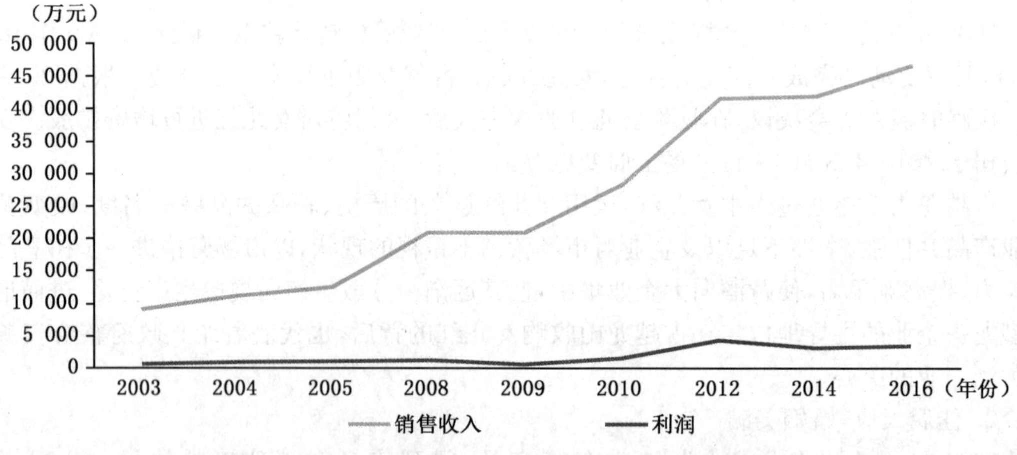

图 1－11　2003～2016 年女儿红的销售量和销售利润情况

三、三维分析，协同发展

女儿红的发展经历一波三折，在早期发展阶段，公司就把“女儿红”这个品牌打响全国，而后共经过三次“嫁人”，最终找到如意郎君。这段“嫁人”的历程，有着数不尽的艰难辛苦。

"她"究竟为何离开华企投资有限公司、资产新闻实业有限公司和天然集团，最终选择古越龙山？回顾其曲折发展经历，究竟是什么导致了女儿红"嫁人"的失败，又是什么让古越龙山成功并购？接下来，从经营、管理、财务三个维度分析协同效应变化的情况，详细研究女儿红三嫁的成败原因。

(一)经营协同效应分析

经营协同效应指实现协同后的企业生产经营活动在效率方面带来的变化及效率的提高所产生的效益，其含义为通过企业间的战略协同、资源协同，改善公司的经营情况，从而提高公司效益。

1. 战略协同，实现目标一致

在女儿红"一嫁"之初，华企和资产新闻与女儿红在公司发展战略构想上是不同的，从而没有做到目标一致。女儿红的目的很简单，就是通过引进华企和资产新闻后，能提升自己在黄酒市场的竞争力。但华企和资产新闻都只是把这次兼并看作是一次投资，运作之后把它卖给香港企业。虽然时任董事长潘壮对于女儿红的发展战略是通过引进外资，申报中外合资，使女儿红走向国际化。但事实是，华企、资产新闻从未着眼于如何建设好女儿红，而是把更多的注意力放在了如何利用女儿红来提升两家投资公司的资产实力。

在女儿红"二嫁"中，天然集团和黄酒投资有限公司共同治理女儿红，他们的战略目标也不一致。虽然黄酒投资有限公司遵循黄酒集团的宗旨，目的是做大做强绍兴酒，它对于女儿红的定位是深掘女儿红的文化，提升绍兴酒的文化内涵，扩大黄酒集团的市场占有率。但天然集团对于女儿红的定位是利用"女儿红"的品牌优势开发红酒等系列酒类产品，并打算进军食品、妇女保健品、女性服饰、餐饮等行业，所以在该阶段，女儿红的经营范围增加了床上用品、晴雨伞、家具及饮水器具的制造、销售等种类，违背了女儿红品牌主打黄酒产品的初衷。而且，联合收购一开始，天然集团和黄酒投资有限公司就没有齐心协力着力于公司的经营，反而陷入了权力的争夺混战。

在女儿红"三嫁"中，女儿红和古越龙山在战略上实现了一致。古越龙山一直秉承着做大做强绍兴酒的战略目标，因而古越龙山对于女儿红的发展方向是明确的，就是运用女儿红的品牌优势，扩大女儿红的市场，从而提升绍兴黄酒的文化内涵和市场竞争力。古越龙山通过分析当今黄酒市场百家争鸣的格局和女儿红企业内部自身的实际情况，结合女儿红长久的运营模式和其主攻中高端黄酒业的经营选择以及客户层次的分类，确定女儿红目前面临的劣势，制定了女儿红今后的发展路线和目标。而女儿红的加入同时也使得古越龙山"家庭"更加圆满，使得古越龙山对于自身的战略目标更加明确清楚。两者协同发展使绍兴酒产业迸发出勃勃生机。

战略协同下的女儿红三嫁分析如表1—1所示。

表1—1　　战略协同下的女儿红三嫁分析

	目　标	结　果
第一嫁	投资	战略与女儿红相悖
第二嫁	经营多元化	战略目标不一致，削弱执行力
第三嫁	黄酒发展战略	协同发展

2. 资源协同,实现共享发展

企业间的资源协同可以帮助企业实现经营优势互补,达到优化资源配置的目的。通过兼并能够把当事公司的优势融合在一起,包括原来各公司在技术、市场、销售渠道等方面的特长,实现企业资源共享,降低成本,提高效率,促进发展。

在女儿红"一嫁"时,无法产生资源协同效应。华企和资产新闻作为投资公司,优势在投资,技术、市场、品牌用途完全不一致,所以并不能为女儿红提供良好合适的销售渠道和手段、创新的技术等,更不能扩大当时女儿红的市场,所以在经营过程中面临女儿红黄酒行业所涉及的具体政策、如何销售、如何建立渠道等问题时,变得寸步难行,使得收购后女儿红的生产经营停滞不前,降低了女儿红的竞争力。

女儿红"二嫁"时,也未能形成资源共享。虽然黄酒投资公司对女儿红投入了资金、渠道、市场等资源,对于女儿红给予了厚望,希望通过对女儿红的治理,能够实现三家公司的协同发展。但由于两东家意见不一,女儿红未能对接黄酒集团的优势资源。在这次"婚姻"关系中,虽有美好愿望,但奈何价值观不同,使得"夫"与"妻"之间不能正常地沟通,各自的资源丰富但无法实现共享,本次更使婚姻走向尽头。

女儿红"三嫁"时,古越龙山和女儿红实现了资源共享。经过整合,女儿红借助古越龙山拥有的强大的全国市场渠道,从区域品牌变身全国性婚庆喜宴市场的主打产品。女儿红和古越龙山促进了双方的客户资源共享,扩宽了市场,获得了更多的投资项目的青睐。女儿红通过获取古越龙山的先进技术,可以轻易提高其技术水平,从而节约成本,提高产品的产量和质量。女儿红在经历了多番辗转之后存在着市场竞争力减弱、技术过时等问题,在古越龙山的大力支持下,女儿红先后对公司进行整改协调,肃清了发展道路上的障碍,解决了技术等方面存在的问题。而古越龙山通过收购女儿红,可以依托过剩的科研力量和技术资源,帮助女儿红攻克技术难题。同时,借助"女儿红"品牌,扩大自身市场影响力和竞争力,在市场竞争中赢得先机,开拓新的产品线和品牌,专注于高端产品的创新开发升级(如图 1－12 所示)。这些皆有利于增加古越龙山的黄酒市场份额、经营能力以及品牌竞争力。

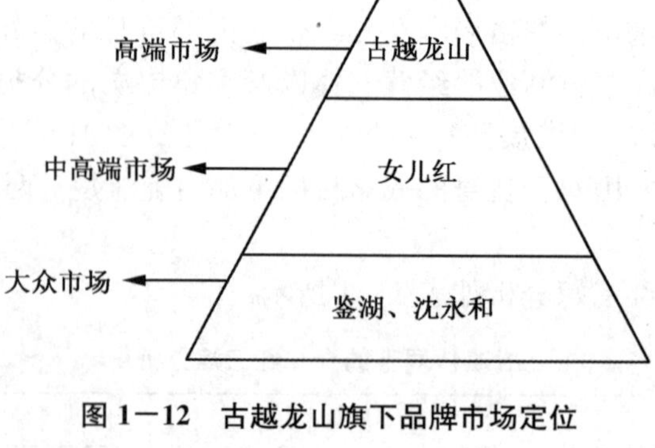

图 1－12 古越龙山旗下品牌市场定位

3. 经营协同,实现规模经济

企业合并后,有可能在经营过程的任何一个环节(供、产、销)和任何一个方面(人、财、物)获取规模经济效应,从而提高收益率。

女儿红的生产经营属于“麻雀虽小,五脏俱全”,公司虽小,但其从供应到生产,再到销售、售后服务的环节样样俱全,这些都增加了企业成本。在女儿红“一嫁”时,由于华企和资产新闻这两家公司在业务方面与女儿红属于不同的行业,没有任何相关性,所以女儿红减少这些经营附属环节,无法享受合并后的红利,所以,该次经营整合未能形成规模效应。

在女儿红“二嫁”时,当时总经理徐城法对女儿红繁杂的机构采取了一系列措施:精简机构,裁减中高级管理人员等,这在一定程度上减少了公司运作的成本。但是徐城法在一些做法上稍欠妥当,女儿红本身存在着市场需求大于公司供给的情况,但是徐却将女儿红的生产车间减少了一半,这减少了女儿红的产值,生产规模不仅没有依托天然集团和黄酒集团而扩大,反而进一步缩小。

在女儿红“三嫁”时,两者形成了生产规模经济和企业规模经济效应。由于置于同一企业领导之下,女儿红从古越龙山获得了稳定的原材料来源渠道,两家公司的供应链得以协同,技术能够共享,专业人才在两家公司内相互流通,销售场所得以统一,使得单位成本下降,扩大市场份额,实现生产规模经济效应。随着两家企业生产规模的扩大,两家公司的利润迅速增加,规模效应愈发明显,两者的市场份额进一步扩大。

经营协同效应下的协同比较如表1—2所示。

表1—2 经营协同效应下的协同比较

三嫁 / 经营协同效应	第一嫁	第二嫁	第三嫁
战略协同效应	战略目标不一致	战略目标多元化	战略目标一致
资源协同效应	无可共享资源	资源共享执行困难	行业统一,资源得到共享
规模经济效应	规模不变	规模缩小	规模扩大
总　体	无法实现经营协同效应	无法实现经营协同效应	实现经营协同效应

(二)管理协同效应分析

管理协同效应主要指协同给企业管理活动带来优于双方企业单独管理能力的总和,实现效率的提高和管理资源的有效配置。公司的管理效率不同,在双方公司协同之后,低效率公司的管理效率得以提高。管理协同效应主要分成制度协同效应、人才协同效应和文化协同效应。

1. 制度协同,提升管理能力

在女儿红“一嫁”时,由于华企和资产新闻是两家投资公司,之前并没有涉足过黄酒产业的经营管理,本身缺乏从事黄酒行业的经验,无法为女儿红建设有效的企业管理制度,从而稳定、促进女儿红的正常生产经营活动。即使女儿红当时的董事长潘壮对女儿红的未来寄予厚望,也难逃制度上没有协同导致管理难以协同的后果。

在女儿红“二嫁”时,天然集团与华企和资产新闻一样,很难为女儿红制定一份适合黄酒企业的管理制度。在天然集团和黄酒投资有限公司联合控股后,虽然黄酒投资有限公司可以为女儿红提供许多古越龙山的管理经验,但天然集团对黄酒投资有限公司十分不满,认为自己占有了股份却无法真正管理企业，双方互相不信任，导致意见无法统一，制度实施困难，最终导致管理协同效应下降。

在女儿红“三嫁”时，古越龙山将优秀的仓库管理经验、质量检验技术、高效的人员管理分配技术等优势移植到女儿红，立足于自身黄酒业务的管理知识和经验，运用自身制度为模板将女儿红的管理制度最快、最完善地建设起来，减少了不必要的企业管理费用与成本，提升了女儿红的管理能力与效率。同时，“三嫁后”女儿红内外能够完全按照古越龙山的管理制度执行，快速提高企业的运营管理效率。

2. 人才协同，保障管理经营

在女儿红“一嫁”时，人才协同是无法实现的。华企和资产新闻的公司性质决定他们根本没有从事黄酒行业的人才资源可以输入女儿红，更不用说先进的经验和技术。并且华企和资产新闻收购女儿红只是为了资本运作，想要将女儿红以更高的价格出售。这也就导致他们不会为女儿红之后的发展思考吸收更多的人才加入女儿红的管理经营。同时，当时任命的女儿红董事长潘壮原本从事投资行业，完全未接触过黄酒产业，即使认识到女儿红乃至整个黄酒产业发展现状，也未能实施举措来改善女儿红当时的状况。

在女儿红“二嫁”时，古越龙山及其代表的黄酒投资公司以自身企业为基础，为女儿红输送大量人才、管理资源，为女儿红提供丰富的黄酒产业经营管理的经验和先进的技术。但是，因为“二嫁”两个东家的互相猜疑，双方在管理、经营的许多方面产生摩擦。同时女儿红内部的员工出于对黄酒投资有限公司的不信任，发起罢工、辞职等消极怠工行为，造成女儿红本身拥有的人才资源大量流失，管理方面费用大大增加，效率大大降低，生产经营停滞。

在女儿红“三嫁”时，人才协同全面产生。绍兴女儿红酿酒有限公司董事长胡建华曾在“鉴湖”任职，有丰富的黄酒产业管理经验。古越龙山积极运用自身技术和人才优势，确立女儿红公司“以人为本，共创事业，共享价值”的用人理念，建立科学的人力资源管理系统，营造卓越的人才培养方式与职业管理通道，实现人才的有效使用，使女儿红拥有更多更强大的软实力，大量减少了女儿红管理中出现的人才问题。

3. 文化协同，促进管理认同

在女儿红“一嫁”时，女儿红内部对华企、资产新闻是认同的，但外界不认同。大众和当地政府对华企和资产新闻收购之举忧心忡忡，担忧女儿红的“原料秘方”会泄露，认为女儿红“原料秘方”属于黄酒行业。因此当企业出现问题时，当地政府没有积极予以支持，而是成为女儿“再嫁”的推手。

在女儿红“二嫁”时，政府支持，但内部不认同。一方面女儿红对黄酒投资有限公司有很强烈的抵触情绪，一直担忧被黄酒集团收购，自己就有可能沦为他人垄断市场的牺牲品。因此，女儿红内部员工出现了不服从黄酒投资有限公司管理的行为。另一方面天然集团的发展文化理念和女儿红存在很大的差异性，女儿红员工并不认同一家羽绒公司能带领好女儿红，双方没有做好文化协调，缺乏凝聚力。同时，天然集团和黄酒投资有限公司间矛盾重重，意见不合，难以制定正确的发展战略。尽管外部有政府的支持，但协同效应无法在两家矛盾深重的收购方手里发挥作用。

在女儿红“三嫁”时，外部的政府和公众、内部的职工和领导的认识逐渐趋同。古越龙山作为全国最大的黄酒企业，与女儿红间基本没有文化差异和行业差异，都有黄酒生产经营项目，易于建立共同的价值取向和行为标准，便于形成对内的凝聚力和对外的影响力。在企业战略等规划上，可以达成一致。领导者有丰富的管理经验，古越龙山的董事长傅建伟从企业文化入手，将古越龙山和女儿红的文化进行协调，提高企业凝聚力和吸引力，提升古越龙山品牌和女儿红品牌的文化含量和品牌内涵，增加产品附加值。古越龙山将自己的“创新、协调、绿色、开放、共享”的发展理念带入女儿红，使女儿红形成了“和于仁义、成于精酿、行于至诚、兴于尽善”的企业核心价值观，使得原本岌岌可危的女儿红有了发展的目标和准则。古越龙山和女儿红双方实现了文化协同效应。

管理协同效应下的协同比较如表1—3所示。

表1—3　管理协同效应下的协同比较

三嫁 / 管理协同效应	第一嫁	第二嫁	第三嫁
制度协同效应	制度设计能力不足	制度执行能力不足	有效进行制度对接和执行
人才协同效应	人才难以引进	人才难以管理	有效人才运用
文化协同效应	内部认同，外部不认同	内部不认同，外部认同	众望所归
总体	无法实现管理协同效应	无法实现管理协同效应	实现管理协同效应

(三)财务协同效应分析

财务协同效应指企业并购后在财务方面带来的诸多效益与影响。企业并购的目的是为了追求并购后产生的财务协同效应。在女儿红“三嫁”的过程中，财务协同效应是决定其成败的关键因素，主要体现在资金协同、费用协同、资本协同这三方面。“三嫁”的最终目标就是使“嫁”之后的双方企业能达到营业收入的最大化，实现“嫁”后营业收入的增加。

1. 资金协同，提高运资效率

在女儿红“一嫁”时，收购方意在投资，资金协同无法实现。“一嫁”时期的华企和资产新闻两家公司是国内有名的投资公司，两家企业在资金上可以说是“财大气粗”。然而华企和资产新闻的投机性意味着它们仅仅只“娶”女儿红进门而没有真正把她当作“一家人”。可以说只把这场并购当作暂时性的“娶嫁”，完全没有提供充足的资金去支持女儿红的经营、组织调整、拓宽融资渠道等企业运作。黄酒行业的特殊性又遏制了两家企业的投机行为，相当于华企和资产新闻并购女儿红所花费的资金并没有得到更高的回报，两家企业的资金并没有流向更有效益的投资机会。双方企业都没有实现“嫁”后的资金总量的增加，运用资金的效率不升反降。

在女儿红“二嫁”时，资金协同部分实现。“二嫁”与“一嫁”从投资意图就有着根本上的不同，天然集团和黄酒投资有限公司的共同控股是的确想重整女儿红前期低迷的经济状况。“二嫁”时期的天然集团和黄酒投资有限公司都具有强大的资金链，这从资金上就极大地支持了女儿红的发展，保障了女儿红在经营过程中内部资金的充足。对于天然集团和黄酒投资有限公司来讲，这种组合形式的投资方式也降低了投资风险。两家企业的闲余资金合理利用到女儿红的空缺资金上，提高了双方的资金运营效率。

在女儿红“三嫁”时，资金协同有效实现。“三嫁”时期的古越龙山是绍兴黄酒行业的龙头企业，其不仅对女儿红在技术、人才、管理等方面提供资金上的支持，还为拓宽女儿红网上营销渠道提供了资金帮助，为女儿红内部资金提供了强有力的支持。对于古越龙山来说，利用盈余资金为女儿红提供资金上的支持也是将资金流向更有投资效益项目的一个举措。总体上，两家企业的资金运用效率显著提高。

2. 费用协同，降低耗资水平

在女儿红“一嫁”时，费用无法有效降低。华企和资产新闻位于上海，必须下派人员到女儿红进行公司管理。而高昂的下派人员工资费用使女儿红原本已经匮乏的资金变得更有限了；并且将没有接触过黄酒管理的人员下派，也会因为一些决策上的失误增加费用支出。两家企业与女儿红的行业不同性也使原本可以节约的技术开发费用、人员培训费用、证券发行费用没有得到有效的减少。而且两家企业的并购目标就是资本运作，这就导致其对女儿红资金付出时扮演着闷不吭声的“吝啬鬼”角色。女儿红在资金短缺时还是只能从银行贷款，其中产生的财务费用还是不能降低。总体而言，华企和资产新闻的“娶”，对于女儿红的费用来说没有降低。

在女儿红“二嫁”时，黄酒投资有限公司与女儿红同属于黄酒行业，这使“二嫁”后的一些技术开发费用、管理人员工资费用、技术人员培训费用、广告宣传费用、证券发行费用都可以得到有效减少。

并且，女儿红的新任领导人徐城法上任后，运用在黄酒公司的管理经验，对女儿红臃肿的机构进行改革，削减不必要部门人员，降低运作成本；变革日常管理和经营，将采购和大工程进行厂务公开；将省下来的钱运用在企业的品牌宣传上，进一步拉动女儿红销售水平，不断改善女儿红的人才凝聚力。并购后的女儿红不需要从银行贷款，可以直接从两家企业进行资金的求助，这减少了女儿红财务费用。相对来说减少了双方企业的费用。

在女儿红“三嫁”时，费用协同完全实现。古越龙山和女儿红从经营、生产、管理、技术等方面都有共通之处。两家公司同属于黄酒行业。合并后两家企业可以根据整个企业的需要发行证券融集资金，避免了各自为战的发行方式，减少证券发行费用。并且对于技术开发、人员管理、技术培训、广告宣传都可以利用同一渠道来减少费用支出。并购后的女儿红在资金短缺时可以首先向“夫家”提出资金支持，而不需要向银行贷款。这减少了女儿红从银行贷款产生的财务费用。总体而言，古越龙山和女儿红的费用支出都得到了降低。

三嫁费用变动情况如表 1−4 所示。

表 1−4　　三嫁费用变动分析表

三嫁 / 费用	第一嫁	第二嫁	第三嫁
管理费用	增加	减少	减少
财务费用	增加	减少	减少

3. 资本协同，降低融资成本

在女儿红“一嫁”时，融资成本没有得到降低。华企和资产新闻的“娶”是没有诚意的。背后虽有着投资界靠山，女儿红企业的资本却没有扩大，破产风险也没有因此降低。“夫家”远在上海，且不够重视，这导致外界对女儿红负债能力的评估依据依旧是从前势单力薄的女儿红,而不是以整个兼并后的企业为基础。这无法解决偿债能力对女儿红融资带来的限制问题,没有为女儿红外部融资减少障碍。女儿红的融资成本没有得到有效降低。而女儿红的品牌优势也没有发挥其功效,无法增加两家企业的隐性收入。简言之双方企业的融资成本并没有得到有效减少。

在女儿红"二嫁"时,融资成本有效降低。天然集团和黄酒投资有限公司的共同控股,使女儿红的总体资本有效增加,降低了女儿红破产风险,甚至实现了公司内部债务负担的转移。对于女儿红负债能力的评价也会考虑到其身后的两座"大靠山",女儿红融资能力有了明显的提高,融资成本也大幅度降低了。而女儿红在绍兴本地影响力的强大从一定程度上对天然集团和黄酒投资有限公司的各项资产价值起到积极作用,使两家企业的总资本得到一定程度的增加。

在女儿红"三嫁"时,资本协同完全实现,融资成本降低。古越龙山的鼎力相助使女儿红的总资本显著增加,破产风险几乎可以忽略不计。有着绍兴黄酒业龙头老大的"夫家",女儿红前两次"婚姻"所遗留下来的负债不再是困扰。不看僧面看佛面,"夫家"的实力强大使女儿红融资成了轻而易举的小事,并且信用等级的整体性提高,美化了企业的外部形象,提高了女儿红的商誉。

财务协同效应下的协同比较如表1－5所示。

表1－5　　财务协同效应下的协同比较

三嫁 财务协同效应	第一嫁	第二嫁	第三嫁
资金协同效应	运资效率降低	运资效率提高	运资效率提高
费用协同效应	管理、财务费用提高	管理、财务费用降低	管理、财务费用完全降低
资本协同效应	未降低融资成本	降低融资成本	降低融资成本
总　体	无法实现财务协同效应	较好实现财务协同效应	完全实现财务协同效应

4. 小结

通过以上分析我们可以看到,女儿红的前两次婚姻都没有做好企业与企业之间的协同,导致女儿红收益较少甚至亏损,企业内部矛盾激化,成本增加,收益减少,市场份额下降。"一嫁""二嫁"没有实现协同效应,达到"1＋1＞2"的效果。而在第三次"婚姻"中,女儿红和古越龙山之间的管理协同、经营协同、财务协同都达成一致,使得两家公司提高了生产效率,整合了双方的核心技术和专业人才,突破了技术壁垒,带来了创新潜力,提升了品牌价值和文化价值,拓宽了销售渠道,促使女儿红与古越龙山"一个拳头向外"参与市场竞争,避免了因为恶性竞争而造成的黄酒产业"小、散、乱"的现象。两家企业强强联合,对于做大、做强绍兴黄酒产业大有裨益。协同效应下的三嫁成败分析如表1－6所示。

表 1－6 协同效应下的三嫁成败分析

三嫁 协同效应	第一嫁	第二嫁	第三嫁
经营协同效应	无法实现	无法实现	实现
管理协同效应	无法实现	无法实现	实现
财务协同效应	无法实现	实现	实现
总　体	无法实现	无法全部实现	实现

四、经验总结

(一)建议

女儿红的经营发展一波三折,我们通过协同效应下的分析,发现资源重组的过程漫长而艰辛,现如今企业间的合并现象越来越多,那么如何合理有效地进行资源重组,实现协同发展？笔者将在女儿红案例的启示下对其他企业的经营发展提出建议。

1. 行业相通,实现资源对接

企业性质不同,所属行业不一样,会造成文化冲突,从而不利于企业协同,因此在选择并购目标企业时,要充分研究不同性质企业间性质差异以及并购中协同的可能性，以减少并购中的文化冲突。只有在相同领域,并购企业的技术优势、品牌优势或其他无形资产优势才能得到迅速渗透、扩散，并促进被并购企业的发展。

同行业的企业有丰富的本行业管理经验、技术和人才资源,并购后双方企业能够快速适应企业业务,并购方以自身各方面的资源帮助被并购企业恢复正常生产经营,达到协同发展。2016 年,随着王者荣耀等手机游戏的兴起,在并购界掀起了一股并购游戏公司的风潮。在这一年并购游戏公司失败的 15 个案例中,仅有一个属于业内并购,其余皆属于跨界并购。而本案例对于女儿红三嫁成败的分析也恰恰说明了跨界并购的风险远比同行业或者相关行业内的并购风险大。

同时,被并购企业优先选择同行业企业,这样有利于减少双方企业的管理、技术培训、广告宣传、发行证券等费用,得到提高营业收入、降低营业成本的利润最大化结果,因此,若要实现企业间的协同发展最好是能实现行业相通。

2. 文化相融,实现感情认同

企业文化软实力是企业在一定社会经济文化环境下,通过企业内外广泛认同的文化作用而形成。基于企业文化认同感而产生的亲和力、感召力、吸引力、凝聚力、学习力、创新力和竞争力,是推动企业持续发展的深层力量。在企业间资源重组中,文化融合就起着至关重要的作用,文化不融合就很难实现感情认同。例如国内数码界的大亨华为公司进入印度市场,却惨遭失败,印度政府和印度人民不认可华为,两者文化不同,不易相融,也难以产生认同感。在本案例中,女儿红的三嫁更是说明了文化情感协同对于企业并购的重要性。

3. 资本相配,实现物力支持

被并购企业要选择资本强大的企业,这样可以利用对方企业的资本来降低自身企业的破产风险和转移企业的债务负担,并且还能有效地提高融资水平,减少融资成本。因此在进行企业间并购即资源重组时，被并购企业从资本角度需要关注的是：收购方自身的实力，包括人力、财力、物力状况，以及收购方在管理人员的输出、资金实力及筹措资金的能力大小、原材料、设备等方面能否适应并购的需要。收购方人、财、物拥有状况直接决定了目标企业的规模和实力。

本案例中女儿红的三嫁成败可以说明资本实力强大对两个企业协同发展的重要性，资源整合需要物质基础，财务一旦协同，便能实现收入提高、成本降低的利润最大化目标。

（二）不足

本案例重点从协同效应的角度分析女儿红的成败因素，在女儿红公司的发展过程中，其他因素必然也会造成一定的影响，由于时间精力和自身理论知识、研究视野和实际研究水平的有限，本研究还存在很多不足，未能从其他方面研究分析女儿红的成败。且本文所有分析皆基于本案例的基础上，不排除存在个别特殊案例。

参考文献：

[1]盛仙. 风情万种“女儿红”[J]. 食品与健康，2002(3).

[2]茹拥政，胡建华. 有一种佳酿叫女儿红[J]. 中国酒，2012(9).

[3]胡建华. “女儿红”之“三日”[J]. 中国酒，2005(6).

[4]张会娟. 从文献分析看我国黄酒产业的发展态势[J]. 酿酒科技，2015(12).

[5]汪建国. 黄酒工业的现状、前景和新世纪发展策略[J]. 中国酿造，2002(1)：56—59.

[6]谢广发. 浅谈黄酒业现状与发展思路[J]. 中国制造，2003(4)：1—4.

[7]陈志军. 企业并购后的协同效应及实现[A]. 东岳论丛[C]. 2002(3).

[8]张秋生，周琳. 企业并购协同效应的研究与发展[J]. 会计研究，2003(6).

[9]陆玉明. 论企业兼并中的协同效应[J]. 中国软科学，1992(2).

[10]宋耘. 并购绩效的整合模型——协同效应实现观及影响因素探析[J]. 学术研究，2004(9).

[11]侯立新，崔刚. 基于整合视角的并购协同效应的实现与提升[J]. 财会学习，2010(2).

[12]何可. 企业并购协同效应的财务分析[D]. 厦门：厦门大学，2008.

思考题

1. 女儿红三嫁都碰到了什么问题？
2. 为什么女儿红第三嫁成功了？

案例编写：宋雯君（会计141）、孙美玲（会计153）、史宇萍（会计153）、黄冰婷（会计154）、赵大卫（国际商务151）

指导老师：周鸿勇教授

案例2
绿色创新　立足利基市场实现二次发展
——浙江圣塔绍兴酒有限公司案例分析

摘　要:2008年的金融危机可以说是很多企业的分水岭,传统制造企业遭遇重创,年轻的中小型企业因为臂膀不够坚实在风暴中夭折。而新的经济态势带来的是一种新的企业发展模式——转型升级,传统的中小型企业在羽翼不够丰满的条件下如何根据自身情况选择创新突破,如何才能实现转型升级?

浙江圣塔绍兴酒有限公司是一家有着近60年发展历史的中小企业,在大批传统企业走向凋零的背景下,不仅没有衰亡,反而通过内外环境分析,坚持绿色创新发展,充分利用利基差异化理论,在黄酒行业开辟出适合自己的利基市场,做到与同行与众不同,迎来了二次成长。本案例以圣塔公司为研究对象,以利基差异化理论为基础,对其二次成长的原因进行深度剖析,为中小企业实现突破发展提供可借鉴的经验。

关键词:绿色创新;二次发展;利基差异化

一、引言

由于全球金融危机和经济形势的持续恶化,转型升级逐渐变为传统制造业现代化的重要标志。面对日益上涨的劳动力成本以及不断上升的原材料价格,很多传统中小企业感到压力越来越大。在这样一个经济发展新常态下,党的十八大正式提出产业转型升级这一战略方针,要求企业积极进行产业转变和发展理念转变,利用技术创新,提高企业在产业链与价值链的位置,从而更加适应经济社会发展的要求。

黄酒作为传统制造业,转型升级并不理想。黄酒企业规模普遍过小,发展滞后,产品同质化现象严重。从表2－1黄酒行业规模以上企业近几年的经济参数中可知,2012～2016年,黄酒企业销售收入与利润总额增长缓慢,且利润与销售不能实现同步增长,说明黄酒市场存在低价竞争的不良风气,产品附加值低。

表2—1 **2012～2016年黄酒行业规模以上企业的经济参数**

年 份	2012	2013	2014	2015	2016
销售收入(亿元)	137.14	153.91	158.56	181.94	198.23
利润总额(亿元)	14.71	17.12	16.92	18.88	18.60
全行业总产量(万千升)	310	340	350	350	360
企业数量(规模以上)	78	87	92	103	112

在黄酒全行业发展低迷的背景下，浙江圣塔绍兴酒有限公司能突出重围，甚至是引领行业潮流，这与公司第三代传承人经营理念的转变有很大关系。他一改过去祖辈父辈小富即安、模仿跟随的经营方式，将利基差异化理论落实到实践中，在黄酒行业开辟出适合企业发展的利基市场，坚持绿色创新实现差异化战略，降低了自身产品的可替代性。

圣塔的成功转型升级给同行的其他中小企业带来了启示：通过国家支持实现创新，弥补因自身规模小而造成技术创新水平较低的劣势，调整原有的产品结构，不再将自己的眼光局限于饮用黄酒这个大市场，不断提高自己的市场竞争力，从价值链低端走向价值链高端，完成作为中小型企业的转型升级。

本案例的研究对象为黄酒制造业转型升级的成功代表——浙江圣塔绍兴酒有限公司，一个屹立几十年不倒，在转型升级大背景下寻求突破发展的传统黄酒酿造中小企业。从利基差异化战略、企业创新等视角，通过梳理它二次成长的过程，分析圣塔公司如何在产业竞争激烈的情况下，沉着应对、另辟蹊径；如何在大企业的垄断下，开辟并占领新市场，发挥核心竞争力，快速成长；如何通过研发，改进黄酒生产技术，弥补传统手工生产过程中的不足，实现智能化操作。研究得出的结论可以给不同行业的传统中小型制造企业以借鉴，提高中小企业自身竞争力和市场活力，促进它们的转型与发展。

二、圣塔二次发展的故事

(一)圣塔是个历史悠久的中小企业

浙江圣塔绍兴酒有限公司(以下简称为圣塔公司)创建于1960年，前身是绍兴市东湖酿酒厂、绍兴市东湖酒业有限公司。公司位于鉴湖水系东部，老厂紧邻风景秀丽、中外闻名的活水景点东湖风景区，这里崇山峻岭、茂林修竹、水质清冽，酿造的绍兴黄酒更是独具一格。

说圣塔历史悠久，是因为到2010年，它已经有50岁了，在中国的企业界应该算是高寿；说圣塔是中小企业，那是因为到2010年它占地不足20亩、年销售收入不足3 000万元，2010年前无论是与行业传统龙头企业古越龙山、会稽山、塔牌相比，还是面对新崛起的金枫酒业等的搏击中，它从来就没有赢过。所以，我们说圣塔是个历史悠久的中小企业。2010年后圣塔的扩张是一个历史悠久的中小企业的二次成长。

圣塔之所以长成了历史悠久的中小企业，那是因为孕育它的创始人过于溺爱圣塔，秉持小富即安的思想，知道在市场上披荆斩棘、主动出击虽然有可能得到美味的蛋糕(高市场份额和利润)，但也可能被荆棘划伤，甚至会发炎而死。正是由于害怕让幼小的圣塔承担风险、受到伤害，甚至是半路夭折，所以在它出生之时就明确了未来的成长路线：模仿跟随，知足常乐。换句话说给它造了一个“温床”，限制了它的肢体成长与思想的成熟。圣塔 2010 年前的发展历程如图 2—1 所示。

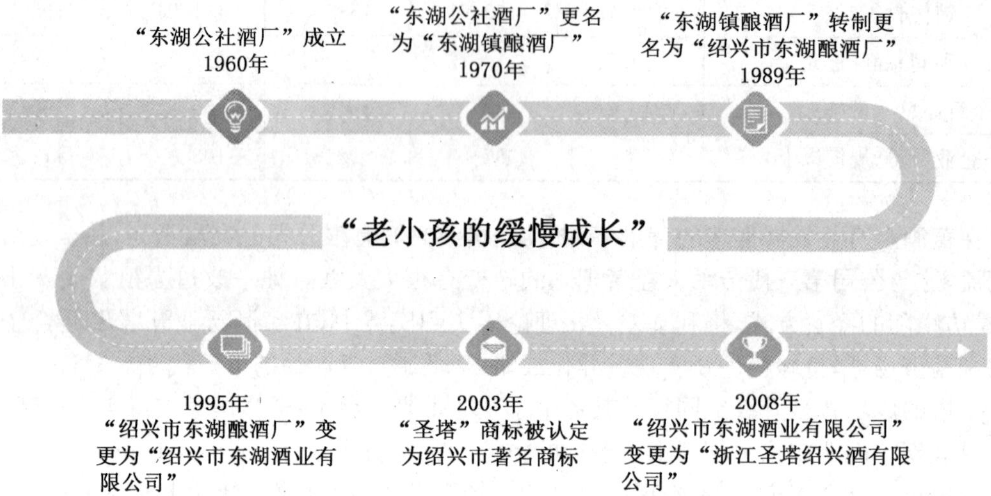

图 2—1　圣塔 2010 年前的发展历程

从图 2—1 中我们可以看出，在 2010 年以前圣塔的发展基本上处于一种极其缓慢的状态，虽然它有着将近 50 年的发展历史，却一直没有取得什么比较大的成就。在这 50 年左右的时间里，圣塔主要是在名称上经历了多次更改，从“小名”换成“大名”，从最开始的酒厂变更为了公司，名称越来越具有时代气息，从一定程度上来说反映出了它的一些发展。但是另一方面来讲，圣塔规模与产值并没有得到什么较大的提高。相较于古越龙山、会稽山等黄酒龙头企业在这几十年不断开疆拓土，收购兼并企业立下赫赫战功，具有 50 年发展历史的圣塔无论从规模产值还是从市场地位来说都还只是个中小企业，几乎毫无战果，远远比不上这些黄酒行业的龙头。

因此可以说圣塔在 2010 年前的发展是“不健康”的。其一、二代管理者基于小富即安思想确定的模仿跟随战略、坚持的知足常乐的成长路线，导致圣塔在过去 50 多年的发展历程中不断地走着弯路，在领头企业的身后盲目跟随，曲折发展，始终不能突破固有的观念，寻求到一个适合企业发展的战略，只能喝其他人剩下的“汤”。也让具有 50 多岁高龄的圣塔仍像个“小孩”一般，不具有与它年纪相匹配的实力。

(二)圣塔的二次成长

1. 2010 年，圣塔二次成长的关键年

2010 年是圣塔命运变化的关键年，也是它走向快速成长的转折点。这一年，第三代继承人王金金总经理作为一个接受了先进教育的当代大学生开始上台掌管圣塔，在国家正式提出产业转型升级的战略背景下，他不忍圣塔如温水中的青蛙那般死于安逸，毅然带领着圣塔离开温床，冲破肢体和思想的牢笼，积极寻求二次发育成长。

王金金总经理与外部专家顾问团考察企业内外部环境，在进行充分的战略分析的基础上，果断抛弃了圣塔固有的成长路线，在行业诸多竞争者的强势压迫下，决定给圣塔选择一条利基

差异化战略发展之路，选择小众的调味酒市场作为自己的成长领域，巧妙地避开了龙头企业的独霸领地，寻求到适合自己的成长空间，并通过绿色多元创新，不断支撑它的差异化发展，让它成为领域的“老大”。在同行企业艰难发展甚至江河日下的今天，圣塔在经过了 50 余年的积淀，终于凤凰涅槃，浴火重生，实现了革命性爆发。圣塔 2010 年后的发展历程如图 2—2 所示。

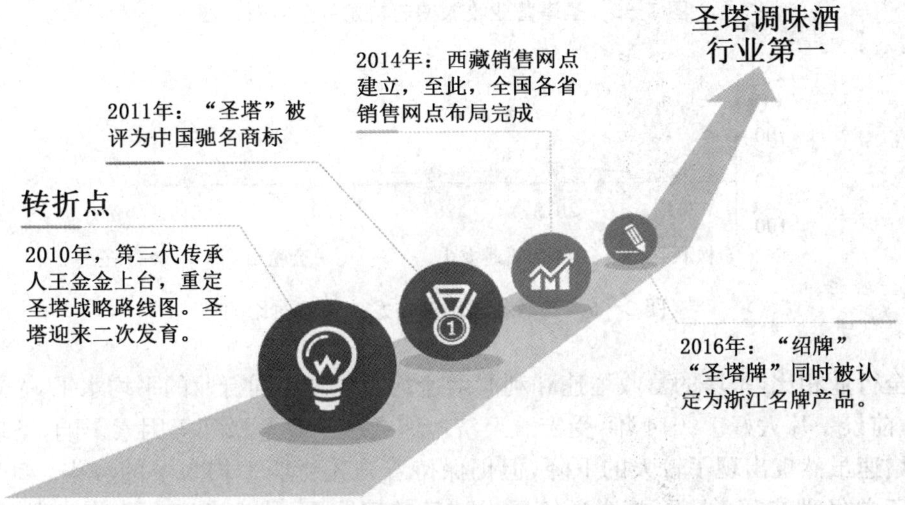

图 2—2　圣塔 2010 年后的发展历程

2. 圣塔二次突破成长表现

2010 年，圣塔选择了利基差异化战略，冲破牢笼，开辟净土，经过两年的孕育，它展现出前所未有的成长活力，并首次在成长能力方面超越了行业内龙头企业。图 2—3、图 2—4、图 2—5、图 2—6 是 2012～2016 年圣塔与同行业、龙头上市公司的成长速度对比分析。我们将从营收增速与利润增速两个方面，分析圣塔近五年来的突破式发展。

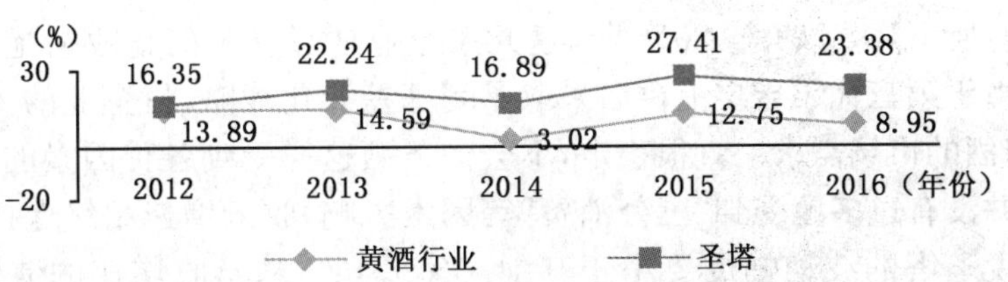

图 2—3　圣塔营业收入增速与黄酒行业对比图

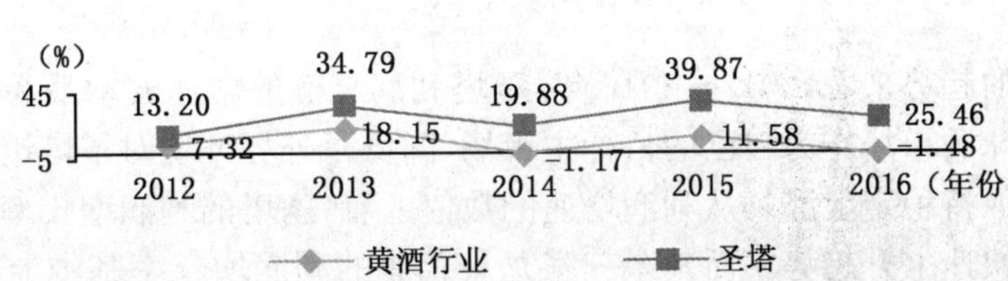

图 2—4　圣塔利润增速与黄酒行业对比图

图 2—5　圣塔营业收入增速与龙头企业对比图

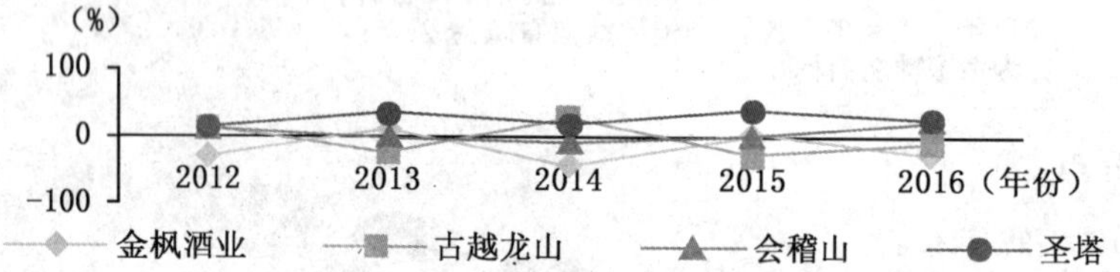

图 2—6　圣塔利润增速与龙头企业对比图

与全行业相比，圣塔的营收增速和利润增速均明显高于同行业的平均水平，企业成长能力较强，前景一片大好。2014 年，受宏观经济增速减缓及竞争激烈等因素影响，圣塔的营收和利润增速虽然也出现了较大的下降，但仍保持着领先行业平均水平的势头。2015 年初，圣塔的王总经理在察觉到经济大环境巨大波动的情况下，从生产安全和节能环保、员工待遇、拓展市场和传播文化三个方面进行战略调整和企业转型，取得了巨大的成功。在这一年当中浙江圣塔绍兴酒有限公司的主营业务收入实现了 27.41％的增长率，利润总额增长率更是逼近 40％，远远高出行业的平均水平。

圣塔不仅仅在与行业对比中占据领先优势，与黄酒龙头上市公司相比，圣塔的成长能力也毫不逊色。

从营收增速的趋势来看，古越龙山、会稽山、金枫酒业三大上市公司在 2012～2014 年期间，受国内宏观经济增速减缓以及限制“三公消费”等诸多因素的影响，高档黄酒销售下滑，导致收入增速有所下降。2014～2016 年，这几家企业通过一定的整改措施，营收增速逐渐上升。而圣塔由于第三代领导层上台后采取了利基差异化战略，将企业的主市场定位于调味酒市场，调味酒的市场需求一直很稳定，不会像黄酒这样受到各种因素的干扰，因此圣塔在这一年当中并没有过多地受到“三公消费”等因素影响，收入增速始终保持在一个较高的水准。总的来说圣塔的波动幅度要小于其他三家公司。从营收增速的数值来看，2012～2016 年圣塔的营收增速要高于古越龙山、会稽山和金枫酒业这三家黄酒行业的龙头企业，这说明与同行业龙头企业相比，圣塔这五年内的主营业务收入增长速度较快，企业的成长速度也较快。

从利润增速的趋势来看，2012～2016 年，圣塔利润总额的增速波动最为平缓，成长最为稳定。选择以调味酒市场作为自己的目标主市场，降低了外界环境对圣塔销售的影响，让圣塔的利润额能够保持稳定上涨。从利润增速的数值上看，圣塔的利润增长率基本为正数，利润总额总体上呈快速上升趋势。而其余三家龙头企业的利润增长率基本上在正负间摆动，利润增长不稳定。

综上所述，从整体上看，圣塔的成长能力高于同行水平，发展潜力较大。同时，与全行业营收增速总体上大于利润增速不同，圣塔的主营业务收入和利润总额几乎实现了同步增长，而且后者增长速度总体上高于前者，这说明圣塔的产品附加值与利润空间要远大于全行业的平均水平。与黄酒行业的龙头企业相比，圣塔有着较高的营收增长率和利润增长率，这说明圣塔的成长能力要明显强于龙头企业。

3. 2010～2017 年圣塔二次成长期间取得的成就

我们可以看到，在 2010～2017 年 7 年里，圣塔这个历史悠久的中小企业在利基差异化战略的正确引导下，不再画地为牢，当规模企业还在固有的成长跑道上厮杀的时候，它披荆斩棘，突出重围，实现了华丽的逆转。圣塔不仅在市场的表现上超过了同行以及黄酒龙头企业，发展迅猛，在社会的融入方面，圣塔也得到了肯定和认可。这 7 年圣塔取得的出众的成绩，也充分验证了王金金总经理对圣塔定位的准确性和改革的有效性。

以下为圣塔公司近年来所获荣誉：

2017 年：参与拍摄央视献礼党的十九大的专题片；

2016 年："绍牌""圣塔牌"同时被认定为浙江名牌；

2015 年："绍牌"获得绍兴市著名商标，浙江省著名商标；

2014 年：荣获绍兴老字号荣誉称号；

2014 年："绍牌黄酒"被认定为绍兴名牌产品；

2012 年：长江三角洲地区名优食品；

2011 年："圣塔"被评为中国驰名商标。

三、利基差异化，中小企业发展之道

（一）利基差异化战略思想

圣塔这个历史悠久的中小企业的二次成长，到底是偶然还是必然？想要回答这个问题，并对圣塔的二次成长进行解读，我们需要有理论上的支撑。

1. 利基差异化内涵

菲利普·科特勒（Philip Kotler）在《营销管理》中对利基差异化进行了解释：利基是更窄地确定某些群体，这是一个小市场并且它的需求没有被服务好，或者说"有获取利益的基础"。差异化则是将企业所提供的产品或服务差异化，形成一些在全产业范围中所独特的东西。

利基差异化战略，即在目标利基市场的基础上，以客户价值创造为核心，采用与众不同的手段来追求差异化，满足顾客独特的需求，保证企业的持续发展。企业通过对市场的细分再细分，选择被强大企业所忽视或者强大企业没有服务好的小块市场作为企业专门的服务对象，即目标利基市场。并针对市场的个性化需求特点，围绕着客户的价值创造，设计出与众不同的产品，即差异化产品。以差异化产品来满足日趋细化的差异性市场需求，提高企业的品牌识别性，达到在小块市场中的"不可替代性"，树立起区别于其他企业的优势，最终实现企业在利基市场中的差异化，保证企业能够在这块市场中得到长远的发展。

2. 利基差异化战略的实施条件

选择一个适合企业发展的利基市场，是利基差异化战略有效实施的第一步。而一个理想的利基市场，往往具有如图 2—7 所示的五个特征。

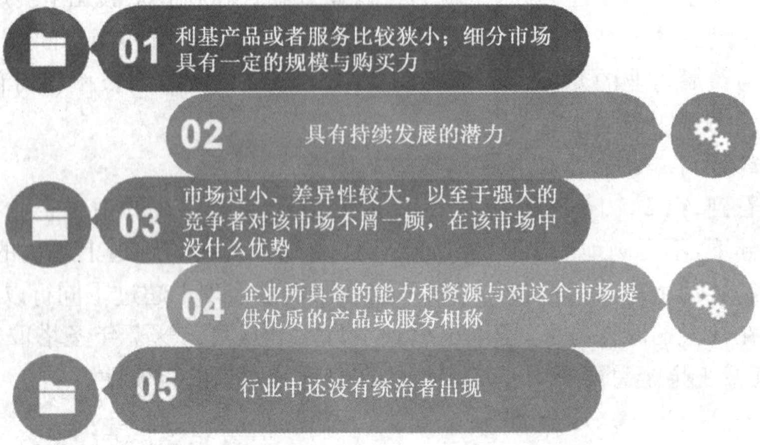

图 2—7 利基市场的特征

其次，企业在选择目标利基市场后，实施差异化，巩固企业在利基市场的竞争优势，是利基差异化战略有效实施的第二步。那么，如何才能够有效地实施差异化，国内学者潘琪在《海尔家电差异化竞争战略研究》中，对差异化的实施条件进行了如图 2－8 和图 2－9 所示的归纳。

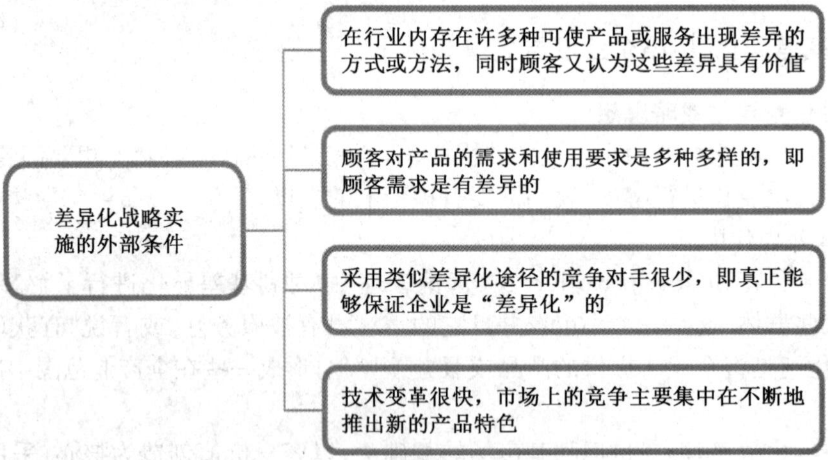

图 2—8 差异化战略实施的外部条件

综合上述条件，企业要实施利基差异化需要满足以下条件：第一，企业所选择的利基市场需求能够满足企业的持续发展，且这个市场内还没有出现统治者。第二，企业要有先进的研发技术、充足的人力物力资源以保障企业能够生产出独特的差异化产品。

大企业规模庞大，在已取得较大市场份额的基础上，它们往往不屑于去争取利基市场的小份额，同时，差异化对专业技术的要求，让很多大企业在这个小市场的时间精力投入不能得到相应的回报，所以大企业并不适合走利基差异化路线。相反，中小企业规模较小，一个利基市场足以满足其长期的生产发展，且中小企业能够将全部的资源投入到这个小市场中，

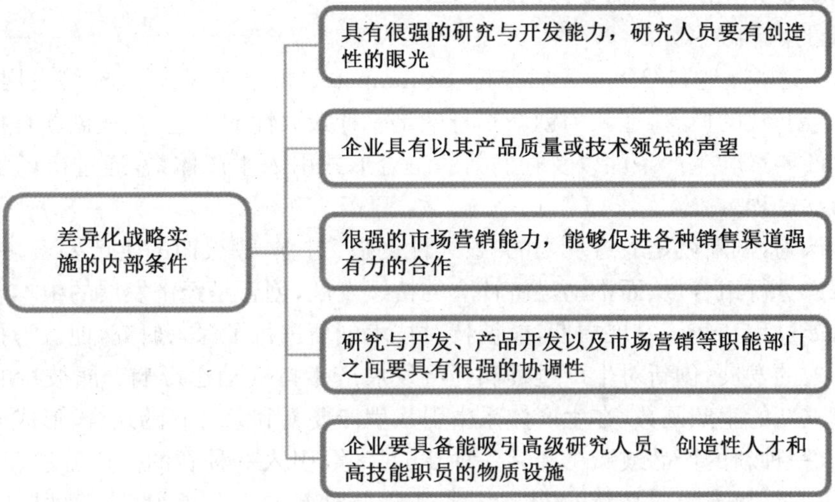

图 2—9　差异化战略实施的内部条件

以突破界限，寻求差异化发展。因此，通过对利基差异化实施条件的概述，我们可以说利基差异化是适合中小企业发展的正确战略。

(二)利基差异化促进中小企业持续发展

中小企业由于规模有限，品牌竞争力不足，在大市场难以与龙头企业抗衡。而利基差异化战略能够帮助中小企业规避与优势企业的正面竞争，充分发挥自身优势，是中小企业能够持续发展的动力和保证。

利基市场能够帮助中小企业扬长避短，是适合中小企业发展的目标市场。利基市场有助于中小企业有效地规避激烈的市场，减少由大企业带来的竞争压力；也能让中小企业避免资源上的劣势，将资源集中于一点，充分发挥其“小而精”“小而专”的优势，在区域形成核心竞争力；还能让中小企业发挥经营机制灵活、市场反应快、船小好调头的优势，实现公司的持续健康发展。

差异化有助于中小企业形成竞争优势。定位之父杰克·特劳特曾说过：在大竞争时代，企业有且只有两种存在方式：要么实现差异化生存，要么无差异化而逐渐消亡。面对竞争激烈的市场，一个企业，尤其是实力较弱的中小企业，必须努力寻找能够使它产生差异化的模式，以赢得竞争优势。国外学者米勒(Miller)和弗里森(Friesen)用 PIMS(profit impact of market strategy)数据库的资料，对消费品企业进行了研究，发现差异化战略的净资产收益率与市场份额增长等绩效指标，均优于没有明确战略定位的企业。蔺雷、吴贵生发现差异化能有效增强制造企业的竞争力。可以说，差异化战略对企业绩效有正向影响关系，对企业发展有正向影响，而对于一些原本资产较少的中小企业，这些影响会更为明显。

因此，对于中小企业来说，利基差异化战略能够使它们寻找到一个足够满足自身发展需求的利基市场，并且在该利基市场中通过差异化实现与众不同，树立起长久的竞争优势，促进企业的持续发展。

(三)利基差异化的实施需要以创新支撑

1. 创新的内涵

1912 年,美籍奥地利经济学家熊彼特(Schumpeter)最早在其著作《经济发展理论》中提出并定义了“创新”的概念,他认为创新本身就是一种毁灭性的创造,企业创新是把一种未曾出现过的生产要素和生产条件以及它们新的组合形式引入生产体系,通过市场手段取得超额利润的活动过程。

熊彼特认为,创新就是通过反复的“毁灭性创造”过程,毁灭旧的生产要素,并对新的生产要素和条件进行组合,从而推动经济社会的持续发展,创新是经济发展的根本现象。为了探究经济发展过程和经济发展周期,熊彼特对技术创新进行了深入研究,他认为技术创新引发经济浪潮式的发展,创新对生产过程和经济发展产生持续动态影响。熊彼特的创新理论认为通过建立新的生产函数,在生产体系中引入生产要素和条件新的组合,形成五种形式的创新,即引入一种新的产品或赋予产品一种新的特性、引入一种新的生产方法、开辟一个新的市场、获得原材料或半成品新的供给来源、实现一种新的工业组织,这五种形式的创新可归为三类,即技术创新、市场创新和组织创新。此外,其研究成果还指出,企业家的创新意识是推动企业创新发展的主要动力,创新意识也是企业家应具备的首要素质,熊彼特的创新理论对企业家创新素质的要求,表明了企业家在企业经营管理和创新发展中扮演的重要角色。熊彼特开创了企业创新理论,在其理论研究成果的基础上,此后关于创新的研究不断涌现。

企业创新有多种路径,各个企业可根据自身情况作出适合自己的选择(如图 2—10)。

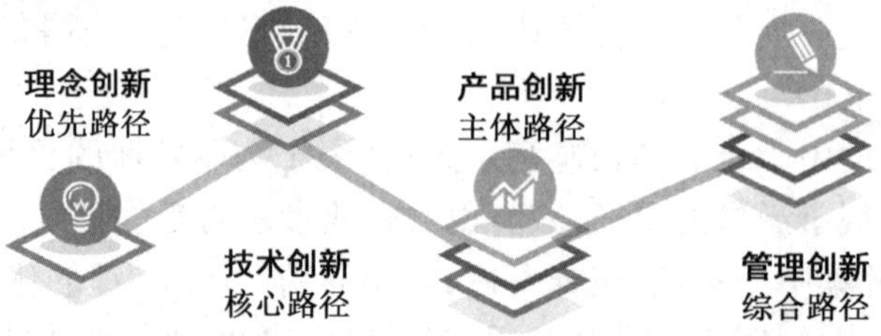

图 2—10　企业自主创新路径

(1)理念创新是我国企业创新选择的优先路径。为了摆脱目前困扰我国企业发展的外部环境,必须从树立新观念上找出路:要树立知识价值观念、人才发展观念、国际竞争观念和消费新观念。

(2)技术创新是我国企业创新选择的核心路径。当前,我国企业的技术创新活动应从如下两个方面入手:一是产品创新,二是工艺创新。产品创新和工艺创新两者相辅相成,缺一不可,共同维系着企业技术创新的成长。

(3)产品创新是我国企业创新选择的主体路径。企业创新的最终落脚点是产品创新。观念创新、制度创新、技术创新都是以产品创新为载体进入市场的,产品创新对企业的发展具有十分重要的意义。

(4)管理创新是我国企业创新选择的综合路经。无论是产品创新、技术创新还是制度创新,都需要经过企业管理职能的逐步实施,经过管理各层次的具体执行。因此,管理创新在企业创新中占据非常重要的位置,是企业创新的保障。

2. 创新推动利基差异化

创新是利基差异化最为核心的支撑。采用利基差异化战略的中小企业必须具有很强的创新精神，为了建立品牌形象与标新立异，必须具备雄厚的研发能力和良好的科研氛围，从而为顾客创造独特性能与质量的产品、服务。

创新和利基差异化的关系就像是两个联动的齿轮，如图 2—11 所示，创新的转动能够推动利基差异化的前进，从某种程度上说，企业创新能力的大小，决定了企业利基差异化战略实施的有效性。并且在利基市场的基础上，"独树一帜"是差异化战略追求的目标，提升顾客价值是差异化的基础，因此，必须要不断通过创新来保证产品的独特性与顾客的满意度，即创新是保持差异化的关键。只有不断创新才能做到与时俱进，使企业保持持续领先的竞争优势与差异化优势，巩固自己的利基市场。

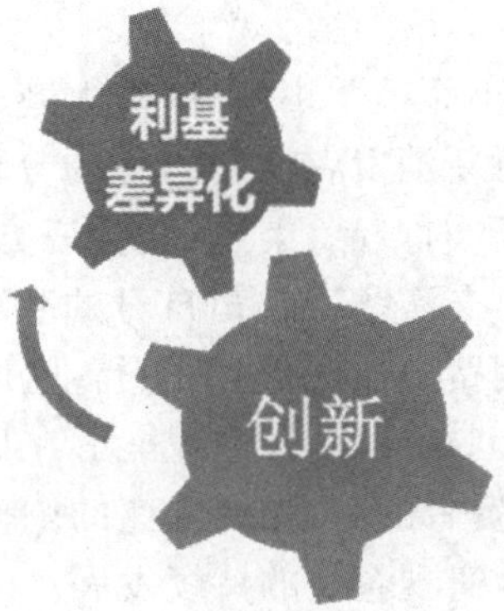

图 2—11 以创新推动利基差异化

因此，在传统企业转型升级的大背景下，面对市场同质化竞争不断加剧的严峻形势，中小企业要在激烈的市场竞争中站稳脚跟，实现长远的发展，就必须努力寻求利基市场，以创新支撑差异化，提升差异化优势，巩固利基市场，才能在激烈的市场竞争中减少来自大企业的竞争压力，不断促进自身的成长发育。

四、圣塔二次成长揭秘：立足利基、创新支撑差异发展

(一)圣塔实现二次发育的利基差异化模型

为摆脱停滞不前甚至逐渐衰亡的命运，2010 年，圣塔第三代传人王金金上任后，决定放弃祖、父两代创业者确定的"跟随模仿"战略。于是，他聘请外部专业的咨询机构与专家，对企业进行全面诊断，同时对外部环境进行全方位分析，最终为圣塔确定了"利基差异化"总体战略设想：立足利基市场，以绿色多元创新为支撑，实现差异化发展(如图 2—12)。具体来讲，就是维持原有的饮用酒市场，开发调味酒细分市场作为圣塔的利基市场，通过产品、渠道、文化创新，实现企业差异化发展。战略的调整，让圣塔真正迎来了二次成长。

圣塔在确定目标市场的过程中，通过市场细分、自身分析以及竞争者分析，根据利基市场的选择标准，选择了一个被其他同行业的强大竞争者所忽视的调味酒细分市场，并将公司所有的资源投入到这一范围相对狭小的市场中，为这部分市场的潜在消费者提供更加精细

图 2—12 圣塔二次发育的利基差异化模型

完美的服务，充分发挥中小企业“小而精”“小而专”的优势。

在利基市场的基础上，通过对新消费者消费心理的分析以及对经济、科技、社会文化走向的观察，圣塔坚持绿色自主创新，对产品、渠道、文化三方面进行改革创新，贯彻落实企业三大创新支撑差异化发展的思想，夯实圣塔公司自身的基础，延长产品生命周期，提高消费者满意度和忠诚度，改变消费者消费习惯，引领黄酒行业新一轮的时尚潮流，与利基市场进行完美匹配。这三根强而有力的创新支柱，让企业能够在日益变化的消费市场中，站稳利基市场，实现差异化，并牢牢抓住消费者的心，保持快速的调整能力和长久的竞争优势，即使在危机来临时也能够尽快做出反应，实现企业的持续发展。

利基差异化战略选择，是在黄酒市场高度同质化的大背景下，圣塔公司内外专家团队立足理论思考与内外环境分析，在总结过去几十年发展经验教训之后，为圣塔公司确定的全新的未来发展路径。在顾问团队提交给公司的战略发展报告中，明确指出，立足利基、实现差异发展是中小企业突出重围、在竞争中发展的有效路径选择。

之所以选择调味酒细分市场作为利基市场，是圣塔战略顾问团队结合自身以及竞争者分析之后，得出的重要结论。产品、渠道、文化三元创新是圣塔确定新的战略路径选择之后，结合消费者需求变化的必然选择，它既是圣塔利基战略实现的支撑，也为企业差异化发展提供了核心保障。2010 年至今的发展实践证明，利基差异化战略符合圣塔公司特色与环境需求，让圣塔能够在滚滚历史长河中，开辟出一条属于自己的独特生存道路，实现圣塔的二次成长，让圣塔公司有了今天的成就以及日后的辉煌。

我们可以看到，在利基差异化战略的前行道路上，圣塔这个历史悠久的中小企业通过择优土、固地基、架支柱的经营模式，成功告别了之前矮小的形象，实现了自我的第二次成长，无论是在企业规模、销售收入、盈利上都有了充分的提高。在残酷的历史竞争潮流中，圣塔不但没有像许多老品牌那样走向衰老，反而重新焕发出“年轻人”的活力，快速成长。从圣塔二次成长的突破式发展成就中我们也不难看出，圣塔与黄酒行业的龙头企业相比，有着较高的营收增长率和利润增长率，它的成长能力明显要高于龙头企业。这说明圣塔确立的“利基差异化战略”是有效的，立足利基谋市场、以三大创新支撑差异发展的模型是合理的。

（二）战略精准，圣塔谋得二次成长利基市场

在企业急需转型升级的国家经济大背景下，基于对黄酒竞争市场进行的深度思考，结合内外环境分析，圣塔新一任掌门人王金金深知饮用黄酒这个大市场已不适合圣塔的发展。换句话说，圣塔这个历史悠久的中小企业没有足够的积累、实力明显不足，如果依旧坚守跟随模仿战略，走小富即安的传统发展道路，在饮用黄酒市场上一味跟随古越龙山、会稽山、塔牌、金枫这些规模企业的发展脚步，与它们在同一个大市场里竞争，最终不仅无法抢夺到足够大的“蛋糕”来维持企业的发展，还会因为“穷者愈穷”的市场法则，早晚会被淘汰出局。

正因如此，2010 年王金金上台后，毅然放弃了跟在龙头企业后面争抢“大蛋糕”的路线，聘请外部专业咨询机构与专家，通过对自身和竞争者的优劣势分析，以利基市场理论为指导，选择以调味酒细分小市场作为自己的目标市场(如图 2—13)，避开与大企业之间的直接碰撞，开辟自己的蓝海，集中全部资源于一个较小的市场，为这一小部分锁定的消费者提供特色化的产品和服务，在小众市场中逐步形成自身优势。跳脱模仿跟随的牢笼，圣塔选择了一块适合自己的发展市场，这为圣塔这个历史悠久的中小企业二次成长奠定了基础。

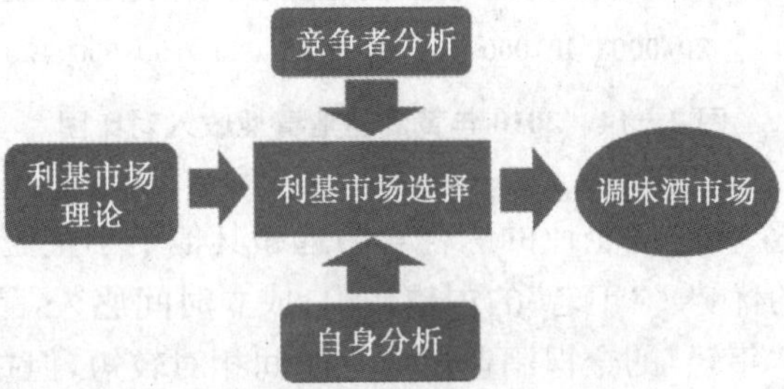

图 2—13　圣塔利基市场的选择分析图

1. 以环境分析保障战略选择的有效性

对调味酒利基市场的选择，并非随心所欲，而是圣塔在内外专家反复论证、全面环境分析的基础上得出的一个科学的结论。

(1)自身分析。2010 年，王金金出任圣塔总经理之后，他深知，圣塔要想走出发展困境，就必须放弃祖、父两代创业者确立的“跟随模仿战略”，重新选择发展路径。为此，他在内外部咨询专家团队的协助下，对圣塔自身进行深度诊断分析，对企业位置进行合理思考，力求找到适合自己的目标市场，扬长避短，减少同行竞争压力，充分发挥企业的优势，实现企业的可持续发展。

应该说，王总没有被圣塔曾经的小成就所迷惑，他清楚地明白，中小企业圣塔在前 50 年发展过程中，生长缓慢，在行业龙头企业面前，短板显露无遗。古越龙山、会稽山、金枫、塔牌这些黄酒龙头企业在规模、人员、品牌知名度等各个方面都远胜于圣塔。以圣塔现如今的规模，若强行与龙头企业争抢市场，就如同以卵击石。

但不可否认的是，圣塔虽“知足常乐”了 50 年，却也在这期间积累了不少“人脉”与经验，在生产设备、技术、人力资源等方面，也都有了一定的积累。也就是说，圣塔有足够的能力为一方小市场提供优质的服务，并快速在这个小市场成长。

正是基于对自身的准确评估，王金金总经理和他的战略顾问团队才会为圣塔量身定制出“立足利基、差异发展”战略总思想。

(2)竞争者分析。在全国的黄酒市场中，大型企业虽然不多，但却占据相当大的市场份额，这使得中小企业发展困难。因此，在2010年这个转折年，刚上任的总经理王金金和其战略顾问团队认真将圣塔与古越龙山、金枫酒业等进行规模对比，看到营收差距的悬殊(如图2—14所示)，认清企业自身与龙头企业的差距所在，通过对市场上龙头企业的优劣势分析，了解它们的薄弱之处，做到扬长避短、击虚避实。

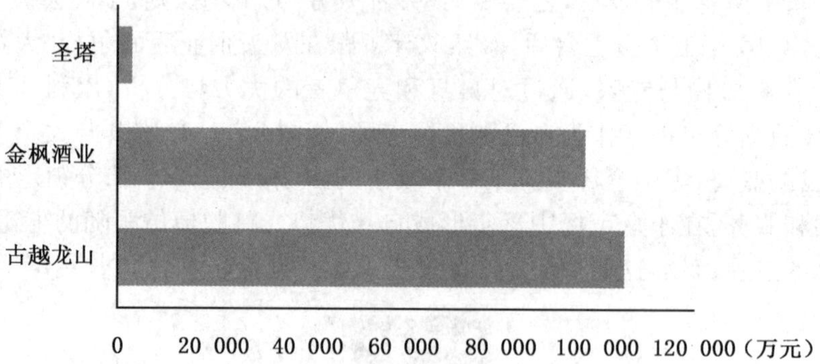

图2—14 2010年黄酒企业营业收入对比图

古越龙山、会稽山、金枫这些企业的综合实力远超其他中小企业。在黄酒的生产和销售方面，它们有着压倒性的优势。"年老"的古越龙山，成立时间悠久，品牌知名度最高，拥有着"中华老字号"的美誉。"年轻"的金枫酒业虽成立时间相对较短，但技术与市场适应力极强，发展迅猛，品牌价值排名黄酒行业前三。与古越龙山历史同样悠久的会稽山，在全国范围内的品牌知名度虽不及前者，但其品牌深受绍兴及周边市场追捧，被视为正宗绍兴酒的代表。与之相对，中小企业圣塔与这些龙头企业相比，不管是品牌的市场影响力还是规模可以说毫无"存在感"。

但古越龙山、会稽山、金枫等大企业往往会集中注意力于广阔的饮用酒市场，通过实力碾压其他竞争者，在大市场中获取更多"蛋糕"。在细分小市场，比如调味酒的制作和销售上，一方面它们不屑一顾，另一方面它们也没有较为成熟的系统，无法产出优质的调味酒来满足消费者日益多样化的需求。

出身于酿酒世家的王总深知黄酒饮用酒的生产、销售存在季节性特征。7～9月份的气温较高，不利于酵母等微生物的培养繁殖，黄酒的酿造质量较低。且这段时间内，消费者更倾向于购买冰啤酒等饮料，对黄酒的需求也相对较少。这使得这些黄酒龙头企业的销售额存在季节性波动，受季节影响较大。

因此，在战略顾问团队的协助下，王总在选择目标市场时，直击龙头企业的劣势，避开了与它们在企业规模、知名度等方面的正面交锋。

2. 以理论分析保障圣塔战略选择的科学性

按使用方式和功用性来讲，黄酒市场分为饮用酒和调味酒两大块，其中饮用酒占整个市场的比重高达90%(如图2—15)。正因如此，多数黄酒企业都将目标市场指向相对广阔的饮用酒市场。目前，饮用酒市场被龙头企业以压倒性优势占领着，呈现寡头垄断的现象。而调味酒市场作为一个小市场，却一直受到市场"统治者"以及其他竞争者的忽视，领域内的竞争者较少，这给中小企业在这个市场的发展带来了契机。

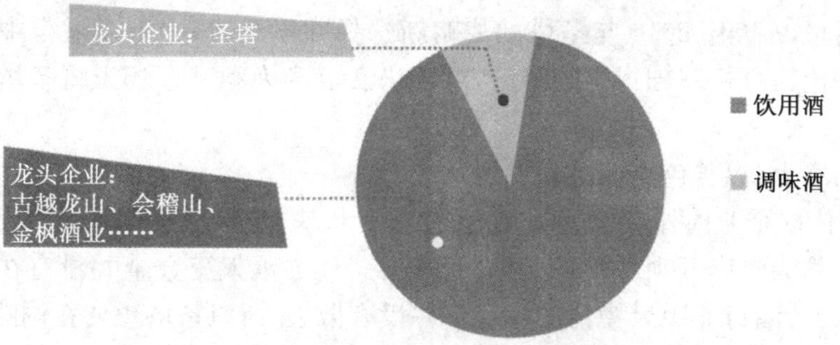

图 2—15　黄酒企业市场细分

圣塔的王总及其战略顾问团队通过对自身和竞争者的分析，结合利基市场理论，对调味酒市场的特征进行充分的分析和研判，从 2010 年战略顾问团队提交的圣塔未来战略发展报告中可以清晰地看到，专家们一致认为调味酒细分市场符合理想利基市场的五大特征，并由此确定以调味酒细分市场作为圣塔的利基市场，为中小企业圣塔谋得二次发育的市场空间。

首先，调味酒市场是一个强大竞争者所忽视的市场。在前面的竞争者分析中可知，黄酒的龙头企业在生产规模、市场知名度等方面，远胜于作为中小企业的圣塔，圣塔若与这些龙头企业直接竞争，可以说毫无优势可言。而调味酒市场则是这些龙头企业不屑也不擅长的领域，它们在该市场领域不具备任何优势，这部分市场甚至可以说是龙头企业的劣势。圣塔决定利用龙头企业的劣势寻找市场机会，服务好这一批本没被满足好的消费群体，并通过专业化的方式，逐渐形成在这个市场的无可比拟的优势。

其次，调味酒市场具有产品领域狭小和发展空间大两大要素。一方面，调味酒所服务的消费群体比较狭小，这让圣塔能够聚集自身优势与全部资源专注于这一市场，形成优势，从而在调味酒市场独占鳌头。另一方面，中国的人口基数大，且人们对于衣食住行都有着最基本的需求，其中一日三餐更是不能避免。因此在当今这个快节奏的时代下，作为给食物调味并且简单方便的调味酒自然也受到越来越多消费者的喜爱，这些消费者对调味酒的需求足以满足一个企业所需的规模和购买力。

再次，调味酒市场具有可持续发展潜力。一方面，其突破了黄酒饮用市场生产上的局限性，排除了季节对黄酒质量的干扰项，实现了企业营业收入的稳定性。同时，消费者对调味黄酒的需求具有稳定性。它不像饮用黄酒那般，易受经济政治环境变化的影响而出现较大的需求波动。另一方面，随着经济的发展，快文化逐渐占领了我们的生活。很多年轻人不认识桂皮，不认识花椒，更不懂如何给菜调味。这也给多功能调味酒的发展提供了很好的契机。

最后，圣塔有足够相称的能力和信誉，来满足调味酒市场的要求。圣塔成立于 1960 年，截至 2010 年，在 50 年的发展过程中，虽然成长缓慢，却也在不断改进设备、积累经验、丰富文化内涵。这使得圣塔在能力和资源方面，足以为调味酒市场提供优质的服务。另外，“圣塔”人拥有传统的工艺、一流的技术。2003 年，“圣塔”商标被认定为绍兴市著名商标，说明圣塔的工艺品质一定程度上得到了社会的肯定。这让圣塔公司有足够的信誉来吸引顾客，抵御新进的竞争者。

如上分析可以看出，2010年圣塔的战略新选择并不盲目，它是以适合中小企业发展的利基差异化理论为分析基础得出的结论，以调味酒市场为利基市场谋得圣塔发展空间战略是科学的。

(三)创新有力，以特色支撑差异发展

2010年，依据企业内外专家团队确定的“立足利基、差异发展”总体战略思想，在选定调味酒细分市场作为自己的利基市场之后，圣塔第三代继承人王金金并没有在利基市场中沾沾自喜，他深知黄酒行业跟风模仿的“风气”并没有散去，所以圣塔想要在调味酒利基市场有所作为，必须要进行差异化创新。只有积极实行企业差异化，进行多方面创新，提高企业在消费者心中的识别度，增强顾客忠诚度，才能让圣塔在这个调味酒的细小市场立于不败之地。

因此圣塔积极推进跨界合作，首创“黄酒＋佐料”的新组合，开发出圣塔独有的圣塔系列美食黄酒。在此基础上，圣塔又通过对社会、经济、文化的走向观察，积极进行产品、渠道、文化三方面的创新，支持企业差异化战略的实施，促进企业的差异化发展，靠差异化来形成公司的特色，提高企业的知名度和识别度，建造起行业壁垒，阻止竞争者的进入。

1. 产品创新是圣塔差异发展的核心

圣塔之所以会长成一个历史悠久的中小企业，与它固守传统不敢创新、在产品和企业形象上模仿跟随其他竞争者有着密切关系。2010年，第三代继承人王金金执掌企业之后，圣塔决定不再畏畏缩缩，只跟着龙头企业吃“剩饭剩菜”。它为自己选择了“立足利基、差异发展”的全新战略，找到了一块适合自己的美味“蛋糕”——调味酒细分市场。在此基础上，以产品创新为差异化发展的核心，实现企业可持续发展。

2010年下半年，圣塔内部产品研发人员、高校食品专业教师、五星级酒店总厨跨界组成产品研发团队，历时五个月，立足公司新战略确定的调味酒利基市场，开发出“黄酒＋佐料”的圣塔调味酒系列，这个新奇的组合一举为圣塔赢得在利基市场上的特色差异化地位(如图2－16)。与其他传统调味酒不同，调味酒系列在去腥、去膻的基础功能上，还额外增加了调味、提鲜的功能，拥有一瓶酒就拥有一份美味的菜肴，解决了消费者厨艺不精的烦恼，方便了消费者的使用。这些适用于不同食材、有着不同功能的调味酒共同组成了圣塔调味酒系列，是圣塔产品差异化的直接表现。

图2－16 附加佐料的圣塔调味酒

技术上，跨界研发团队依据美食菜谱，采取纳米加工技术，坚持绿色，将配方佐料进行纳米化处理后再溶入酒中。纳米技术让佐料能够百分之百溶于酒中，减少原材料的浪费，同时解决传统工艺下黄酒色泽深、沉淀多、易混浊等方面上的不足，将生产过程标准化、简单化，极大地减少了时间成本和原料成本。

生产设备上，圣塔力求打造现代化生产，改造了传统的生产流水线，在保留原有传统酿制设备的基础上，使用现代化酿制与储酒设备，引入包括“低温冷却塔”“米浆水回用”在内的一系列先进设备，在提高产品内在质量和生产效率的同时，也为调味酒系列提供设备保障。

配方上，圣塔与五星级酒店跨界合作，即在绍兴寻找知名大厨，与他们共同研究，开发出用于不同功能种类的调味黄酒的最佳佐料配方（如图2－17）。这种精准的大厨级配比，让烹饪的初学者也能烧出美味的佳肴，受到了新消费者的喜爱与肯定，这为调味酒系列的持续发展提供了动力。

图2－17 圣塔调味酒系列的原材料

圣塔调味酒系列的创新提高了调味酒的品质，增加了原有的调味酒的种类，细化了各类调味酒的功能，为消费者提供了更多选择，同时也方便了消费者的使用。

2. 渠道创新是圣塔差异发展的利器

在圣塔第三代传人王金金的正确领导下，圣塔从“跟随模仿”到“立足利基、差异发展”，从饮用酒市场到调味酒市场，改变的不仅仅是目标消费人群和产品类别，还有产品的销售渠道。圣塔突破了黄酒原有批发渠道的限制，走调味品销售路线，直击餐饮终端，寻找全国中低档连锁饭店、酒店，同他们谈判合作，让黄酒首次走向了酒店后厨，为圣塔酒贴上了一个新的销售标签。

同时，圣塔通过线下（供应商、经销商、展馆）与线上（微信、淘宝等平台）的贯通，积极将调味酒系列推向全国，为圣塔差异发展提供利器。

为了让绿色不仅仅是一个概念，而且具有健康的内涵，圣塔从香料源头把控调味酒系列的产品质量，在环境未受污染的广西承包地，与农林大学、广西科技局、农业局等机构合作，借助这些机构先进的种植技术，严格把控香料的种植和生产过程。这样的跨界合作在降低圣塔的种植成本、提高产品利润空间的同时，也以绿色提升了调味酒系列的产品价值。

市场开拓上，圣塔积极寻找愿意长期合作、共负盈亏的调味品经销商，和经销商以互相

“入股”的方式，从单纯的合作关系直接变成上下游关系。圣塔将产品部分经营权直接交给经销商，给经销商充分的信任。

此外，圣塔还在绍兴黄酒小镇设有体验式展馆（如图2－18），对展馆内展出的产品进行季节性更换，主推一种或两种当季最适合售卖的圣塔调味酒，加强消费者对产品的印象。此外，展馆还利用AR和裸眼3D这两种先进的感官技术，还原了圣塔调味酒系列酿造的工艺场景，更加真实立体地展现了它们的制作流程，让游客直观地了解到圣塔调味酒系列的绿色健康，从而产生购买欲。

图2－18　圣塔展馆图

在线上，圣塔积极顺应时代发展，通过网络开展相关营销活动，配合线下宣传，促进线下销售。首先，圣塔在网上组建消费者社区群体，定期开展活动，调动消费者参与性和积极性，及时处理留言，做好平台信息反馈。其次，圣塔通过微博、微信公众号等平台及时推出圣塔调味酒系列的新品，发布信息，推广线下体验式展馆。圣塔还和一些美食大V建立良好的合作，让他们帮忙宣传推广圣塔调味酒系列。最后，圣塔也非常重视大学生这块市场，他们是现有的和潜在的消费者。因此圣塔积极同绍兴高校合作，在校园内拍摄微电影、情景剧，通过网络广泛传播，提高圣塔调味酒系列的知名度。

3. 文化创新是圣塔差异发展的保障

圣塔第三代继承人王金金通过细致的社会观察发现：随着经济的发展，人们越来越重视时间效率，快节奏的生活逐渐变成现代社会的主流生活方式。于是他转变文化观念，进行文化差异化创新，与绍兴知名酒店大厨进行深入合作，开创了一套圣塔调味酒的定量使用方法，完美顺应了如今的快文化、快生活。

所谓圣塔调味酒的定量使用方法，就是根据食材的多少按比例搭配圣塔调味酒的固定用量，比如2斤鱼放3两圣塔调味酒，以此类推，鱼越大酒也放得越多。这是王金金协同酒店大厨，以客户价值创造为导向，针对消费者追求方便的需求定制的，这一创新将调味酒用量标准化，减少了下厨所耗费的时间。圣塔调味酒系列在厨房倡导的是快文化、快生活，类似“适量”“少许”“大约”这些让人无法准确判断的字眼不会出现在圣塔调味酒系列的使用说明上，让消费者不用再纠结于炒什么菜放什么调味品放多少的问题。

有研究表明，新消费者在适应快节奏的生活环境中养成了追求方便的消费心理，做菜的麻烦让他们望而却步，而圣塔调味酒系列正好让消费者在这个快节奏的社会中享受到方便快捷的服务，逐步培养起对企业的好感度和忠诚度，关注企业动态，参与企业宣传营销活动，促进产品的更新和完善，帮助企业二次发育成长。

现在的圣塔，不再是以前那个故步自封、只会躺在祖宗怀抱里沾沾自喜的中小企业了，它懂得只有从理念文化上改变，才能真正完成二次成长。

五、圣塔二次成长对中小企业的启示

中小企业是中国数量最大、最具创新活力的企业群体，在促进经济增长、推动创新、增加税收、吸纳就业、改善民生等方面具有不可替代的作用。

由图2—19可知，2011～2016年中国的中小企业主营业务总体呈现不断增长的趋势，但在增速上却有明显的下降趋势。国家统计联网直报门户发布的《2016年中国中小企业运行报告》显示：2016年末，全国规模以上中小工业企业（以下简称"中小企业"）37.0万户，比2015年末增加0.5万户企业。其中，中型企业5.4万户，占中小企业户数的14.6%；小型企业31.6万户，占中小企业户数的85.4%。

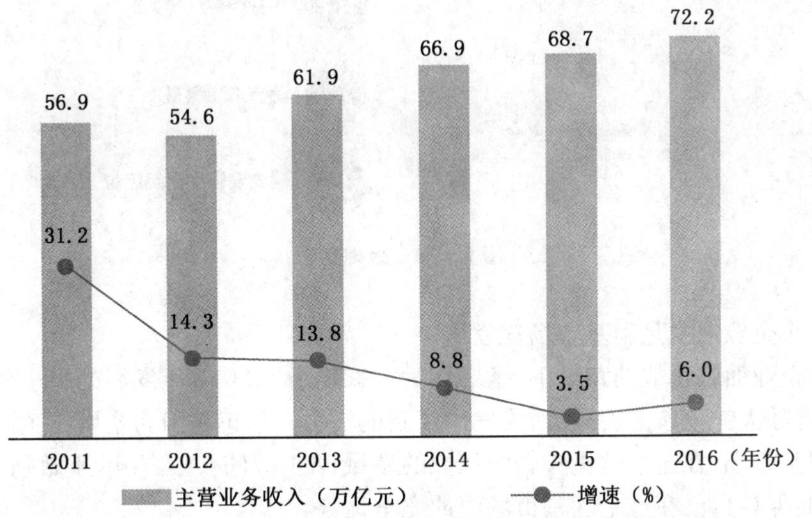

图2—19 2011～2016年中小企业主营业务收入及增速情况

我国中小企业的发展现状可以用"各领风骚三两年"来概括，众多企业在发展初期从无人知晓到一鸣惊人，继而便是冷落下来。这种先盛后衰的现象促使我们思考一个问题——中小企业如何才能实现持续发展？圣塔二次成长、突破自身发展瓶颈给这些中小企业提供了良好的指导，帮助它们根据自身的特点来制定能发挥其优势的可持续成长战略。

（一）中小企业持续发展需有精确的战略定位

战略在本质上属于一种"思维"，具有宏观性、持久性、计划性、超前性四个方面特征，合理的战略对企业的持续发展至关重要。

总体来讲，中小企业综合实力较弱，品牌市场影响力不足，资源有限，内部管理不规范，对外竞争力较弱，在这样的背景下，企业的战略选择更需要有针对性，要精确、适合自身的发展。

正如案例研究对象圣塔，它之所以能在50年后二次成长突破，与2010年圣塔新一任领导人王金金上任后，通过专家咨询、企业问题诊断、消费市场调查对企业的战略做出调整密不可分，50年的“模仿跟随”战略让圣塔变成一个历史悠久的中小企业，“立足利基、差异发展”战略让圣塔脱胎换骨、高速发展，短短七年成为调味酒细分市场龙头。圣塔案例告诉我们，战略精确与否直接决定着中小企业的发展命运。

中小企业人力资源相对有限，要确保战略制定精确，最好要咨询企业管理方面的专家，搞清楚不同行业发展的现状及其本质；再通过考察行业的本质所在，对企业进行问题诊断，找出企业经营管理中存在的问题并提出解决方法，在其企业管理经营中做出基础准备；接着开展消费市场调查，即对目标消费群体进行问卷、走访之类的调查；最后制定与企业发展阶段、发展意图相合的战略计划（如图2－20）。一些规模不大、实力不强的中小企业则可以委托市场调查公司进行市场调查，节省企业人力物力。

图2－20　战略定位

（二）中小企业应立足利基市场谋发展

在中小企业面临挑战的背景下，圣塔作为一家经历了50多年发展的中小型传统制造企业，不仅没有随大势萧条下去，反而焕发出了新的活力。这正是因为圣塔在黄酒行业中找到了调味酒利基市场，在这个被优势企业忽视的领域，集中力量进入并迅速做强，后续加强市场维护，不断保持自己在这个利基市场中的竞争优势。

在市场中，大企业往往占据着主导地位，中小企业则受到大企业的排挤和制约，且中小企业人力资源匮乏、抗风险能力弱，同时还有组织管理不规范、技术创新能力弱、信息资源不对称等方面的缺陷，若直接在大企业占优势的市场中与其竞争，谋求发展，会增加中小企业的运营成本，更容易造成资源的短缺。

因此，我们认为当一个正在建立竞争优势的中小企业试图避免与行业巨头直接竞争时，就要选择并建立自己的市场，即要进行准确的市场定位，立足利基市场为自己谋得市场空间，结合自身实力把有限的产力资源集中到一个独特而又适宜的经营领域。

正如图2－21所示，我们可以看到除规模较大的主次市场外，行业中还存在着一些小市场。对于这些小市场，中小企业要能够按照细分后的子市场的需求特征和消费个性，选择适合自己的利基市场，集中力量于这个特定的目标市场，在竞争中发挥“小而特”“小而专”“小而精”的竞争优势，有效地利用管理资源，科学管理，发掘增产潜力；集中使用机械和技术装备,提高生产率、获得更大的经济效果;集中团队精力研究新配方、新产品。这样企业就能在利基市场中严格满足消费者在这个特定市场的消费需求,为消费者创造难以替代的产品。

图 2—21　利基市场细分

(三)中小企业要以创新实现利基市场的差异化突破

近年来,90 后这些新兴人群成为传统中小企业的“新消费人群”,比起传统和文化,他们在消费时,更看中时尚与个性。《中国经营报》连续五年举办的“中国大学生至爱品牌评选”活动结果显示:“新消费人群”的消费心态与消费价值取向正在离传统制造业品牌越来越远,在参与挑战的 300 个知名品牌中,传统制造业品牌几乎被遗忘。随着“互联网+”时代的来临,我国消费市场即将迎来新的历史性改变,传统制造业品牌正遭遇可能被“新消费人群”和未来主流消费人群“遗弃”的尴尬。

为了解“新消费人群”对传统黄酒企业的看法,论证圣塔实行差异化创新的重要性和可借鉴意义,我们对当代年轻人进行了问卷调查,共回收有效问卷 205 份,结果如图 2—22 所示。

如图 2—22 所示,年轻消费者对传统黄酒企业的信誉、文化方面给予了高度的认同感,但是对传统企业在包装、宣传、时尚等方面的评分较低。尤其是时尚,得分仅为 2.75。同时,有一半以上的被调查者认为包装、宣传方式和销售渠道是黄酒企业最应改进的地方。

针对新消费者的新需求,圣塔能够在保留传统的基础上,通过 90 后、00 后这些调研对象的反馈,进行一定的差异化创新来适应时代的发展要求。当今的年轻人不擅长做菜,不熟香料。因此在产品方面,圣塔更加重视对自身调味酒的创新开发,将多种香料融于其中。让他们能够仅用一瓶圣塔系列美食黄酒就替代其他纷繁复杂的调料。此外,如今年轻人更喜欢通过线上的方式来了解企业,并进行购物活动。对此在营销方面,圣塔积极参与“互联网+”的研发中,确保公司能够与消费者们更近距离地接触,能够及时收到消费者的反馈意见。

圣塔长期、执着地集中全力于调味酒业务,并用差异化创新适应新消费市场的要求,提高顾客忠诚度,建造“无形”的壁垒,来巩固实力,巩固自己在利基市场的位置,逐步走向调味酒第一的宝座。

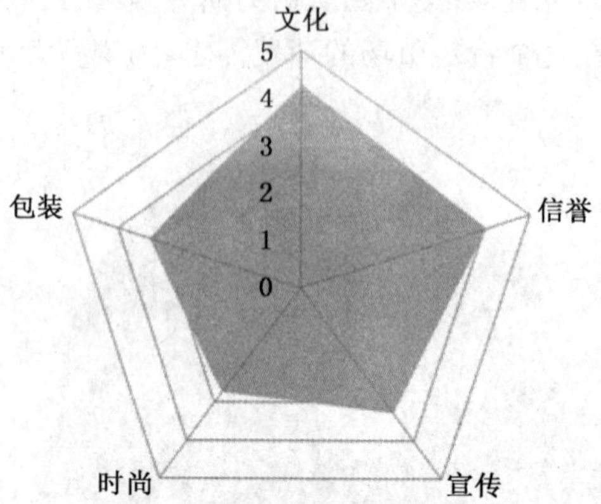

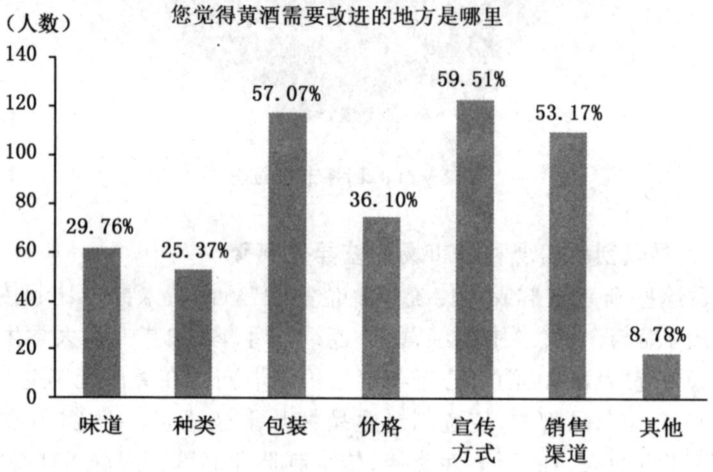

图 2—22 问卷部分结果

由此，我们可以看到，寻找到利基市场，能为中小企业的发展空间奠定良好基础，但随着后来竞争者的加入，企业自身若没有核心竞争力，也很快会被取代。结合圣塔的成功经历，我们可以说加强中小企业的差异化，在自己的利基市场中创造竞争优势尤为重要。因此中小企业要在意识上对差异化有清醒的认识，从产品、营销、文化等多个方面着手，从上而下形成差异化创新氛围。中小企业只有不断地创新，才能保证企业在自身利基市场上的差异化优势，产生强大的风险抑制力。

参考文献：

[1]张静中. 产品差异化策略与企业自主创新[J]. 中国流通经济. 2007,(2).

[2]王宏. 企业实施差异化战略研究[J]. 生产力研究. 2007,(1).

[3]李檬. 差异化战略在中小企业的实施方法[J]. 商场现代化. 2006,(8).

[4]肖劲松. 中小企业差异化战略研究[D]. 长沙：中南大学，2005.

[5]李一. 总成本领先＋差异化战略组合与企业竞争优势[D]. 北京：对外经济贸易大学，2006.

[6]张明. 企业竞争中的差异化战略[D]. 武汉:武汉理工大学,2003.

[7]任一. 我国主题公园差异化战略的构建[D]. 成都:西南财经大学,2005.

[8]王萌. 我国体育用品企业差异化战略研究[D]. 武汉:华中师范大学,2009.

[9]何丰. 制度变迁中的企业创新研究[D]. 上海:复旦大学,2004.

[10]陈坤. 创新型企业创新路径选择和绩效评价[D]. 合肥:中国科学技术大学,2011.

[11]高莉莉. 企业商业模式创新路径研究[D]. 武汉:武汉理工大学,2010.

[12]朱文静. 基于 TRIZ 理论的企业创新研究[D]. 成都:华中师范大学,2013.

[13]王方瑞. 我国企业自主创新路径研究[D]. 杭州:浙江大学,2008.

[14]俞可平. 创新在社会进步中的作用[N]. 光明日报,2000－10－03.

[15]蔡立媛. TSCPR:大数据时代的利基营销模式[J]. 青年记者,2015(3).

[16]William Barnett. 战略就是找到你的利基市场[J]. 商周刊,2016(9).

[17]傅建芬. 老字号品牌消费的影响因素及营销创新研究[D]. 金华:浙江师范大学,2014(5).

[18]任志宏. "老字号"传统品牌营销策略探析[J]. 商业时代,2012(6).

[19]马王杰,张艺. 绍兴黄酒产业的现状及发展研究[J]. 中国商论,2012(7).

[20]Chenying. 2016 年中国黄酒行业规模现状分析[DB/OL]. 中国产业竞争情报网,2016－06－29.

[21]刘佳. 迈克尔·波特:差异化战略,构筑竞争优势[J]. 经济与管理,2014,(4).

[22]贺智. 以创新为支撑,实现差异化战略发展目标[J]. 科技创新与生产力,2011(3).

[23]天立法,王淞,刘丛珊,杨来娣. 差异化战略、二元创新与企业绩效:资源整合能力的调节或中介作用[J]. 科技进步与对策,2015,32(9).

[24]郑兵云,陈圻,李邃. 差异化战略对企业绩效的影响研究——基于创新的中介视角[J]. 科学学研究,2011,(29)9.

[25]韵江,刘立. 创新变迁与能力演化:企业自主创新战略——以中国路明集团为案例[J]. 管理世界,2006,(12).

[26]张赤东. 建设创新型企业:战略意义、内涵、特点与着力点[J]. 中国科技论坛,2010,(5).

[27]宋海燕,李博斌,刘兴泉,韩宁. 绍兴黄酒产业规模与质量状况分析[J]. 中国酿造,2014,33(2).

思考题

1. 结合圣塔二次发展实例,谈谈你对利基差异化与中小企业发展关系的理解。
2. 实践中,中小企业选择利基差异化发展战略需要做好哪些方面?

案例编写:单桂凤(工商 152)、周思凡(国商 151)、
郭兆坡(国贸 161)、陈玟希(工商 152)、
陈佳恒(工商 152)

指导老师:严家明

案例3

从"CI 理论"到"C-C 识别"的转变:基于消费者需求匹配视角下的企业核心竞争力塑造分析

——以古越龙山为例

摘　要:古越龙山是绍兴乃至全国黄酒行业的龙头企业,在多年的经营过程中,绍兴黄酒遭遇过整个行业的瓶颈期,同行中塔牌和会稽山等品牌更是以勇猛之势对古越龙山"紧跟不舍",但是古越龙山始终保持着业内龙头老大的领先位置,并被冠以"黄酒中的国酒"美誉,一次次在国宴中彰显中国江南水乡醇厚绵柔的独特气质……面对古越龙山这样一个竞争实力超强的企业,我们心生好奇,究竟是什么塑造了古越龙山当前的强大竞争力?

因此本案例探究的方向是:挖掘古越龙山始终保持龙头地位的核心竞争力内涵,通过"比较研究法",与其他同行黄酒企业相比,得出古越龙山与其他企业的差异化特征,从而确定其核心竞争力的内涵。

研究过程中,"CI(Corporate Identity)理论"给了我们很大的启发,所以我们在分析 CI 理论的基础上引出了研究模型:"C-C 识别"(Customer-Corporate Identity),即消费者对企业的识别,据此重点分析古越龙山与同行企业的两大差异化特征:品质与市场策略。在"品质的优良"以及"市场策略的合理性与适应性"的共同作用下,消费者对古越龙山形成了稳定良好的企业识别,从而建立起消费者对古越龙山黄酒的忠诚和信赖,来打造"古越龙山"这一卓越品牌,并令古越龙山得以依托强大的品牌效应塑造了核心竞争力,多年稳占龙头企业地位。

关键词:差异化;C-C 识别;品牌;核心竞争力

浅酌篇·玉碗盛来琥珀光

论喝酒,向来是最为风雅之事。若能在唯美的花月之夜,一壶清冽好酒,配上顶好的酒菜与绝佳歌舞,与友人吟诗作赋那是再快活不过的事……想象你置身于环境清幽雅致的酒屋，琴瑟悠扬，玉碗盛着琥珀色泽的黄酒，此时执碗轻呷一口，口感绵柔的黄酒在口腔内会似花朵一般在味蕾间温柔绽放……美哉！美哉！

浅酌黄酒，犹如缓缓撩开美人神秘的面纱，初见姣容，可尝甘美。

本案例的开篇亦如浅酌美酒，包括“绪论”以及“古越龙山简介”两个部分，希望能在正式呈现案例分析前交代清楚案例研究相关事宜以及古越龙山公司的相关状况，是下文更深层探究的铺垫。

一、绪论

（一）研究背景

黄酒作为我国传统的特色酒类品种，产销状况较为稳定，虽保持着平稳的增长，但其区域局限性依然明显。国内的黄酒市场主要集中在江浙等南方地区，要想在局限的市场中赢得更大的优势，难度较大，各大黄酒企业纷纷献策“争夺”市场，拓展市场。

近年来，面对市场局限，并购成为黄酒行业的一股浪潮，古越龙山和会稽山尤为突出。会稽山完成了对嘉善黄酒的收购，古越龙山收购女儿红的部分股份。“收购”这一策略在解决如何抢占市场的问题上发挥了较大的作用。

除了市场的局限，黄酒行业还存在着一个较为严重的问题，那就是同质化现象突出。以同位于绍兴的古越龙山、会稽山和塔牌为例，这三大黄酒企业酿酒的基本流程都是传承绍兴古老的酿造技艺，包括酿酒引用的水源等都是来自绍兴本地自然健康的水源，面对相似的流程、相似的酿酒资源，如何让消费者在众多产品中选择本企业的产品，就是企业最需要解决的问题。

市场局限、同质化现象突出等一系列现状对各大黄酒企业来说都是一种挑战，企业若能及时调整策略，突破同质化，以自己的“差异性”赢得更多消费者的信赖，打破所谓的市场局限，甚至拓展本企业产品的销售市场，就能极大提升企业的核心竞争力。

（二）研究意义

企业界当下普遍都会面临竞争压力，在相同产品的市场上没有自己的特色，无法吸引消费者，导致企业无法继续发展下去，而浙江古越龙山绍兴酒股份有限公司在这方面处理方式较好，因此公司在黄酒市场占了很大的份额。我们将深入研究古越龙山与其他几个知名黄酒品牌的差异，找到其成功之法。

本文以浙江古越龙山绍兴酒股份有限公司作为分析案例，用我们根据CI理论而摸索出的研究模型“C-C识别”。对古越龙山利用差异化打造品牌进行深入分析，探讨古越龙山近年来把黄酒做得如此出色的原因，希望借此获得的经验与方法，为同行业其他公司提供参考。

（三）研究方法

本文致力于对浙江古越龙山绍兴酒股份有限公司的差异化进行研究，我们将通过自己的研究模型“C-C识别”结合公司的一些数据分析来研究其品质差异化、市场策略差异化及其品牌差异化。

我们主要运用以下研究方法：

（1）实地调查法。本小组成员实地考察浙江古越龙山绍兴酒股份有限公司，通过与其公司管理者的交谈，了解公司的内部情况，以及其打造核心竞争力等方面的情况。

(2)文献分析。本研究针对已有的资料文献进行整理，通过查阅差异化的相关著作文件，收集了浙江古越龙山绍兴酒股份有限公司的相关信息，进行梳理和总结，对其进行了详细的分析说明。

二、古越龙山简介

(一)公司概况

古越龙山，全名浙江古越龙山绍兴酒股份有限公司，成立于1997年5月8日，系绍兴市酿酒总公司与创业于1664年的沈永和酒厂强强联合组建而成，法人代表为傅建伟。公司主营业务是黄酒、白酒、食用酒精的研发、生产和销售，拥有4只中华老字号、2只中国驰名商标、2只中国名牌和25万千升原酒储量，年产优质绍兴黄酒14万千升，主要产品古越龙山、沈永和、女儿红等。

(二)公司荣誉

以下为古越龙山公司的部分荣誉：

(1)2005年《中国500最具有价值品牌》排行榜上，"古越龙山"以13.91亿元品牌价值名列355位，是中国黄酒行业唯一进入500强的知名品牌。

(2)古越龙山正式进入"卡幕"在全球免税店开设的"中华国酒"专区。

(3)公司通过审核成为首家获得黄酒行业HACCP食品安全体系证书的企业。

(4)公司成为黄酒行业唯一一家通过"QS认证"，并获得"A级"荣誉的企业。

(5)公司被评为"中国制造行业内最具成长力的自主品牌企业"，"古越龙山"被评为"全国酒类产品质量安全诚信推荐品牌"。

(6)2015年，浙江古越龙山绍兴酒股份有限公司创造的总面积最大的酒库——"古越龙山中央酒库"荣获第11届大世界基尼斯"最佳项目"奖。

古越龙山，从成立至今，所获荣誉极多，整体发展情况良好，品牌稳居价值品牌，产品获安全认证，产品质量安全有保证，赢得消费者的信赖。其荣誉既是发展的见证，又是对其竞争潜力的预测。位居黄酒行业龙头的古越龙山，发展态势保持良好，竞争潜力不断提升。

(三)公司近年发展状况及未来发展状况预测

1. 古越龙山近年发展状况

古越龙山2013～2016年与行业的营业利润以及净利润均值对比图如图3－1～图3－8所示。(注：曲线为古越龙山，柱状图为黄酒行业均值，利润单位：亿元)

由图3－1～图3－4中2013～2016年的营业利润图可以发现，古越龙山的营业利润一直都高于整个行业均值，可见其近几年的发展状况良好，并且作为黄酒行业的领头羊，古越龙山的实力仍存。

从图3－5～图3－8中2013～2016年的净利润中可看出，古越龙山每年每季度的净利润总体相对较为稳定，可见其发展状况较好，核心竞争实力强。

2. 古越龙山未来发展状况预测

古越龙山，中国黄酒行业的龙头企业，拥有古越龙山、女儿红等驰名商标，同时，它还拥有20世纪30年代以来的27万吨左右存酒，这些酒是稀缺资源，其拥有的最好的品牌以及

表 3－1 是未来两年对古越龙山股票的预测。

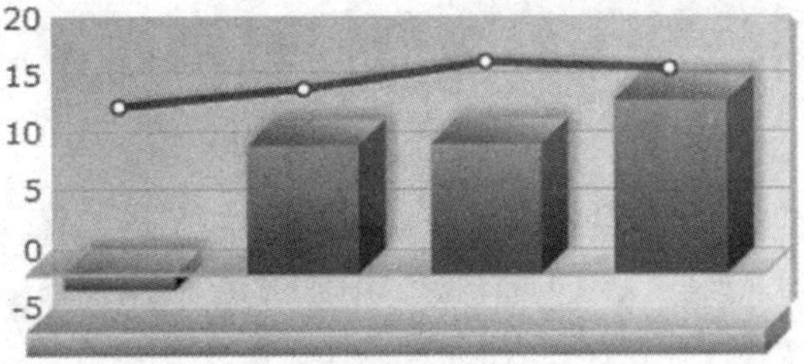

图 3－1　2013 年古越龙山营业利润与行业均值对比图

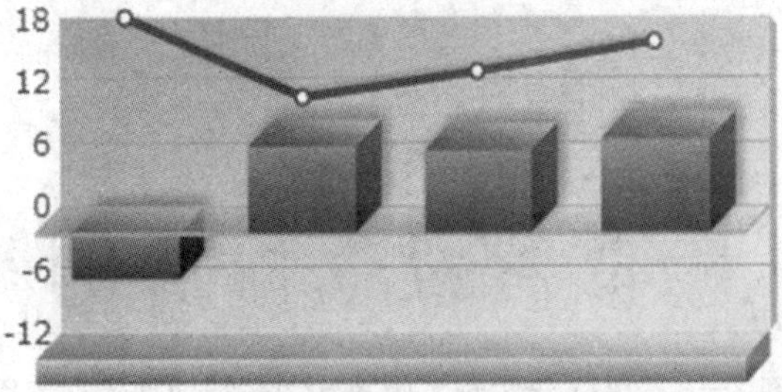

图 3－2　2014 年古越龙山营业利润与行业均值对比图

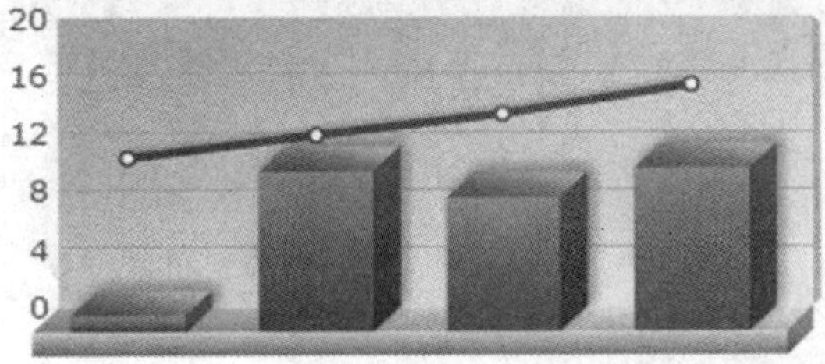

图 3－3　2015 年古越龙山营业利润与行业均值对比图

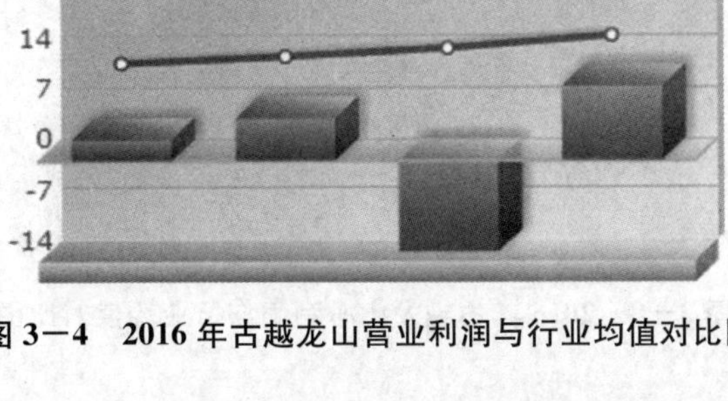

图 3－4　2016 年古越龙山营业利润与行业均值对比图

稀缺性的存酒资源，在未来的消费市场上，具有较大的潜力。未来几年，继续强调中高端的产品，提升收入与营业能力，利用品质、策略优势，实现提价，获得利润，成功打造品牌知名度，塑造企业核心竞争力。图 3－9 对古越龙山 2016～2019 年的公司收益情况进行了分析。表 3－1 是未来两年对古越龙山股票的预测。

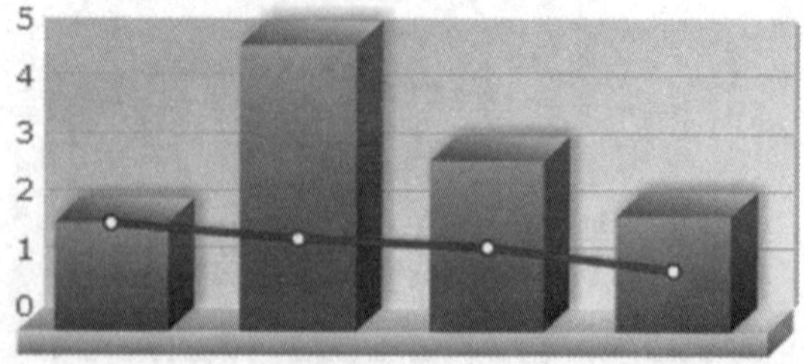

图 3—5 2013 年古越龙山净利润与行业均值对比图

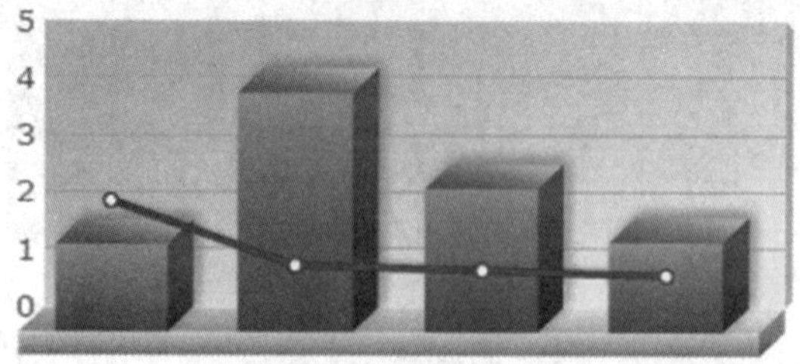

图 3—6 2014 年古越龙山净利润与行业均值对比图

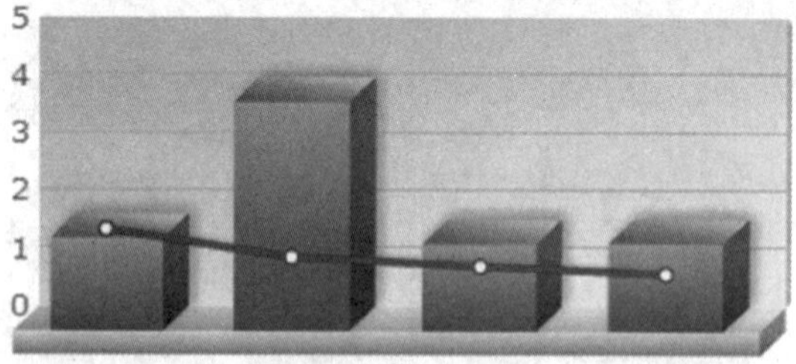

图 3—7 2015 年古越龙山净利润与行业均值对比图

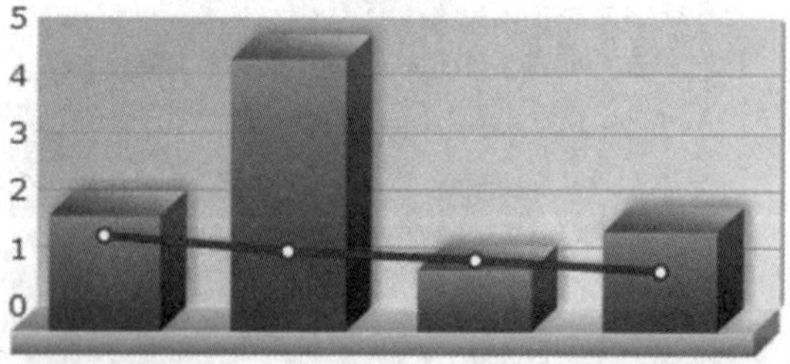

图 3—8 2016 年古越龙山净利润与行业均值对比图

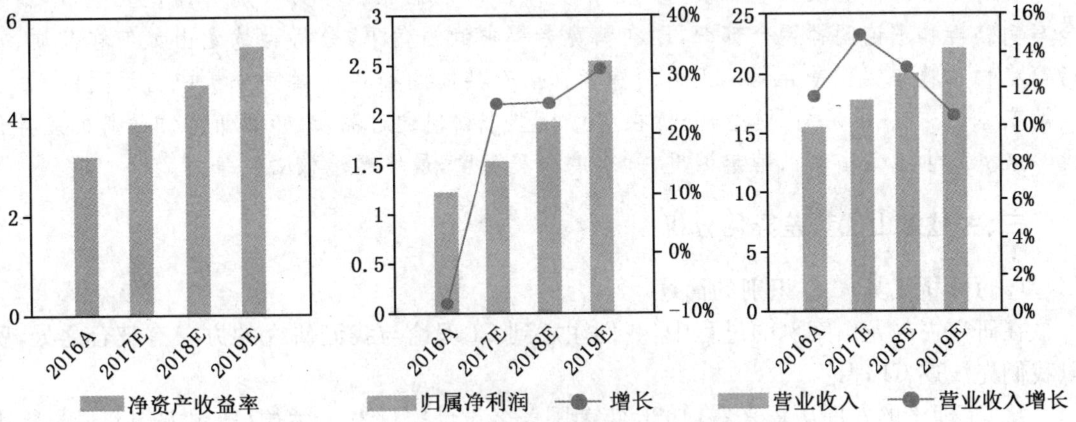

图3—9　古越龙山2016～2019年公司收益情况分析

表3—1　　未来两年古越龙山股票预测

预测指标	2014年	2015年	2016年	2017年预测	2018年预测	2019年预测
每股收益(元)	0.228 6	0.164 9	0.151 0	0.193 3 (6家)	0.233 3 (6家)	0.296 7 (3家)
上一个月预测每股收益(元)	0.228 6	0.164 9	0.151 0	0.202 0 (5家)	0.236 0 (5家)	0.285 0 (2家)
每股净资产(元)	4.579 9	4.665 2	4.817 0	4.925 0 (4家)	5.080 0 (4家)	5.660 0亿 (1家)
净资产收益率(%)	6.16	3.57	3.19	3.84 (5家)	4.62 (5家)	5.40亿 (1家)
归属母公司股东的净利润(元)	1.85亿	1.33亿	1.22亿	1.53亿 (6家)	1.92亿 (6家)	2.51亿 (2家)
营业总收入(元)	13.4亿	13.8亿	15.4亿	17.6亿 (7家)	19.9亿 (7家)	22.0亿 (3家)
营业利润(元)	2.41亿	1.42亿	1.59亿	1.95亿 (6家)	2.41亿 (6家)	3.00亿 (2家)

股票市场通过对股票收益的变动等其他因素所构建的对古越龙山的股票股价预测，一定程度上也反映了企业未来几年的发展状况将持续保持良好。

深品篇·醇柔润喉齿颊香

浅酌黄酒，尚未能深品其味，细细再尝之，酒香慢慢渗透进每一个可感味觉的细胞，除舌尖上的清冽醇厚外，感受溪水般的顺柔缓缓地流入喉咙，黄酒的味道滋润肺腑，余甘回味无穷，齿颊留香！

好的黄酒总是耐得住"深品"——正如绍兴千年的古越文化，酿制黄酒的手艺千年来代代传承，仿若穿梭千年时光，带着深厚的文化底蕴与不变的江南雅韵，让高品质的黄酒出现在寻常百姓的饭桌上乃至招待外国贵宾的国宴之上！

浅酌之后深品黄酒方才知其“厚味”中更深层次的酒味。在第一篇的铺垫之下，本篇包含案例分析和理论阐释两个部分，即在消费者需求的视角下，分析古越龙山如何在品质、市场策略和品牌中实现差异化以吸引消费者。接着具体阐释在此案例分析中所运用的CI理论的变体——“C-C识别”模型，分析在C-C模型下如何通过品质、市场策略和品牌的差异化战略来提高古越龙山的品牌忠诚度、知名度与美誉度，最终塑造核心竞争力。

三、古越龙山优势差异化分析

(一)分析工具:C-C识别的简述

在研究古越龙山案例的过程中，我们注意到CI理论与我们研究的方向有契合之处，所以我们先浅述CI理论。

从CI理论的发展历程来看，1930年美国著名设计家保罗·兰德(Paul Rand)最早提出了CI这一术语;1956年，IBM公司率先全面导入CI，标志着“企业识别系统”被正式提升到企业经营的战略层面;20世纪70年代中期，日本公司开始导入CI;20世纪90年代初，中国企业引进CI设计与策划。

CI理论是指为确定企业宗旨规范企业行为，设计企业统一视觉识别系统而形成的对企业形象的总体设计(David Ogilvy,1950)，该理论总共包含三个基本单元:CI＝MI(企业理念识别)＋BI(企业行为识别)＋VI(企业视觉识别)。

该理论强调从企业的经营管理理念到企业的精神文化、从企业员工的个体行为到企业组织的对外传播活动、从企业传播的视觉识别的基础要素到所有应用要素予以整合、规划，建构具有高度统一性、独特性和可识别性的企业识别系统，以利于树立起完整统一而又极富个性的企业形象，并通过对企业内部和外部的一致传播，促进企业内部的员工和外部的消费者对企业的经营理念的全面认同，进而达成提升企业的市场地位，增进企业的经营业绩的目的。

目前CI理论共有两种主要流行模式，即美国模式和日本模式，其中美国的CI主要用于外部宣传，是一种以市场营销为导向，以最终顾客为诉求对象，而对公司形象加以精致包装的宣传策略;此外，企业识别系统界定之一“企业差异说”提到CI应该是“企业差别化战略”(Yasuo Kuroki,1970)。以上两种观点综合起来，我们可以得到CI理论的最终目标是达成客户对企业的形象识别，而实现这个目标的途径是企业的差异化策略，这种策略具体表现在品质、市场策略、品牌三大方面。这与我们研究古越龙山的方向较为接近，给了我们很大的启发，因此我们根据古越龙山的具体经营情况在CI理论的基础上引出C-C识别模型，特别强调古越龙山将消费者需求作为导向不断强化自身与其他企业相比较体现出的优势差异，进一步强化及稳固核心竞争力。

具体C-C模型如图3—10所示。

企业要想开拓自己的消费市场，提升竞争能力，就必须了解消费者需求。C-C识别以消费者需求为出发点，依据CI理论中提到的企业差别化战略，牵引出品质的优良性，以市场策略的合理性、适应性和品牌的差异化作为竞争利器，来迎合消费者需求。这种竞争策略的本质是基于企业的差异化将自己与其他企业明显区分开来，加深消费者对本品牌的印象，通过打造自身优势，使消费者对本品牌产生更进一步的信任感和购买欲望，从而打造品牌忠诚

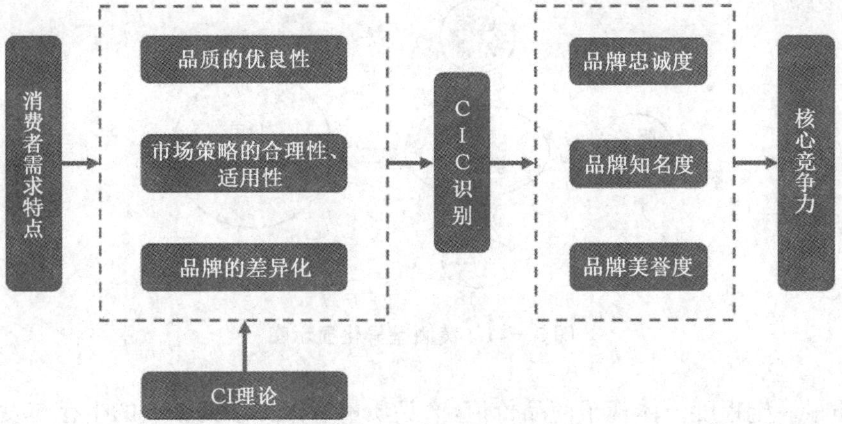

图3—10　C-C识别模型

度、品牌知名度与品牌荣誉度，增强核心竞争力。

我们所研究的古越龙山案例，正是C-C识别模型的范本：企业的产品品质、市场策略、品牌的差异化使得消费者个性化需求得到满足，进而赢得消费者的信赖与支持，提高了品牌忠诚度、品牌知名度与品牌美誉度，增强了古越龙山整个企业在行业内的核心竞争力。接下来我们将从品质、市场策略、品牌三大方面来具体分析古越龙山的优势差异化。

(二)大传统下立新标：精准科研保证品质的优良性

1. 品质差异化

将"C-C识别"模型作为分析的出发点，可知消费者对企业的识别最直观地体现在对该企业产品的认可上，而从消费者普遍的求实消费心理来看，更倾向于性价比高的产品，即相应的价格之下，满足消费者需求心理程度更高的产品更易打动消费者，促使消费者在同类商品选择时对此类产品做出购买行为。而众所周知的经济原理是，无论是普通商品还是奢侈品，对消费者来说，商品的品质都是体现商品价值的第一要素，优良的品质往往能为企业形象加分不少，使消费者对产品更加信赖，提高对企业的品牌忠诚度，并且产品质量能为竞争奠定良好的基础，毕竟竞争首先是质量的竞争。

所以，无论是走入寻常百姓家的中低端黄酒，还是端上国宴的高端黄酒，品质都形象地表现为黄酒的一张绿色通行证，有则通，名满天下，客闻声而动；无则阻，酒砸暗窖，客绕道避退。古越龙山正是深知其中厉害，所以花费了很多心血在品质把关和品质创新上。

对于黄酒行业来说，由于黄酒在中国具有千年的历史渊源，即使酿造黄酒的技术随着时代的进步与地域的变迁在不断改良，传统的酿酒工艺流传至今也已经形成了较为统一固定的酿酒的大体流程：制曲→浸米→备曲→煮酒→拌曲→入缸发酵→压榨→装瓶。

因此，黄酒行业在无法通过颠覆传统实现创新的环境局限之下，致力于在继承传统的基础上精益求精雕琢黄酒质量，因此引出了产品差异化战略当中的一个重要分支理论——品质差异化理论(见图3—11)，即企业在无法突破整个行业的局限状况时在每一个细微环节中下功夫，通过各个环节的优化使得产品品质整体提升，领先于同行业其他竞争对手，从而获得竞争胜利。

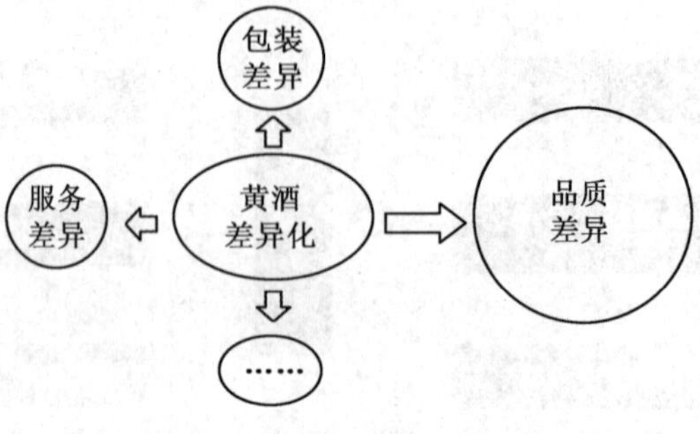

图 3－11 黄酒差异化显示图

商品质量一定程度上体现了商品价值，产品质量直接关系到企业的生存与发展，只有那些质量优异的企业才能在消费者心目中获得信赖和维护，从而在竞争大潮中站稳脚跟。由于黄酒行业的特殊性，在产品的众多特性之中，实现黄酒的品质差异化是产品差异化战略具体实施中的核心环节。当企业具有领先于同行的高端品质时，不仅能增强其现有的行业竞争实力，在市场中占领较大的份额，获得更好的效益，同时也能提高企业未来的可持续发展能力。

2. 古越龙山科研微控

酿酒工艺是黄酒酿造的核心，工艺差异将直接导致黄酒品质的巨大差异。在酿酒工艺的具体选择上，古越龙山与塔牌有着完全不同的理念：塔牌注重沿袭传统手工艺坚持纯手工酿造，而与此相反，古越龙山重视现代科研技术，在提升黄酒品质的同时提升产量。从消费者需求匹配视角来看，塔牌关注消费者文化心理需求，而古越龙山则更加关注消费者对黄酒口感品质的需求以及供应需求！

塔牌是为数不多的仍在坚持"手工酿造"的黄酒企业，尽管在市场上赢得了好口碑，但不可忽视的是，塔牌面临十分现实的问题：坚持纯手工酿造黄酒在为他们带来客户的同时也阻拦了部分客户——原因在于塔牌主要靠"人"造酒，拒绝机械化与非天然化学添加，而塔牌的人力资源与其他资源有限，虽可以靠人酿造出好酒，却不能靠人造出时刻满足庞大消费需求的黄酒产量，在产量方面十分受限。

在黄酒酿制工艺上，古越龙山一直秉承的理念则与塔牌不同。与塔牌相比，同样注重传承传统的古越龙山，通过高科技研发成果的科学运用以及高效率高精准设备投入生产，极大地减少了流水线上的工人劳作及人工误差，在解放人的同时保证黄酒的品质不降反升，同时还能够高效率生产黄酒，成功实现"保质保量"。

塔牌的局限在于其注重黄酒质量的同时无法顾及产量，而古越龙山优于塔牌的地方在于利用科研成果及高科技设备精确工作，解放人力，精确管理黄酒品质，做到黄酒误差最小化，同时批量生产，不用担心产量跟不上需求，这也是古越龙山竞争力强大的体现。

3. 从酒药看古越龙山微控的优势

酒药是绍兴黄酒酿造中使用的重要糖化发酵剂。2013 年绍兴黄酒冬酿期间，从绍兴地区 5 个主要黄酒生产企业，采集古越龙山、会稽山、塔牌、沈永和、女儿红及鉴湖等 6 个品牌酒药样本，在数量、种类和分布规律等方面对黄酒酒药内酵母菌物种资源进行了系统研究。

研究发现,会稽山酒药和沈永和酒药蕴含酵母菌数量较多而且与其他样本相比差异显著(P＜0.01),而塔牌酒药中酵母菌数量显著少于其他5个品牌(P＜0.05)(见图3—12)。

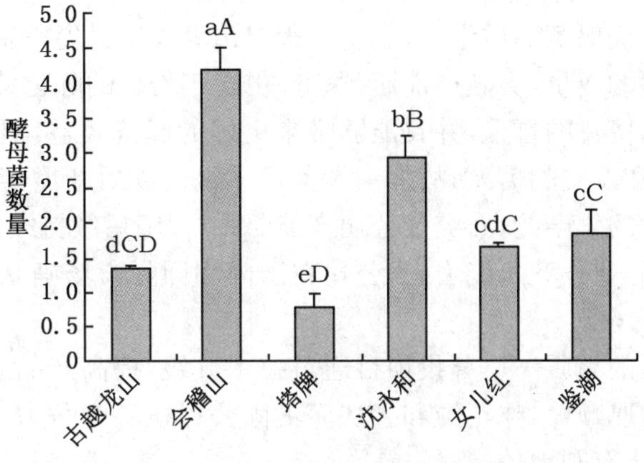

图3—12　黄酒酒药检测酵母菌数据对比图

会稽山与古越龙山一样注重技术研发以提高黄酒质量,从这个关于酒药(酒曲)的研究数据可以得出结论:纯手工酿造黄酒虽然难能可贵,但是人工误差必然存在,在微小细节的把控方面,古越龙山和会稽山充分发挥了时代精神,利用精确科研技术把控黄酒品质,而拒绝机械化的塔牌也必定会受到传统手工艺一些落后酿酒手段的弊端所影响,无法与两大黄酒企业相匹敌。

4. 古越龙山品质差异化管理

古越龙山拥有国家黄酒工程技术研究中心、一流黄酒生产工艺设备和省级黄酒技术中心,聚集了2名中国酿酒大师、13名国家级评酒大师和众多酿酒高手。

关于黄酒质量保障与提高,古越龙山始终坚持以科技为抓手,技术改造和产品升级并举,提升黄酒产业技术含量,做强企业。

"作为黄酒行业的龙头,我们必须在技术上站在行业的制高点,做行业的领先者。"在傅建伟董事长的不懈努力下,2012年1月,公司申报的国家级黄酒工程技术研究中心项目获得国家科技部审核批准,成为绍兴市首个、黄酒行业唯一拥有国家级工程技术中心的企业。傅建伟随即投入4 100万元,计划用三年时间,解决一系列黄酒关键技术难题,推动整个黄酒产业技术升级和转型。

在产品结构和产品质量上,确保原有国优金奖、银奖及行业名牌产品质量;淘汰以食用酒精为主兑制的假冒黄酒;加快开发高档次干型、半干型黄酒和低酒精度清爽黄酒;开发功能型、保健型黄酒新品种;改进产品包装,逐渐淘汰大坛包装,实行全部小包装化,并实现多功能化、系列化。

酿造绿色黄酒——傅建伟在黄酒行业内率先提出了"绿色酿造"理念,大力倡导"做诚实人,酿良心酒",在安徽铜陵、湖北应城等地建立了16万亩无公害粮食原料基地,推行"公司+基地+标准化"管理模式,建成"从田间地头到百姓餐桌"全过程黄酒产品质量追溯体系,为绍兴黄酒贴上绿色标签,让消费者喝上优质酒、放心酒。企业到"十二五"期末,建成

20 万亩黄酒绿色“粮仓”，继续打响古越龙山、女儿红绿色品牌。

古越龙山黄酒质量有保障，先后通过了 ISO9001 国际标准质量体系、ISO14001 国际标准环境管理体系、HACCP 食品安全管理体系、绿色食品认证。

此外为维护品牌，确保黄酒质量，古越龙山曾申请募投项目促进企业更快发展：

(1)提升优质黄酒的产量，突破产能瓶颈——由于年份长的陈化黄酒产品拥有更好的品质与口感，逐渐受到消费者的喜爱，并且能够带来更好的经济效益，但公司当时的设施条件已不能满足企业生产和发展的需要，故那一次募投项目建成后新增年产优质黄酒原酒 2 万吨，扩大公司优质黄酒的生产能力，突破公司产能瓶颈，保障后续持续经营发展；同时进一步突出和提高公司的核心业务竞争能力，为公司在国内和国际市场确立更加稳定的竞争地位奠定基础。

(2)提高优质黄酒的品质——募投项目通过技术升级，提高产品质量，改善优质黄酒的品质，使得口感更加醇厚顺口，味正纯和。从而巩固公司核心竞争力，使得公司在未来激烈的黄酒市场竞争中处于有利地位。

(3)扩大公司的经营规模，增强公司的盈利能力——募投项目按计划实施完毕并投产后，公司的生产规模、技术水平、制造能力和产品结构都得到较大幅度的提高，从而进一步增强了公司的盈利能力，并为公司未来的后续发展打下坚实的基础。募投项目建设主要内容包括：

生产车间：浸米、蒸饭、发酵、压榨、清酒、煎酒、封泥头、米仓库等。

配套工程：热配房、空压房等公用配套设施，部分后酵堆场。

后熟车间一：主要用于存放大坛酒。

后熟车间二：主要用于存放大坛酒、封糟间、头吊间、糟烧打淘等。

5. 古越龙山提高品质的举措——与高校合作科研

“校企合作”是公司加强人才培育、加快黄酒研发的手段之一，“古越龙山”与有“中国酿酒工程师的摇篮”之称的江南大学、浙江大学等高校建立长期合作关系，合作领域不仅涉及科研领域，更在员工培训上发挥巨大的作用。

从 2008 年开始，古越龙山与绍兴市中等专业学校、浙江工业职业技术学院、绍兴文理学院等本土大中专院校合作开办“黄酒专业班”，培养“普通技工”、“酿酒师”和“高级研究人才”三个层次，构建古越龙山自己的人才金字塔。

6. 回归消费者视角的古越龙山品质

产品最大的受众是市场及消费者，“人”作为市场最重要也是最灵活的一个要素，决定了企业的兴衰成败均会体现在产品是否受欢迎、得“人”心，消费者的评价对企业来说既是检验产品的重要标准，也是企业发展的指向标，因此万不可忽视消费者的心声，或许其中就藏着成功的秘钥！古越龙山深受大众喜欢，除了财务报表上能体现之外，消费者的点评更加可贵！就品质这一块，我们在淘宝古越龙山旗舰店挖掘了部分消费者的心声，如图 3－13、图 3－14、图 3－15 所示。

消费者在企业发展过程中既扮演了引导者的角色，也扮演了反馈者的角色，从消费者对古越龙山黄酒评价来看，古越龙山黄酒品质有保证，品质的优良成就了消费者口中夸赞的“老牌子”，验证了我们的 C-C 识别模型——古越龙山黄酒品质的优良使消费者产生了强烈

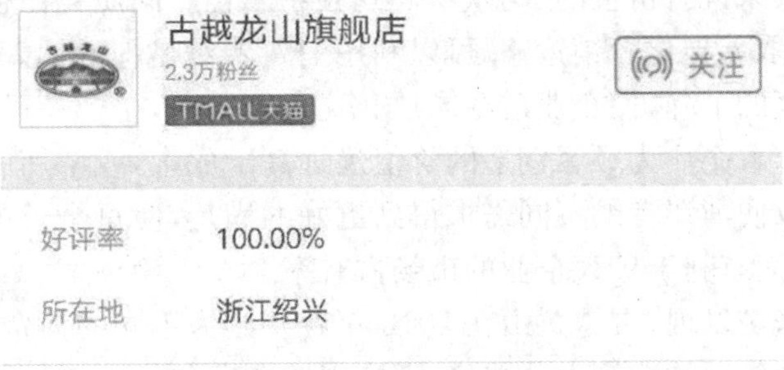

图 3－13　淘宝古越龙山旗舰店

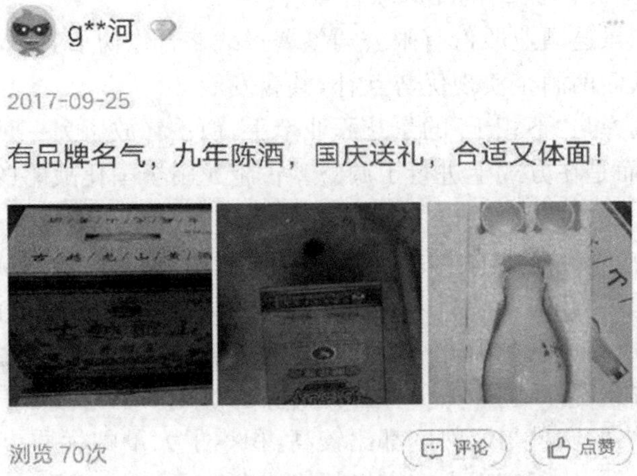

图 3－14　淘宝古越龙山消费者评价(一)

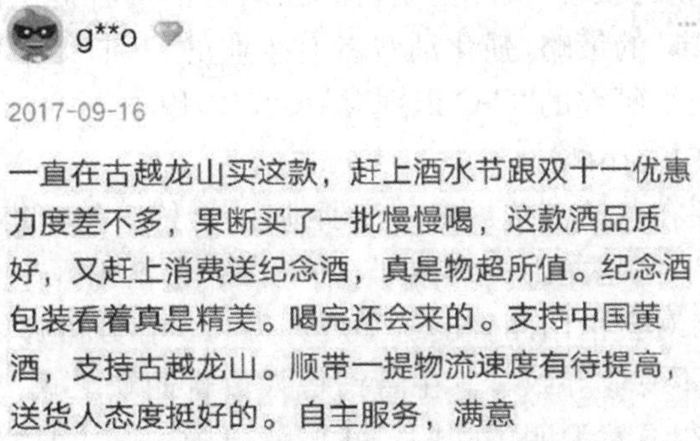

图 3－15　淘宝古越龙山消费者评价(二)

的品牌依赖和忠诚，最后为古越龙山站稳黄酒市场龙头企业地位添砖加瓦，功不可没！

(三)新机遇下破局限：市场策略的合理性与适应性

1. 市场策略差异化

差异化营销，是指面对已经细分的市场，企业选择两个或者两个以上的子市场作为目标市场，分别对每个子市场提供针对性的产品和服务以及相应的营销措施。差异化营销的核心是向客户提供对其来说有价值的、与众不同的独特属性。同质化使得企业营销面临着极大的挑战，而企业采取差异化营销策略，可以利用消费者对名牌的偏好与信任，以及由此产生的对价格敏感程度的下降，使企业避开同质化竞争。同时，企业还可获得超额利润，因为采取差异化策略意味着企业为顾客创造的价值远远高于成本，或增加的收益大于为差异化付出的成本。也可以使消费者的不同需求得到更好的满足，使每个子市场的销售潜力得到最大限度的挖掘，从而有利于扩大企业的市场占有率。

我们通过调研采访发现，古越龙山在2012年就开始为不同的消费者提供不同的选择，并且由于在产品推销领域的监管十分严格，不惜用较高成本来开拓市场，这也让消费者对企业产品产生了信赖与忠诚。

2. 古越龙山实现“1＋1＞2”的品牌联合效应

古越龙山与山东景芝酒业股份有限公司签署了战略合作协议，协议涉及市场开拓、渠道共享、产品定制等，从而两酒企实现优势互补，共赢发展。

古越龙山此时选择与“不相干”的景芝酒业牵手，似乎释放了另一种信号：古越龙山并没有停止全国化战略，而是在方式上进行了调整。古越龙山全国化战略的一个重要特点是：借助外力拓展市场。

扩展到更大区位，古越龙山看重的可能是整个“北派黄酒”市场。从地理区位来看，山东与河南、河北等“北派黄酒”主要产销区域临近，景芝酒业等鲁酒也已经深入到周边不少省市市场，未来山东或将成为古越龙山进一步“北进”的跳板，撬动更大的黄酒市场。

景芝酒业牢牢占据着鲁酒“领头羊”的位置，实现了在山东全省范围的渠道布局，而且经过多年发展，渠道网络的质量与成熟度都比较高，积累了大量的优质市场资源；而古越龙山通过与景芝酒业的合作，可以实现山东市场的快速发力，同时实现聚焦山东省和下沉到山东省内全渠道的目标。

看似这只是两个酒企的联合，实际上是古越龙山为消费者提供的一种对黄酒的识别战略，通过这种类似于“捆绑”的策略，强化消费者对企业的识别，无形中提高消费者对企业的忠诚度，其作用与我们小组研究的“C-C识别”模型大体相同。

3. 不同于会稽山的市场策略

媒体调查认为，即便在黄酒消费最多的江浙地区，会稽山的销售亦不乐观。有媒体报道称，在南京的商超渠道上，古越龙山黄酒占据八成份额，会稽山几乎成为“配角”。除浙江和苏南以外的市场，消费者对会稽山品牌的认知度并不高。有分析师认为，会稽山主营业务表现乏力或由于销售人员不专业导致。其主管销售人员普遍缺乏黄酒市场的运作经验，会稽山在市场占有额度不大很显然说明了问题。我们调研中得知古越龙山早在2006年就在央视黄金档进行古越龙山产品的广告宣传，让消费者对黄酒的识别第一反应就是古越龙山，这就是古越龙山比会稽山所占市场份额多的原因之一吧。“C-C识别”的市场策略引导着古越龙山打造品牌知名度，立足于黄酒行业的龙头。

4. 古越龙山市场策略的更新

对于2016年的发展与计划，古越龙山方面表示，将按照年初制定的“调结构、拓渠道、降成本、求突破”的营销思路，做好产品梳理工作，进一步优化公司产品结构；抓好销售终端建设，进一步提高终端市场的占有率；重点推广百城增亿活动，通过渠道下沉，积极招商，为后续发展打下基础;推行“新产品+大客户”营销模式,组织开展多项黄酒技术攻关与创新工作。另外,将扩大外销市场,在稳定日本、东南亚市场的基础上,以公司料酒为突破口,积极进军欧美中餐馆、料理店,进一步拓展外销渠道。

业内专家称,黄酒行业未来竞争仍然激烈,现今黄酒行业集中度低,未来将逐步走向品牌化、集中化。专家同时也提醒黄酒企业在做好黄酒销售生产的同时,也要积极推进管理创新、产品创新和技术创新,尤其是黄酒文化的传播推广和黄酒消费的引导也至关重要。在传播和推广中,促进消费者对企业的识别,使消费者逐渐增强对企业的信赖和忠诚,这与我们的“C-C识别”消费者对企业的识别不谋而合。只有当消费者形成对企业的识别,在消费过程中会优先选择该企业的产品,长此以往,企业的竞争力就会有明显的提高,这个企业才会有更广阔的市场和更大的发展空间。

(四)同质化下逆生长:“古越龙山”龙头品牌养成计

1. 品牌差异化

品牌差异化是指为品牌在消费者心目中占领一个特殊的位置,以区别于竞争品牌的卖点和市场地位;是在市场尚不能接受过度细分之时,在品牌概念、性格上区分竞争对手。

近20年以来,随着经济的发展,新产品层出不穷,加之经济全球化和国际大市场的形成,极大地扩大了消费者选择商品的范围;产品市场的同质化问题日趋严重。面对时下黄酒市场同质化以及黄酒消费者的选择商品范围的扩大,如何根据消费者需求,形成企业对自身的总体设计,进行品牌的差异化,在产品、品牌形象等方面实现有效差异化(见图3－16),使消费者区分产品,即形成消费者对企业的识别(“C-C识别”),是体现企业核心竞争力的一种能力。企业要想在市场竞争中生存,要么具有成本优势,要么实行差异化战略,以便在细分市场上取得竞争优势。古越龙山成本优势较弱,因而注重差异化,在黄酒市场产品同质化的压力下,保证品质的优良、市场策略的合理性与适应性及品牌的差异性,让消费者形成对该企业的识别,增强消费者对企业的忠诚度,打造其品牌知名度,塑造古越龙山核心竞争力。

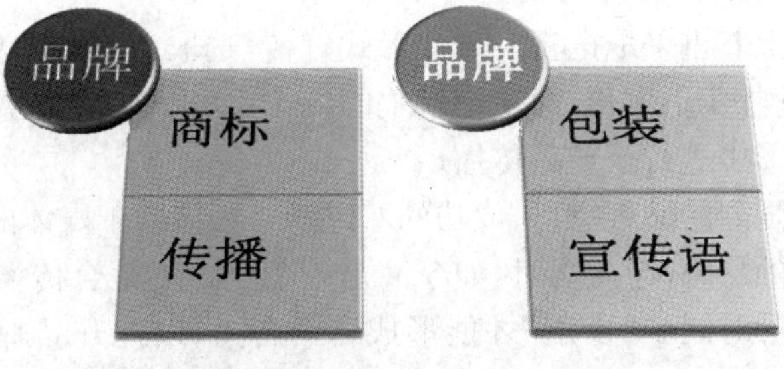

图3－16 品牌差异化图示

2. 产品商标命名——“历史韵味”与“品牌至尊”

品牌在操作国内市场时十分注重对消费心理的把握,注重对细节的揣摩,例如命名等技巧是低成本打造强势品牌的关键(廉根旺,2003)。黄酒市场,除了古越龙山,还有塔牌、会稽山等与之竞争的企业,各大竞争企业为了显示自己产品的不可替代,让消费者识别本企业产品,选择本企业产品,在产品商标的命名上都有所差异。

塔牌绍兴酒产品的商标(见图 3—17)古韵古香,商标中的塔取材于我国江南名塔杭州六和塔,承载着对我国悠久历史的理解和敬仰,千年古塔形象以及千年酒香,弘扬了我国千年历史,传播了民族文化精髓。

图 3—17 塔牌商标

图 3—18 古越龙山商标

古越龙山商标(见图 3—18),取材于2 500多年前的吴越春秋的故事。商标图案也是越王勾践兴师伐吴时的点将台城门和卧薪尝胆的龙山背景。这一历史的韵味虽与塔牌类似,承载着浓重的历史气息,但“古越”一词是绍兴的发祥地,也是绍兴酒的发祥地,突出了酒的地域性,加之历史的绵长,就不单是体现对历史的弘扬与尊敬,更是体现古越龙山酒本身的历史源远流长;而且龙山是古越政治文化的中心,也体现炎黄子孙对龙的崇拜,象征着至高无上,体现了其品牌至尊的特点。

古越龙山商标命名与塔牌相比的差异性,使得古越龙山产品体现其独特性,品牌至尊的商标理念更是满足了当下人均收入和消费水平提高下消费者需求的高档化,使消费者更易识别、记住并信赖古越龙山这一商标,同时也记住了古越龙山企业旗下的一系列产品,强化了“C-C 识别”。商标命名的不同,形成企业品牌的差异,在消费者对企业的识别中,消费者便可轻松识别,使古越龙山产品获得了消费者的青睐,品牌的忠诚度、知名度和美誉度也随之提升,在黄酒市场上赢得了一席之地,提高了企业的核心竞争力。

3. 产品传播——电视广告片与线上线下

塔牌在产品传播上着重采取电视广告片形式宣传,选取消费者生活中经常经历的几个场景片段,电视广告片朴实不做作,简单记录式的广告片,让消费者联想到自己,产生情感共鸣,进而记住产品,无形中进行了产品传播。

古越龙山了解到强烈的品牌意识、成功的 CI 战略,可借助于媒体的宣传,使企业在消费者心目中树立起良好的形象;与此同时,如今又是一个全方位整合传播的时代,产品品牌的传播需要“线上线下”同时同步“发声”才能形成营销合力,以提升品牌价值,增强品牌知名度,增强企业核心竞争力。

古越龙山在 2006 年,拿出6 000多万元做广告,此后更是不断融入广告投资,并选择品牌代言人陈宝国,利用央视和其他媒体的效用,宣传产品。2013 年,古越龙山更是花费6 900多万元拍摄电视剧《女儿红》,2017 年 5 月 16 日,该剧登陆 CCTV-1 黄金档,发挥影视剧的强大作用(见表 3—2)。在 CCTV-1 的强大影响力下,极大地促进了古越龙山旗下女儿红产品的传播,让古越龙山旗下的女儿红产品为广大群众所知。线上影视剧、广告投资等,打造企业品牌特色,无形中渗透着古越龙山的品牌,让消费者逐渐地自然地就能够在众多同类企业中辨别出古越龙山，并信任它、选择它。电视剧的不断播放，品牌知名度的不断提高，提升了企业的核心竞争力。

表3—2　　古越龙山近几年参影统计表(简图)

年　份	古越龙山参影统计
20世纪90年代	出资资助由陈道明主演的电视剧《绍兴师爷》
2010年	以广告植入形式参与动画片《少年师爷》
2012年	投资微电影《BYE旧时光》
2013年	投资6 900多万元拍摄黄酒文化的电视剧《女儿红》

线下牵手东阿阿胶，跨界合作。东阿阿胶全国所有的专卖店、门店，现场熬胶时会使用古越龙山特制的金五年绍兴黄酒作为药引，除此之外，东阿阿胶在其全国2 000余家熬胶平台、100多家自营专卖店进行古越龙山绍兴黄酒的全渠道实物陈列展示。每次熬胶，每次展示，都是对古越龙山产品及品牌的有力宣传，促进了产品的传播、品牌知名度的提高。线上线下同时发声，全面推进了产品的传播，全面提升了其品牌的价值，增强古越龙山的核心竞争力。

4. 产品包装——高端大气与环保

古越龙山的产品繁多，黄酒产品多达300多种，高中低档产品应有尽有，产品价格跨度从几元到几千元，使得古越龙山的品牌形象比较模糊。2005年起，古越龙山确立了“中国国粹黄酒(高端黄酒)代名词”的品牌发展战略，走高端黄酒路线。

优秀的产品包装是无声的品牌语言(廉根旺，2003)，产品包装作为产品给消费者的第一印象，直接影响消费者对该品牌的感性认知，影响着消费者对企业的识别。为强调高端酒的品牌发展，此后古越龙山推出了一系列高档酒。例如龙酝花雕酒系列(见图3—19)，以中国人最喜欢的红色为主色调，主体为一个刻有“古越龙山”四个大字的方形印章。为了消费者看起来醒目又不失黄酒深厚文化意境，古越龙山所有的瓶身设计都很圆浑简洁。这些花雕酒包装设计的尊贵，与其定位的国粹黄酒品牌形象完美吻合。为了更加提高尊贵黄酒的尊容，更是在瓶底做了一个仿真的“古越龙山”大印章。阳文的“古越龙山”四个古体大字刻在瓶底，使整个酒瓶转眼间变成一幅大印章，有“古代帝王手持传国玉玺”的快感；还给酒瓶安装上了“布盖头”，特制一些精美的布，并用细绳绑在酒瓶口上，恰如新娘子盖上“红盖头”，更加衬托出“新娘子”的美丽动人。古越龙山十年陈花雕酒(见图3—20)，也很尊贵，布盖为蓝布，印有民间流行的花纹，以金线捆绑，与白色的酒瓶浑然一体……

尽管目前市场内仍分销着古越龙山低端产品，但主流产品以中高端为主，打造国粹酒的品牌形象，高端、大气、上档次，较之于塔牌，品牌形象则有所差异。

塔牌绍兴酒(见图3—21)采用朴素又创新式的低碳环保易乐包装，降低了传统瓷瓶或玻璃瓶包装给环境带来的压力，赋予塔牌酒年轻化、时尚化的特点。环保式的包装，走平民、亲民的路线，奢华于内在，坚守传统，不随波逐流，主打朴实的中低端产品，塑造在浮华社会独自傲然挺立的匠心品牌形象。

图 3－19 古越龙山酒

图 3－20 古越龙山十年陈花雕酒

图 3－21 古越龙山与塔牌酒图

古越龙山和塔牌在产品包装上的差异比较大，就是产品品牌形象的不同。古越龙山的定位是国粹酒的形象，因而在包装上就显得尊贵，极显个性化，符合目前黄酒消费者追求个性化、高档化的趋势；而塔牌的定位则是匠心的品牌形象，自然以淳朴环保的包装为主打。通过产品包装，形成品牌形象的差异化，聚焦不同的消费者人群，把控不同的市场，提升在各自市场的竞争力。

5. 产品宣传语——“数风流人物，品古越龙山”与“养人的还是手工黄酒”

“怕上火，就喝王老吉”，这句宣传语响彻广告界，带动王老吉走向成功的巅峰，可见产品宣传语对产品品牌识别的作用之大。古越龙山和塔牌，也在产品的宣传语上下了一份力，以产品宣传语的差异性，造就品牌识别系统，带来品牌差异化，提升企业核心竞争力。

塔牌选择“养人的还是手工黄酒”作为产品宣传语，体现塔牌全手工酿造的产品特点，“养人”，突出说明了其带给消费者健康、养生的效果。

而作为竞争对手的古越龙山，在产品宣传语上和塔牌则无一相似之处。自古越龙山与明星陈宝国确立形象代言之日起，就确定了使用“数风流人物，品古越龙山”的宣传语。风流人物，即对应中高端成功人士，明确适用的消费者；“古越龙山”，则在宣传语中直截了当地宣传了古越龙山企业，成功确定了古越龙山高端的国宴黄酒的品牌形象。“数风流人物，品古越龙山”，这宣传语给消费者带来了识别性，满足中高端消费者对“名牌”、身份、地位的心理需求，传遍了大江南北，极大地提高了古越龙山品牌的知名度，在与塔牌的产品宣传语差异化中获得品牌的差异化，树立品牌形象，提升企业核心竞争力。

古越龙山和塔牌的对比中，在产品商标命名、产品的传播、产品的技术含量、产品包装以及产品的宣传语上都有所差异。古越龙山的品牌差异化，商标命名的历史性和品牌至尊、线下线上的全方位传播模式、高科技以及尊贵的包装和独特的宣传语，从品牌的定位、品牌的形象等方面影响着品牌。差异化的品牌，正好避免了如今同质化的问题，又满足了相应消费者的需求，赢得了一大批消费者对古越龙山的信赖和支持，提升了企业的核心竞争力，使企业自身在激烈的竞争中站稳脚跟。

四、古越龙山核心竞争力的塑造

前面讲述了古越龙山以消费者需求为出发点，依靠品质的优良性，市场策略的适应性、合理性和品牌的差异化来满足消费者的个性化需求，使消费者认清企业标识，进而对企业产生信任感与依赖感，促成古越龙山的品牌知名度、品牌忠诚度和品牌荣誉度，以提升企业核心竞争力。本部分将阐述前文中的有关理论，包括核心竞争力理论和 CI 理论，并且详述 C-C识别模型在本案例中的具体运用。

(一)核心竞争力

核心竞争力是“能使公司为客户带来特别利益的一类独有的技能和技术”。组织中的积累性知识，特别是关于如何协调不同的生产技能和有机结合多种技术流派的知识是核心竞争力的主要来源。

为了与已有的企业能力的概念相区分，潘汉尔德和哈默进一步提出了判断核心竞争力的三个标准：

(1)核心竞争力必须为市场所认可，即能够提供进入相关潜在市场的机会；

(2)核心竞争力必须给客户带来特别利益，也就是说核心竞争力应当能够提高企业的效率，帮助企业通过降低成本或创造价值来扩大客户的利益；

(3)核心竞争力必须是竞争对手难以模仿的，只有这样才能保证企业基于核心竞争力的优势得以持续。

其后的研究者们，又在此基础上增加了一些判断标准。如：

(4)核心竞争力应当是异质的；

(5)核心竞争力应当是难以替代的；

(6)核心竞争力必须具有较强的延展性；

等等。

古越龙山的核心竞争力主要体现在产品品质、品牌、市场策略上。在产品品质上，古越龙山注重科研微控，减少了人工误差，使产品品质保持优良，还能高效率产生黄酒。古越龙山不仅在技术上占领行业制高点，而且通过与高校合作汲取人才，研发新品。在品牌上，古越龙山在其中注入深刻的历史内涵，商标图案和产品包装都能体现深厚的文化意境。“线上线下”的产品传播和独特的产品宣传则为品牌的推广助力。在市场策略上，古越龙山针对不同人群的偏好，在每个子市场提供针对性的产品和服务，而且实现了品牌联合，持续更新市场策略，以不断吸引消费者。

(二)C-C 识别与核心竞争力的匹配

核心竞争力的强弱状况是判别企业成功的重要标尺，核心竞争力的塑造需满足三个条件:(1)具备充分的用户价值;(2)具备独特性;(3)具备一定的延展性。C-C识别是消费者对企业的识别,在黄酒行业日趋扩大、黄酒产品日趋丰富的现状下,对黄酒企业而言,在当前时局之下获得消费者的信赖尤为重要。探索中我们发现C-C识别与核心竞争力三个条件可进行恰当匹配——消费者需求对应用户价值;优势差异化对应独特性;差异化推动的消费者对企业的信赖与忠诚则与延展性相对应。

结合案例分析发现,古越龙山十分善于因势利导,有意识地利用C-C识别与核心竞争力的匹配规律,在企业战略的具体实施过程中重点以消费者的需求特点为基础,为消费者提供效用,满足其所需价值;在消费者需求导向下,古越龙山针对性地调整战略,在品质、市场策略、品牌等方面凸显自身与其他企业的优势差异,依靠独特性增强客户黏性,为企业延展(拓宽)黄酒市场提供有利条件。

商场如战场,顾客即上帝,C-C识别显示了正是古越龙山将消费者置于企业战略实施的重要地位,致力于满足黄酒消费者需求特点,重视消费者对古越龙山形成的品牌忠诚度、品牌知名度、品牌美誉度,并在此驱使下,进而使消费者在众多同类的黄酒商品选择时更倾向于选择古越龙山品牌的黄酒,不断地强化其依靠消费者塑造的核心竞争力,在黄酒市场上立于不败之地。

(三)C-C识别模型的运用

本案例分析过程中运用C-C识别模型,对古越龙山和其他黄酒品牌显示的差异化进行具体深入的分析,并将古越龙山优势差异化部分进行深入挖掘探讨。

依托差异化——即深入细节寻找突破点,实现乃至强化古越龙山黄酒"品质的优良"、"市场策略的合理性与适应性"和"品牌的知名度",从而形成企业在消费者心中的良好形象,逐渐形成消费者对企业的识别,使得企业在无形中开拓了市场,提升了核心竞争力。

品质差异化——我国现阶段较为普遍的求实消费心理,决定了产品的品质是影响消费者对产品认可程度的诸多因素中最重要的因素。古越龙山通过高科技研发成果的科学运用和高效率高精准设备的投入,保证黄酒的品质优良,借此来满足消费者需求,吸引消费者。

市场策略差异化——市场策略差异化是指利用不同群体对不同产品的不同偏好,对每个子市场提供针对性的产品和服务,满足消费者的个性化需求,以达到差异化识别的效果。古越龙山不仅细分市场,而且实现了品牌联合,持续更新市场策略,在各个子市场实现消费者对企业的标识。

品牌差异化——品牌在消费者的抉择中也占着一席之地,品牌概念、性格用于区分竞争对手,使消费者能直观地识别产品。古越龙山在产品商标、产品传播、产品包装、产品宣传上独树一帜,通过鲜明的产品特点,使消费者对古越龙山产生独特的标识,以差异化博得消费者的兴趣,满足需求,品牌的积极塑造则加深了消费者对古越龙山的信赖。

古越龙山近几年的发展态势良好,在黄酒行业竞争压力较大的情况下仍能保持稳定增长,显示了它强大的竞争实力。由C-C模型可以看清古越龙山维持竞争力的原因就在于:古越龙山以消费者为导向,了解消费者消费心理和消费需要,通过实施准确的发展战略,使得本企业的产品品质、市场策略、品牌特色明显区分于其他黄酒企业,这种区分是一种优势胜出,即实现了差异化,打造了同行难以超越的品牌形象,破解了同质化造成的消费者在选择产品时的困扰,因此能稳居行业龙头,获得成功。

微醺篇·扉外稻花入梦扬

饮酒风雅，好酒易贪杯！

喝白酒犹如出山见猛虎，一口下肚便知其劲头；而喝黄酒却与此不同，初饮醇厚绵柔的黄酒只觉平常，并无劲头可言，但是当你不知不觉中，杯杯“琥珀”般的黄酒灌下肚肠，方知其后劲亦有猛虎扑袭之势，令人招架不住，沉醉于酒香微醺之中，做起梦来……门外正是一片郁郁葱葱的稻田，细碎的稻花随风飘散，落在清冽的溪水之中漂流而下，是多么如诗如画的意境。

雪白的稻米，正是黄酒酿制的原料，清冽的水源，亦是黄酒绵柔醇厚口感优质的主要功臣……

本案例的第三篇，亦如进入饮酒的微醺之境，更多的是深品后的回味以及思绪的发散，我们从古越龙山的案例之中寻得其成功的部分原因，为有需要的企业提供借鉴，也看到当前黄酒行业的时代局限，提出一两个建议以供参考，希望古越龙山带领绍兴黄酒行业突破局限，发展得更好！

五、案例总结与思考

(一)古越龙山对其他企业的启迪

古越龙山，以品质为基石，差异化的模式，打造了品牌知名度，并借助有利的国际国内两种背景，两个市场，提升了本企业的核心竞争力，在国内、国际的舞台上崭露头角，发出属于古越龙山的声音。

在我们对古越龙山的调研探索中，了解到该企业的模式对黄酒企业和酒类企业的借鉴启迪之处。

启迪一：重品质，追科技，养人才

古越龙山的品质极佳，很大部分原因是科技的突出作用。传统手工和现代技术相结合，并联合高校，保证人才的输送。而酿造技术是“本”，不管是古越龙山的黄酒还是其他企业的各种酒产品，酿造技术都极大影响着酒的品质，关系着酒品质优劣。

现在酒类企业为了销售量，一味地加速生产，却忽视了酒的品质问题。从“量”到“质”的转化已是必然。黄酒类企业，或者可以说各大酒类企业都可以借鉴古越龙山，在资金条件允许的情况下，加大科技的投入，在酒的酿造到销售，各个环节都加强科技的严格把关，把高质、健康的酒提供给消费者，让“佳酿”普遍存在于市场。

“科技”这一关键要素，很多企业都知道“利用”，但某些企业实际上是打着高新技术的旗号“骗取”国家政府的“福利”，在实际的生产操作中并未完全采纳高科技。有个极为有效但又所需资金不大的提高科技力量的方法，那就是确保人才的输送，古越龙山正是因为与江南大学等高校联合，每年保证高校人才的输送，人才的力量让科技发挥更大的效用。塔牌、会稽山等黄酒企业和古越龙山同处绍兴，可以根据绍兴的地理位置优势，寻求与附近的高校的联合，确保人才，提高科技；而白酒、红酒等非黄酒的酒类企业，依然可以在企业的各大专卖店所在地区寻找可“强强联合”的大学，依靠人才提高科技力量，促进核心竞争力的提高。

启迪二:捆绑宣传,品牌联合,伙伴共赢

现今的市场态势,对酒而言,已经进入由"量"到"质"、由"质"入"品"的阶段,正式进入了一个品牌整合行销的时代。想自己企业的品牌在众多品牌中脱颖而出,品牌战略尤为重要。

古越龙山在打造品牌知名度的实践中,将"强强联合"作为关键之一,携手东阿阿胶,两大企业"捆绑宣传"优势互补,共同进军高端保健市场。这种捆绑式的品牌战略,使消费者看见古越龙山便能自然而然想到东阿阿胶,同样看到东阿阿胶就能想起古越龙山,相当于是共用了消费者,能够极大地促进品牌的推广,是古越龙山品牌知名度提升的一大成功之处。

与同为黄酒类企业的会稽山、上海石库门、善好酒业等相比古越龙山还是有一定的差距存在,对它们而言,捆绑式的品牌战略可参考实行。会稽山近年收购频频,意欲做强做大黄酒产业,但收购虽带来了资源的扩充,一定程度上也承担着被收购企业的风险,相比较而言,捆绑式品牌策略就显得较为可靠,实行度较高。

酒类企业包括葡萄酒、白酒、黄酒企业等,虽然各大酒类间的关联并不怎么密切,但是在品牌日益定型的今日,想要快速有效地提升品牌知名度,提高企业核心竞争力并不是一件易事。就拿茅台这类名牌酒类来说,其知名度已处在较高地位,对它而言,保持领军地位是它的首要任务。其下的同类酒对它的作用不大,那它就可以通过联合其他类型的酒,例如联合葡萄酒或者黄酒抑或其他非酒类企业进行"捆绑式宣传",更好地稳保其地位。

(二)对古越龙山进一步发展的建议

1. 着重黄酒文化价值

作为黄酒企业的龙头,古越龙山不负众望,在很多方面都发挥了榜样力量,走出绍兴,走向国际。虽然在国际市场、南方地区等都有古越龙山的产品,它所拥有的品牌知名度确实很高,但在很多地区,它的产品依旧不够吸引人。由此可见,古越龙山需要敢于尝试"新"来加大其产品"走出去"的力度。"云酒头条"也曾说,古越龙山不缺技术、不缺人才,从某种意义上来说,它缺的是一种勇气,一种敢闯敢尝试的勇气。

如今消费也不单是为了满足自身物质需求,更多的是精神文化层面的需求。基于此,我们建议可以发挥绍兴这一孕育了古越龙山的文化古城,着重提升古越龙山产品的文化价值,彰显独特魅力,吸引更多消费者,走向国内各个地区,走向国际。图 3-22 列出了通过包装设计,来提升古越龙山的文化价值。

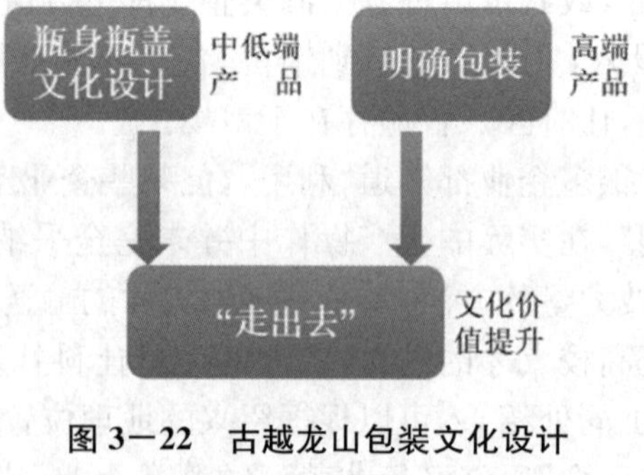

图 3-22 古越龙山包装文化设计

2. 中低端产品包装——瓶身/瓶盖(绍兴文化)

中低端酒类产品面向的消费者大多是国内的普通群众，对他们而言，不需要黄酒有多尊贵，他们更在意文化内涵，精神消费。古越龙山也有将文化体现在酒名中，如其旗下的状元红等特色酒，可以在古越龙山中低端酒类产品的瓶身贴纸设计上采用类似绍兴文化特色的绘画等；或者在其瓶盖上可绘制绍兴古建筑等，例如绍兴房子、桥，见图 3－23。

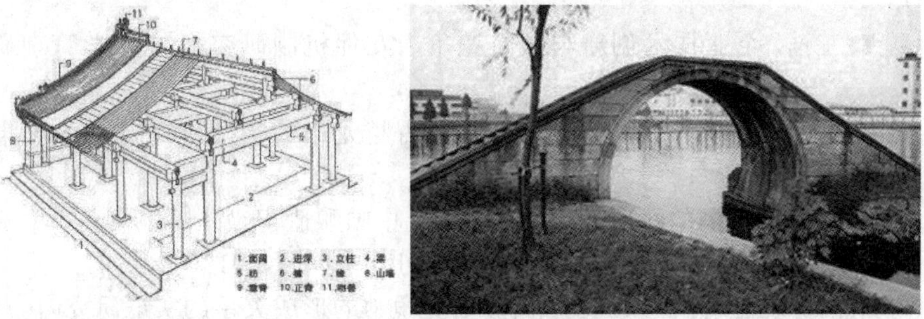

图 3－23　瓶盖设计之绍兴建筑与绍兴桥

中低端产品瓶身贴纸设计上可采用图 3－24 等能体现绍兴文化的图案或绘画，依托了绍兴的文化特色，从而彰显酒的文化内涵所在，独特的瓶身，无疑是产品的一种特色形象。中低端酒类主要适用于国内小康家庭为主，打文化牌，能体现与其他酒类产品的差别，从精神文化角度吸引消费者，而绍兴本地人则通过绍兴特色的瓶身，产生对绍兴家乡的共鸣；国内其他消费者则通过绍兴特色的瓶身，领悟历史古城的印记。

图 3－24　瓶身设计之绍兴水乡文化

3. 高端产品——确定包装

对于古越龙山中的高端产品，因为高端产品主要针对的是成功人士及国际市场，繁多的瓶身设计反而会使消费者混淆品牌特色。古越龙山可以继续使用现有的高端酒类包装，甚至可以适当地减少高端产品的包装种类，尽量以一两种明确的包装出现在国际市场。一两种明确的包装，使那些成功人士，一看到这个包装就知道是古越龙山，使包装成为一个品牌的象征，由此创造新繁荣，新的竞争优势。古越龙山旗下有款高端浮雕酒的包装设计便可以沿用，瓶身采用浮雕设计，内容为绍兴特色文化，旗下其他的产品也可仿照，可以在瓶盖上采用浮雕设计。

参考文献：

[1]乔均，彭纪生. 品牌核心竞争力影响因子及评估模型研究——基于本土制造业的实证分析[J]. 中国工业经济，2013(12).

[2]张可，高庆昆. 基于突破性技术创新的企业核心竞争力构建研究[J]. 管理世界，2013(06).

[3]夏爽，王浩. 企业技术创新与核心竞争力互促机制研究[J]. 科学管理研究，2015(04).

[4]金敏. EVA 绩效评价的运用——基于古越龙山的实证研究[J]. 中国集体经济，2015(10).

[5]胡普信. 中国黄酒的科研现状及发展[J]. 中国酿造，2008(02).

[6]傅建伟. 古越龙山 绍兴黄酒演绎的传奇[J]. 中国酒，2018(04).

[7]芮明杰，陈晓静. 隐性知识创新与核心竞争力的形成关系的实证研究[J]. 研究与发展管理，2006(12).

思考题

1. 在市场需求日益差异化的背景下，古越龙山是如何培育消费者的品牌忠诚度的？

2. 由“CI 理论”逐渐演变成“C-C 识别”的过程中，古越龙山实施了哪些策略来突出自己的核心竞争优势？

案例编写：叶文静(工商 161)、程一鸣(工商 161)、
王　欣(工商 161)、魏　姗(工商 161)
指导老师：李小明

纺织印染篇

案例4
洁丽雅成功之道:最好的棉花做最好的产品

摘　要:如何提高民营企业的成长力,推动民营企业的发展,是当今社会亟待解决的问题。洁丽雅作为一家典型的民营企业,不断抓住机会,获得持续快速发展,现已成为一家集研发、设计、生产、销售于一体,主营毛巾、内裤、袜子、内衣等家纺针织用品的大型专业集团公司。本案例全景式地描绘了洁丽雅30多年从小到大、从弱到强的发展之路的四个阶段:多方寻助,积攒能量(1986～1993年);改制活企,技术取胜(1994～2004年);品牌传播,名扬全国(2005～2010年);创新为骨,剑指国际(2011年至今)。在此基础上,我们运用系统管理理论,总结了其在发展过程中如何通过学习,坚持用最好的棉花做最好的产品的企业经营理念,不断改进战略、品牌以及产品,实现企业快速发展,其持续的成长力值得其他企业借鉴。

关键词:洁丽雅;民营企业;系统管理;平衡发展

一、绪论

(一)研究意义

改革开放30多年来,我国民营企业如雨后春笋般涌现,随着社会主义市场经济体制的确立,民营企业经历了从无到有、从小到大、从弱到强的变化。如今,民营经济创造的GDP占比已从改革开放初期的1%迅速发展为2015年的50%以上,民营企业对GDP的贡献率在60%左右,对国民经济的作用日益增强。但由于成长力不足,民营企业存在"各领风骚三五年"的尴尬。因此,如何提高民营企业的成长力,推动民营企业的发展,是当今社会亟待解决的问题。

企业发展如同人的成长一样,是一个从量变到质变的过程,是一种成长"基因"推动企业系统内部的组织与功能不断分化,从而促进企业系统机体不断扩张、新陈代谢,不断适应环境,并与环境形成良性互动的过程。学者们主要围绕着企业成长因素和企业成长过程两条主线对企业成长问题展开研究,逐步形成了企业成长机制理论。由于影响企业成长的因素十分复杂,从不同视角进行研究所形成的理论也是多种多样的。经济学家更多关注企业成长的经济性因素和制度性因素，提出了规模经济效益的企业成长理论，还有制度经济学的交易费用学派、产业竞争学派、内生性成长理论的资源学派、基础知识学派以及企业技术学派。管理学家们则更偏向于从企业内部管理的角度来研究企业的成长性，如战略理论、经营成长理论、管理与技术成长理论等。这些基于不同理论视角的研究在理论假设和研究方法等方面都还存在着不少冲突。

因此，中国企业的发展，除了用学者们已经研究出来的理论进行指导外，更需要对中国本土的案例进行研究并进行验证，通过研究案例企业的发展经验，发掘出用哪些方式和途径来提升企业的成长性。洁丽雅作为一家典型的民营企业，发展 30 多年，不断抓住机会，获得持续快速发展，其持续的成长力值得其他企业借鉴。本文将通过对洁丽雅的发展过程深入研究，运用系统管理理论，总结其在发展过程中如何通过实现企业内部与外部环境的动态平衡，以及内部子系统的动态平衡，提炼出其快速发展背后的强劲的成长力，在此基础上提出我们对民营企业发展的建议，希望这能使我国民营企业更好地开展经营活动，推动企业持续发展。

（二）研究对象

1. 企业简介

洁丽雅股份有限公司（以下简称洁丽雅）的前身“诸暨县毛巾厂”创建于 1986 年 10 月。1994 年 6 月，企业由集体企业转为民营企业；1996 年 11 月，“浙江洁丽雅毛巾有限公司”成立；2003 年 6 月，“浙江洁丽雅纺织集团有限公司”组建；2009 年 12 月，“浙江洁丽雅股份有限公司”注册成立（商标见图 4－1）。

图 4－1　洁丽雅商标

洁丽雅集团下辖八大职能中心，现有直属独立法人企业 9 家，外协合作企业 23 家，员工 6 000余名。洁丽雅总资产逾 30 亿元，总占地面积 80 多万平方米，现已成为一家以毛巾为核心产品，内衣内裤、袜子、家居用品等多品类发展，集设计、纺纱、染整、织造、OEM 采购、营销、电子商务、品牌专卖店、仓储物流于一体的大型民营家纺企业，已然形成东部、中部、西北部梯度产业基地布局，即东部浙江为企业品牌建设、营销、科研设计的大本营，中部湖北为重要的生产基地，西部新疆为最重要的原材料和生产基地。

洁丽雅是中国毛巾行业较早获得“中国名牌产品”“中国环境标志产品”等国家荣誉的企业，是目前“中国家纺毛巾产业科研基地”所在地。“洁丽雅毛巾”连续八年荣获“全国市场同类产品销量领先”，“洁丽雅”连续 7 次荣膺“中国 500 价值品牌”，并入选“亚洲品牌 500 强”，公司先后荣获“中国纺织品牌文化建设领军奖”“中国家用纺织品行业竞争力 10 强企业”和“中国纺织品牌文化 50 强”等多项荣誉。

2. 组织结构图

洁丽雅的组织结构如图 4—2 所示。

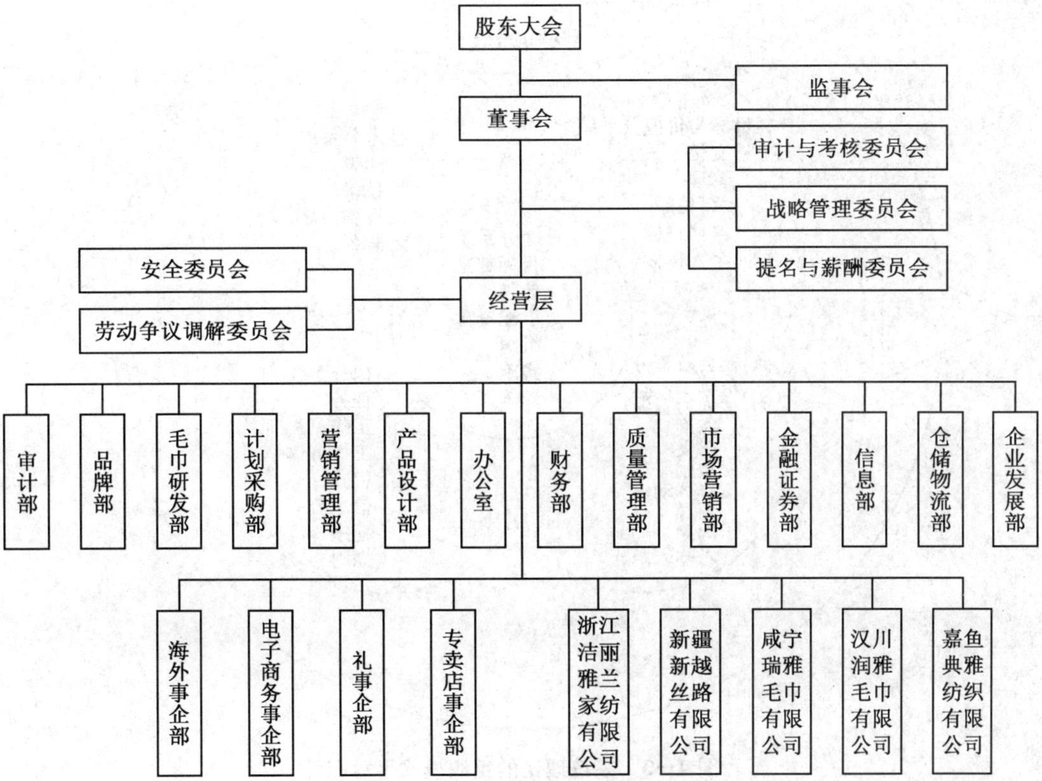

图 4—2　洁丽雅组织结构图

(三)理论依据

系统通常定义为由若干要素以一定结构形式联结构成的具有某种功能的有机整体。在这个定义中包括了系统、要素、结构、功能四个概念，表明了要素与要素、要素与系统、系统与环境三方面的关系。系统论认为，整体性、关联性、等级结构性、动态平衡性、时序性等是所有系统的共同的基本特征。系统论的基本思想方法，就是把所研究和处理的对象当作一个系统，分析系统的结构和功能，研究系统、要素、环境三者的相互关系和变动的规律性，并优化系统。

系统管理理论主要应用系统理论的范畴、原理，全面分析和研究企业和其他组织的管理活动和管理过程，重视对组织结构和模式的分析，并建立起系统模型以便于分析(见图 4—3)。

系统管理理论向社会提出了整体优化、合理组合、规划库存等管理新概念和新方法，因而系统管理理论被认为是 20 世纪最伟大的成就之一，是人类认识史上的一次飞跃。这一理论是卡斯特(F. E. Kast)、罗森茨威克(J. E. Rosenzweig)和约翰逊(R. A. Johnson)等美国管理学家在一般系统论的基础上建立起来的。系统管理理论要点主要有：

(1)企业是由人、物资、机器和其他资源在一定的目标下组成的一体化系统，它的成长和

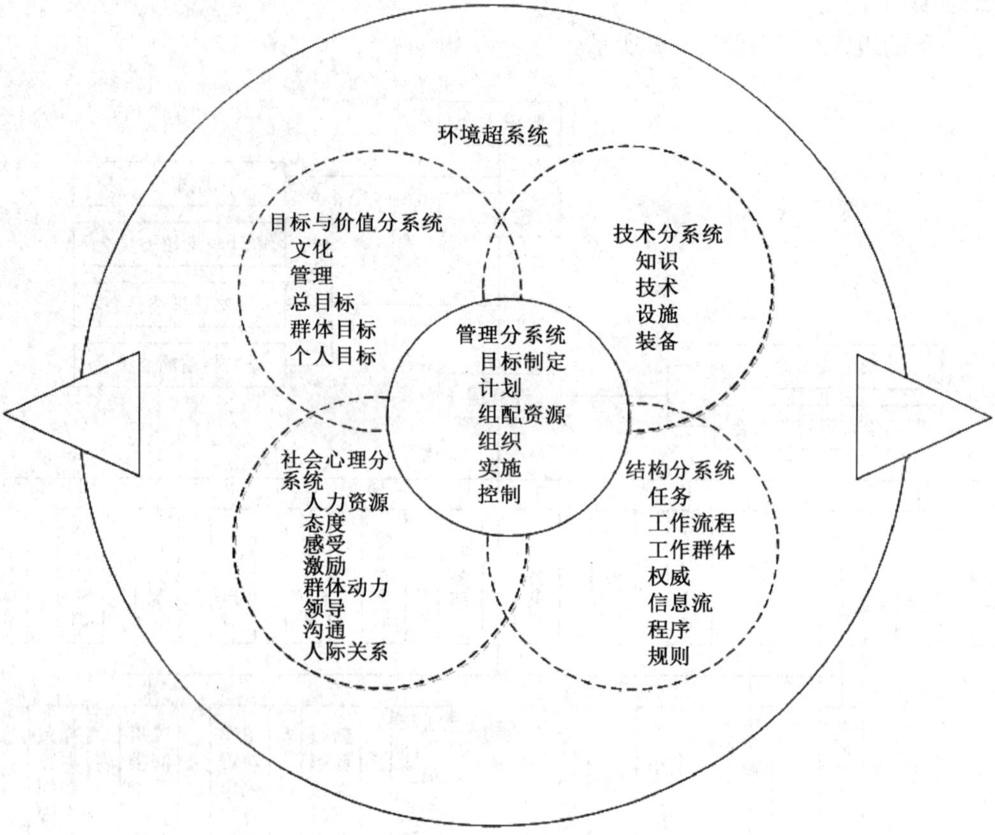

图 4—3 系统理论的组织模式示意图

发展同时受到这些组成要素的影响。在这些要素的相互关系中,人是主体,其他要素则是被动的。管理人员需力求保持各部分之间的动态平衡、相对稳定、一定的连续性,以便适应情况的变化,达到预期目标。同时,企业还是社会这个大系统中的一个子系统,企业预定目标的实现,不仅取决于内部条件,还取决于企业外部条件,如资源、市场、社会技术水平、法律制度等,它受到周围环境(顾客、竞争者、供货者、政府等)的影响,也同时影响环境。它只有在与外部条件的相互影响中才能达到动态平衡。

(2)企业是一个由许多子系统组成的、开放的社会技术系统。在企业内部包含着若干子系统,是由 5 个不同的分系统构成的整体,即目标与价值分系统、技术分系统、社会心理分系统、组织结构分系统、管理分系统。这 5 个分系统之间既相互独立,又相互作用,不可分割,从而构成一个整体。此外,还有一些子系统,如经营子系统、生产子系统等等。这些系统还可以继续分为更小的子系统。

(3)运用系统观点来考察管理的基本职能,可以提高企业的整体效率,使管理人员不至于只重视某些与自己有关的特殊职能而忽视了大目标,也不至于忽视自己在组织中的地位与作用,从而提高组织的整体效率。

(四)研究方法

(1)文献分析。我们通过百度、万方、知网、维普等网络渠道搜索近百篇、共多达 10 万字的文献和洁丽雅已有文献进行分析整理，初步梳理出企业的发展历程和成功之道。

(2)实地访谈。我们通过长达半年的调研访谈，分别对企业总裁(石磊)、企业主管(品牌部孟经理)、企业员工、消费者以及对洁丽雅颇为了解的相关记者和文化人士进行了一些访谈，了解企业的运营机制、管理模式和经营特色，收集记录企业各阶段的发展状况和经营成果。

(3)案例分析。通过对洁丽雅案例的采集和分析，了解洁丽雅的平衡术，认识到系统管理理论在洁丽雅发展中的作用，总结出洁丽雅发展过程中的成功之道和经验教训。

(五)研究内容

本文主要内容共分为四个部分(见图 4－4)：

(1)研究背景与意义。阐述了此次调研洁丽雅的研究背景、研究意义、基本框架、主要内容、研究方法以及研究所采用的理论方法。

(2)企业发展历程。根据洁丽雅 30 多年发展过程中的重大事件，将企业发展历史划分为四个阶段，在创建之初，通过多方寻助，积攒能量；改制之后初步展现民营企业活力，并通过技术在竞争中取胜；在品牌传播的过程中，实现名扬全国的成就；最终以创新为骨，脚踏实地向国际迈进。

(3)企业成功之道。运用系统管理理论，对洁丽雅发展过程进行分析，从企业系统内外平衡、内部子系统平衡两方面总结洁丽雅成功之道。

(4)总结与启示。从定战略、学能力、构平衡三个方面总结洁丽雅的成功之道，对其他民营企业提出建议。

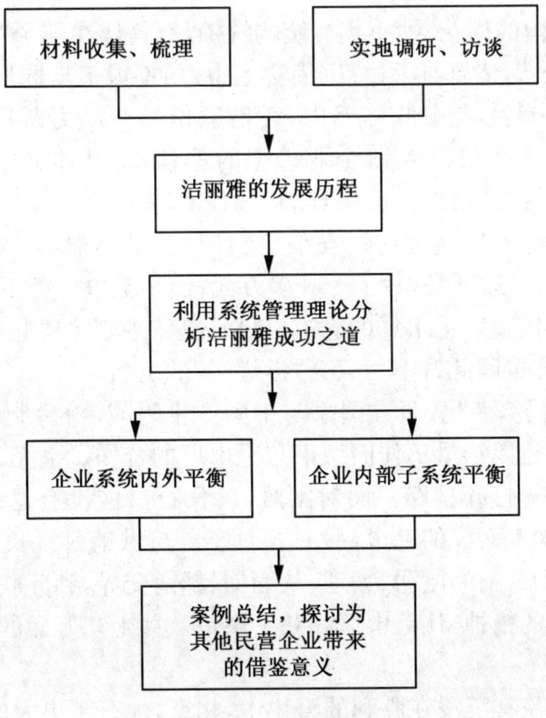

图 4—4　研究思路

二、发展历程:石头开花,艳惊世界

从1986年至今的30多年发展过程中,洁丽雅经历了四个阶段,不断地发展壮大,取得了巨大的成功。

(一)第一阶段:多方寻助,积攒能量(1986~1993年)

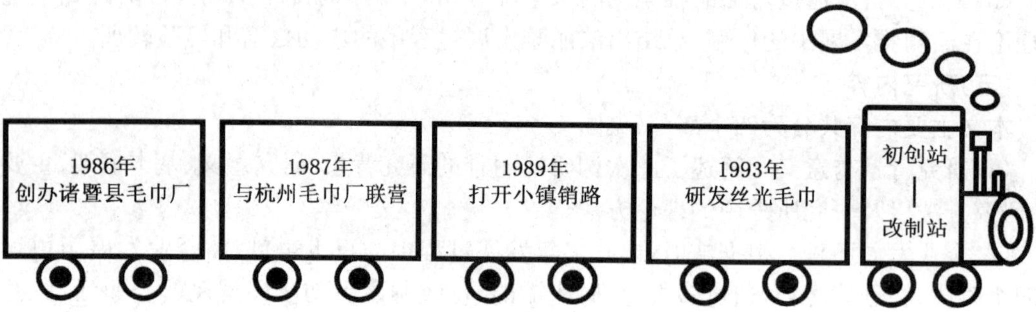

图4-5 第一阶段:多方寻助,积攒能量

1986年,改革开放的春风吹得正劲,全国刮起了一股大办乡镇企业的热潮,时任诸暨县三都区工办主任的石昌佳参与创办了"诸暨县毛巾厂",此为"洁丽雅"的前身。当时这个企业是区政府集体企业,总资产不到100万元。创办之初,没有技术,没有销售网络,更没有经验,只有一台台织机和等待养家糊口的员工,可是谁也不曾想到,这个看似一无所有的厂子将会是一段传奇的开场。

20世纪80年代我国的棉花、纱布实行统购统销,石昌佳在那个"摸着石头过河"的年代备尝艰辛。为了日常经营,诸暨县毛巾厂(简称毛巾厂)不得不与杭州西子毛巾厂进行联营,在他们的技术指导下贴牌生产中低档毛巾,凭借廉价的劳动力赚取微薄的加工费。1987年,毛巾厂稍有盈利,受大力发展乡镇企业思想的驱动,石昌佳又紧接着投资337万元的5 000吨纱锭小棉纺厂的扩建项目。1988年,厂还没有建成投产,就遇上了国家第一次宏观调控,〔1988〕64号文件规定"严格控制'五小'项目",于是小棉纺厂便首当其冲,预备上马5 000吨纱锭的小棉纺厂半途下马,亏了300多万元,使小毛巾厂资不抵债亏欠187万元,陷入一直无法正常运营的困境。毛巾厂的窘迫可见一斑。刚刚才建起房梁的工厂被戏称为三都区的"圆明园",石昌佳也因此背上了只会"拆烂污"的骂名。

1989年,国际政治局势变化,西方国家与中国产生隔阂,纷纷制裁中国,外部环境严重恶化。杭州西子毛巾厂也因销量不佳而结束与毛巾厂的合作。毫无利润可言的毛巾厂不得不确定自己的新目标——打开销路。面对困难,厂长石昌佳没有退缩,一方面发动职工沿街、沿村推销用缝纫机加工而成的毛巾,另一方面亲自与供销科科长一起东南西北跑销路,从家门口的东部城市,到云南的昆明、大理,从缅甸、越南交界,到苏联、朝鲜交界。就是这样的售销模式和锲而不舍的精神,让毛巾厂收获了供销社共十几万元的订货,也让石昌佳第一次看到了希望的曙光。

尝到甜头的石昌佳没有沉浸在胜利的喜悦中,相反,他有了更大的愿景。为了进入大城市,毛巾厂与上海毛巾廿厂联营,有偿使用上海毛巾廿厂的"爱必喜"商标,用他们的商标打市场,并聘请“星期日工程师”来为工厂进行指导。石昌佳借上海毛巾廿厂的牌子到东北去卖。借“上海货”的美名,毛巾卖得不错,渡过了难关。1990年,毛巾厂销售收入达到了457万元。随后,企业改名为“上海毛巾廿厂诸暨分厂”,产品正式挂上了上海企业的牌子。

可惜好景不长,1991年,上海毛巾廿厂被上海禾海毛巾厂兼并,不允许毛巾厂继续使用上海的牌子和商标,整个企业再一次面临危机。所幸,石昌佳的思路清晰,意志坚定,认定毛巾行业还是很有前途的。随后,石昌佳开始注册真正属于自己毛巾厂的商标——“五洲牌”,并正式获准注册。1992年,“五洲”商标正式启用。

1993年,经过石昌佳的不断观察探索,发现了一种行业内新产品——丝光毛巾。丝光毛巾采用高支纱的棉纱,经特殊工艺织造而成,有60支、80支、100支等多个品种,毛巾轻且平整、柔软,适应人们日趋高档、崇尚素雅的消费需求而为人们所喜爱。当时国内只有上海禾海毛巾厂一个厂家能生产难度极高的丝光毛巾。为了应对,毛巾厂首先通过各种渠道了解上海禾海毛巾厂关键的技术和技术员,在找到上海禾海毛巾厂技术员指教以后,毛巾厂根据技术员教的思路不断地反复试验、挑战工艺,在不懈的努力之后,毛巾厂终于研发出了获利丰厚的“丝光毛巾”,也开启了诸暨县毛巾厂产品和技术上的新征途。

这个阶段,毛巾厂为求生存,靠给国营毛巾企业代加工维持生计,先后与上海和杭州的厂家联营,厂名一次次地改,商标也一次次地换,毛巾厂从三都区的“圆明园”到初具模样,这一路虽有政策的羁绊,但也算是能生存,并逐渐掌握了一些毛巾生产的技术和技术改造、产品研发的经验,为今后的发展打下了基础。无奈厂小、底薄,受制于没有外贸权以及当时江浙各地代工小厂林立,竞争激烈,利润低微,毛巾厂始终处于苦苦支撑状态,最终难逃资不抵债尴尬局面。

(二)第二阶段:改制活企,技术取胜(1994～2004年)

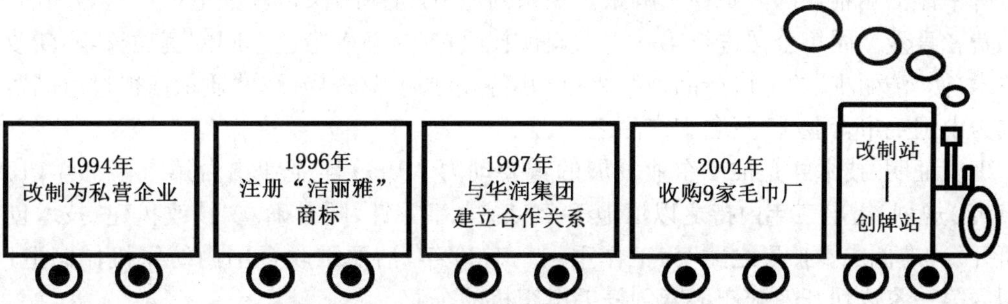

图4—6　第二阶段:改制活企,技术取胜

转眼间到了1994年,由于体制、机制、资金、市场等一系列问题,石昌佳很多想法不能付诸实践,8年苦心经营依然无法改变毛巾厂亏损局面,毛巾厂背上了近700万元的债务,是个名副其实的“烂摊子”。此时恰逢国家经济体制改革,国家开始允许集体企业改制为民营企业。

石昌佳经过多方考量,决定顶着压力辞去区工办主任的职务,以一家三代的唯一房产作抵押,贷款457万元,买下了濒临倒闭的小毛巾厂,开始艰辛的创业。1994年5月,儿子石磊遵从父亲的意愿,从绍兴市乡镇企业局辞职,弃政从商,进入毛巾厂工作,从一线员工做起，与父亲一起开始了毛巾厂的创牌之路。毛巾厂正式进入了“上阵父子兵”的时代。

石昌佳独自担下这个“包袱”后，国家经济开启新一轮转制，市场慢慢开放，国内毛巾市场开始启动，石昌佳继续打着上海的牌子开拓市场，毛巾的销量维持较高水平。在石昌佳和石磊这对“父子团队”卓越领导下，毛巾厂只用了两年时间实现了涅槃重生，代工和自有产品销售都上升了一个层次，奠定了快速发展的坚实基础。

1996 年，毛巾厂为了更好体现毛巾的棉柔特质和企业文化，摒弃了“五洲牌”商标，注册新的商标——“洁丽雅”，并成立浙江洁丽雅毛巾有限公司（以下简称“洁丽雅”）。这一事件的发生意味着洁丽雅结束了挂牌生产的历史。同年出台了第一个三年（1996～1998 年）规划，将九字方针“重质量、讲诚信、创品牌”作为企业的长远经营理念，提出要做品牌建设的先行者，打造中国毛巾行业第一品牌。

1997 年，凭借灵活的体制、较好的技术，洁丽雅的营销上升到了一个新的层次。在与上海毛巾厂的竞争中，通过技术的赶超和优惠 5%的价格优势，赢得了上海毛巾厂最大的客户——“华润集团”的订单，签下了 300 余万元的合同。随之，洁丽雅被香港最大的中资企业“华润集团”下属的中国中发有限公司特约定点生产毛巾、毛巾被，并在港、澳地区独家经销。而后洁丽雅根据香港天气的特殊情况，对丝光毛巾进行改进，以适宜潮湿炎热的天气。价廉物美的毛巾迅速受到香港消费者的青睐，占有香港毛巾 85%的份额，一举打开港澳销路。而单独生产香港毛巾的这条生产线，也使工厂积累了很多不同的技术，为以后的发展打下了良好的基础。

1998 年是我国百货店的“倒闭年”，受到全国银根紧缩的影响，中国百货店销售大幅下降，利润出现滑坡。百货店为求生存，不得不改革商业模式以改变命运。洁丽雅凭借体制优势，先发制人，成为众多改革后的百货店的供货商，几乎垄断了国内市场的百货店，绝对的市场占有率让洁丽雅在国内站稳了脚跟。在系列毛巾产品中，又以丝光毛巾销量名列前茅，尤受消费者喜爱。同年公司进行第一次大规模技改扩建，新上染色车间配套项目，不断改进生产技术，使“洁丽雅”的毛巾产品被绍兴市和诸暨市技术监督局评为“质量信得过产品”，并一跃成为中国毛巾行业 16 只名牌产品之一。

事实证明，技术才是推动企业发展的重要动力。1999 年企业出台第二个三年（1999～2001 年）规划，提出三年内持之以恒地继续实施九字方针，同时确立“技改扩建、技术创新和科研开发，走低成本扩展之路”为工作重点。2000 年，洁丽雅联合国内纺织机械制造厂，成为国内第一家成功开发国产多臂剑杆毛巾织机的企业。

2001 年中国正式加入世贸组织，此举为国内纺织业创造了绝佳的机会。洁丽雅抓住机遇，积极与国际接轨，成功将 60%以上产品出口美国、日本、新加坡等国家和地区，享受到了丰硕的出口增长红利，由此外贸业务成为重要的业务增长渠道。

2002 年，受国际市场影响，国外市场棉纺织品总体供大于求，日益激烈的竞争使得产品价格普遍低于 2001 年同期。这时的洁丽雅仍是一家规模不大的民营企业，竞争优势不足。在面对纺织出口大省的山东企业时，洁丽雅处于全面挤压之下，面临挑战。纵观世界经济格局的演变趋势，国际市场需求增长放缓将加剧各国纺织产业间的竞争，周边欠发达国家不断扩张低附加值生产规模，国内纺织企业在国际市场上将面临残酷的生存发展环境，石昌佳与石磊认为国内的市场环境更有利于洁丽雅的发展，果断调整内外销比例，大幅减少外销。而在国外闯荡的经历，让洁丽雅意识到了品牌对于企业的影响，为成功实施品牌发展战略做前期铺垫，公司开始第二次大规模技改，引进世界一流的电子大提花剑杆毛巾织机和配套设备，并在同年 12 月，推出用于高档毛巾系列产品的“洁丽雅 · 兰”。

2003 年，公司投入资金1 000多万元进行技改，坚决使用国家推荐的环保安全染料，确保洁丽雅毛巾消费者的使用安全，拿下行业内首个“中国环境标志产品”认证和首个“中国名牌产品”称号。同年，浙江洁丽雅纺织集团有限公司正式组建成立，直属 9 家独立法人企业，下辖 8 大职能中心，年产值逾 10 亿元，总占地面积 60 多万平方米。

2004 年 6 月，“洁丽雅”（毛巾系列产品）商标被国家工商总局认定为中国毛巾行业的首个“驰名商标”。通过一系列的区域性品牌传播，洁丽雅逐渐成为浙江本地的知名品牌，各地经销商纷纷争抢代理权，推动了洁丽雅快速稳健成长。更上一层楼的洁丽雅在 2004 年走出浙江，主导并购了湖北咸宁、嘉鱼、汉川等地 9 家陷入停产困境的国有毛巾厂。经过重组改制，洁丽雅实现了低成本快速扩张，浙江、湖北两大生产研发基地让洁丽雅成为集纺纱、织造、科研、染整、营销、物流及其他产业于一体的大型综合性集团公司。

（三）第三阶段：品牌传播，名扬全国（2005～2010 年）

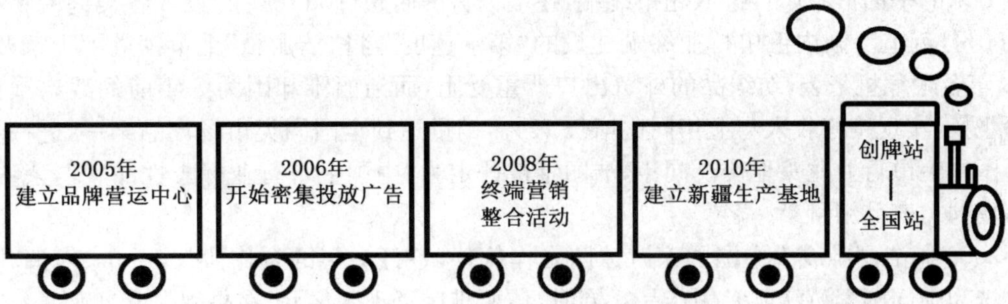

图 4—7　第三阶段：品牌传播，名扬全国

2005 年，洁丽雅综合实力已是全国同业先进，但洁丽雅毛巾销售额只有5 600万元，市场占有率不到 3%，依然遭受金号毛巾等竞争者的市场挤压，无法完全崭露头角，知名度除在浙江等地稍有知晓外，几乎无人知道。2005 年国家汇率政策转变，实行以市场供求为基础的浮动汇率制度，人民币升值推动外贸形势发生质的转变，低附加值产品出口形势变得异常严峻，主动把握内需市场成为洁丽雅最关键的目标。基于这样的形势，洁丽雅当机立断——收缩外贸战线、立足国内市场、全面打造品牌形象，这是洁丽雅做出的最重要的决策，在其发展史上具有里程碑意义。

2005 年 4 月 25 日，洁丽雅成立负责品牌创建、品牌策划、品牌整合、品牌宣传和品牌管理的“洁丽雅品牌营运中心”，全面负责品牌战略规划。洁丽雅由此成为中国毛巾行业第一家成立专门品牌营运机构的生产企业。2005 年年底，洁丽雅开家纺行业聘请形象代言人之先河，选定文化名人、青年导演徐静蕾为形象代言人。她的形象不仅符合洁丽雅目标消费群的脾性，且无形中也给洁丽雅注入同样的品牌精神内涵——纯洁、瑰丽、高雅。同年，为进一步提升产品的科技含量，洁丽雅成立我国家纺毛巾行业唯一一个“中国家纺毛巾产业科研基地”，建立“产—学—研”有效结合的技术创新体系。

2006年4月正式签约徐静蕾，5月即制作了“爱你就是爱自己”主题广告片。为配合全国性大范围立体式宣传计划，洁丽雅选择以中央电视台作为主力宣传媒介，成为央视经济频道战略合作企业，投了7 000余万元的广告，6月就在央视播出。因为洁丽雅2006年在央视投放的广告费用就接近公司总销售额的30%，有媒体称其为“广告疯子”。借助央视的影响力，洁丽雅从一个区域品牌迅速跨进中国消费者知名品牌的行列。洁丽雅在全国的经销商一举达到了1 000个左右，尤其在一二线城市有较高的覆盖率。2006年以后，洁丽雅毛巾的销量迅速上升，市场销量稳居全国第一。

2007年，洁丽雅专门设立品牌与市场管理中心，5月，洁丽雅出资2 000万元，面向全国商超、卖场大规模推广“洁丽雅毛巾”终端陈列统一专柜，增强品牌认知，树立良好形象，使品牌终端强势落地。2007年6月，世界品牌实验室权威机构评估宣布，洁丽雅以16.67亿元品牌行业最高的价值荣膺“中国500最具价值品牌”，洁丽雅毛巾品牌知名度大幅攀升，成为毛巾行业的第一品牌。

2008年，洁丽雅广募优秀经销商，深耕全国市场。正是“洁丽雅”品牌在终端销售中的强大号召力，全国新增招商500多个，新增专柜推广8 000多组，上万个专柜进入超市，有数万平方米的平面形象广告进入超市终端，终端销售网店超过30 000家，发放各类终端物料近50 000份，创造了国内毛巾行业终端建设的“第一速度”，将“洁丽雅”毛巾销进了千家万户。2008年金融危机来袭，纺织品的外贸出口严重受阻，而洁丽雅却因为5年前的战略预见而逆势飞扬，实现销售收入与上年同比增长72%，销量达到全国同类市场产品第一，进一步稳固了国内毛巾行业龙头地位。同年，洁丽雅被评定为“中国毛巾行业标志性品牌”，荣列“全国市场同类产品销量第一名”。

2009年洁丽雅成为中国国家游泳队合作伙伴，签订7年的合作协议，毛巾、内裤、袜品被推选为中国国家游泳队专用产品。同时，洁丽雅斥资1.5亿元，在央视二套、四套、八套及湖南卫视、浙江卫视、山东齐鲁频道、山东生活频道、广东珠江频道、南方电视台等媒体大规模投放洁丽雅产品宣传片。于是，国内开始了一场毛巾品牌战，由洁丽雅开始，金号和孚日迅速跟进。但由于金号和孚日选择大家纺床品的战略思路生不逢时，步履艰难。得益于此，洁丽雅在品牌战中全身而退，养精蓄锐，谋求着更大的发展空间。

2009年，洁丽雅毛巾销售额突破10亿元，市场占有率达到20.72%。这不仅表明洁丽雅品牌已占据中国毛巾行业的销量榜首，也强有力地证明洁丽雅品牌受到了广大消费者的普遍认可。为提升洁丽雅品牌健康、舒适、大爱理念，在2009年、2010年两年间洁丽雅与浙江卫视合作成功拍摄五条公益广告，并通过浙江卫视平台向全国电视观众传达洁丽雅与浙江卫视共同倡导的“节约用纸，爱护环境”及“和谐社会，从每个家庭做起”等公益理念。

2010年以来棉花价格屡创历史新高，棉花资源争夺战愈演愈烈，而新疆拥有得天独厚的棉花资源优势，洁丽雅便把关注焦点投向了新疆，在阿拉尔市投资建设一个集种棉、加工为一体的新疆品牌产业基地。该项目总生产用地面积约2 500亩，项目总投资25亿元，年产各类高档毛巾2万吨，毛巾特种用纱30万纱锭，10万锭倍捻。得益于当地优异且优惠的原料，洁丽雅实现工业总产值24亿元，同比增长10%，销售收入23.9亿元，同比增长11%，利润2.5亿元，同比增长10%。并凭33.31亿元的品牌价值蝉联“亚洲品牌500强”。洁丽雅入选为“2009中国纺织服装品牌市场开拓奖”企业。

(四)第四阶段:创新为骨,剑指国际(2011 年至今)

图 4—8　第四阶段:创新为骨,剑指国际

2011 年洁丽雅集团签约浙江卫视《婚姻保卫战》和湖北卫视《相亲齐上阵》,成为这两个栏目的独家赞助商和独家冠名商。同时,考虑互联网的优势,洁丽雅与网易达成合作,开辟“洁丽雅爱心乐园”的品牌推广平台。通过“六一儿童节活动”“悦中秋、颂经典、邮祝福”“火树银花咏祝福,举国欢腾迎国庆”“为中国军团加油竞猜中国军团金牌数和金牌项目赢十万元大奖”和“关爱健康关心体育事业”品牌推广活动,利用手机彩信、电子邮箱等传播渠道推行“大爱”理念,成功实现网上品牌推广。其中,“六一儿童节活动”网上参与互动活动人数达到 200 万人次,这一网上整合营销方案作为经典案例被授予“2011 年度中国广告创意儿童公益类优秀奖”。

2011 年 9 月 17 日,成立以姚穆院士领衔的洁丽雅院士专家工作站暨“洁丽雅—西安工程大学”研究院,进行一系列国内领先甚至打破国外纺材垄断的新技术研发,提升产品科技含量和品牌内在品质。同时,在稳定“毛巾”主业的同时,加快推进“洁丽雅”品牌品类延伸工作,形成了以毛巾产品为核心,内衣内裤、袜子、床品等为多元化延伸的“日用贴身针棉织品”家纺格局,基本完成了对消费者“从头到脚”的“贴身关爱”,即完成了毛巾、内裤、袜子、内衣、丝袜五大贴身系列品项的全部上市推广工作。2011 年,洁丽雅在国内网点已经达到了 6 万家,已经伸向了全国每一个市场。洁丽雅在品牌推广、市场销售、消费者口碑、战略管理等方面取得的巨大进步,荣获“中国纺织品牌文化建设领军奖”“中国家用纺织品行业竞争力 10 强企业”“中国纺织品牌文化 50 强”。

2012 年,洁丽雅赞助浙江卫视《中国好声音》,独家冠名天津卫视《爱情保卫战》《中国丽人》和浙江卫视《一周立波秀》,品牌美誉度继续提升。4 月,位于集团总部、投资5 000万元、拥有5 000平方米建筑面积、由九大特色展馆构成的洁丽雅品牌文化展览中心落成,被中国纺织工业协会原副会长、中国家用纺织品行业协会会长杨东辉誉为“中国家纺行业独此一家,别无分号!”。9 月,洁丽雅力邀孙杨、叶诗文、焦刘洋三位伦敦奥运冠军为主角,拍摄“我爱游泳 · 我更爱生活 · 生活就要洁 · 丽 · 雅”全新广告片,推广“好生活、好品质”品牌价值理念,倡导健康的生活方式才是真正的高品质的生活方式,引起行业内外万众瞩目。

2012 年,为进一步提升产品创意设计水平,洁丽雅与意大利康斯坦丁时尚设计策划集团合作,开发“2013—2015 产品规划与设计方案”项目。2013 年,洁丽雅产品创意与设计中心引进法国卡琳(Carlin)的设计理念和方法,并进行全球流行趋势及设计灵感源主题培训,提升对产品流行趋势方向的把握和设计元素的整体运用。

2013 年，洁丽雅以4 600万元获得《中国好声音》短信互动支持，打造“好声音好生活”品牌形象，洁丽雅品牌价值和品牌美誉度空前提升。洁丽雅以 84.52 亿元的品牌价值，连续 7 年获得“中国 500 最具价值品牌”，并连续 7 年获得“全国市场同类产品销量第一名”。这一年，新疆毛巾生产基地一期正式投入试生产，公司产品已经进入60 000多家终端超市，成为公司主业产品稳定的销售渠道。洁丽雅全面提升终端形象网点，通过让每一个单品陈列得更好、更完美，让顾客记住洁丽雅品牌，对洁丽雅品牌认可并依赖，提升网点销量。12 月 27 日，由洁丽雅集团主要创始人石磊主创的《民营家纺企业多品牌建设》成果获得 2013 年度企业管理现代化成果奖一等奖，这个成果是中国纺织行业在这个奖项中零的突破。

经过前几年的高速增长，自 2013 年以来，洁丽雅相对走入一个平稳的常态化发展期，针对这些变化，洁丽雅进行了调整应对，在聚焦、收缩产品和市场两条战线的同时，加速推进企业内外销之间的平衡，加大电商投入，从人、财、物向电商倾斜，着力构建强势电商销售平台。没有年轻化的品牌是没有未来的，洁丽雅越来越关注移动端，为此，洁丽雅专门推出了自己的微信公众账号，精心编撰促销内容，利用动静结合的参展产品图片内容，吸引年轻消费人群的关注。另外，充分利用站内的促销广告位，宣传自己的新产品、新爆款，获取年轻人的喜爱和信赖。并且，洁丽雅也入驻了天猫、京东等商城。2013 年，洁丽雅全网销售额在 2 亿元上下，作为一条小小的毛巾，有这个销售量已经很不容易了。2014 年洁丽雅在天猫移动端的销售额占总销售额的 46.2%。

2016 年洁丽雅毛巾成为 G20 杭州峰会唯一选用毛巾产品。石磊董事长表示：“G20 杭州峰会的认可，实质上是对洁丽雅一直以来坚守‘用最好的棉花做最好的产品’理念的肯定，也是对洁丽雅不断技术创新、追求匠心工艺的一次鞭策和鼓励，洁丽雅始终不渝地致力于品牌建设，持续深化实施品牌战略，使洁丽雅成为中国毛巾的品类代表。”

（五）小结

经过 30 多年的发展、10 多年的品牌建设，“诸暨县毛巾厂”发展为浙江洁丽雅股份有限公司，虽有风雨，但石家父子顺应时代，辛勤耕耘，不断创新，在创新中不断发展，收获了一个个荣誉（见附录三）。它的市场占有率不断提高（见图 4－9、图 4－10），营业收入逐年增长（见表 4－1），尤其在 2006 年到 2012 年间，洁丽雅实现了年均业绩增长 50%以上的行业奇迹，即使在 2008 年全球金融危机和 2011 年欧债危机期间，洁丽雅依然保持 40%以上的高速增长，成为全行业的传奇。“洁丽雅”的品牌价值也逐渐增值（见图 4－11），成为一个全国性的知名品牌。

表 4－1　　　　　　　　　　　**洁丽雅财务指标**

指标＼年份	2005	2006	2010	2011	2012	2013	2014	2015	2016
销售收入（亿元）	0.56	2.33	10.41	11.02	11.62	12.2	11.44	12.5	13.02
利润总额（万元）	1 120	4 600	7 765	8 101	8 475	8 122	10 373	12 000	12 998

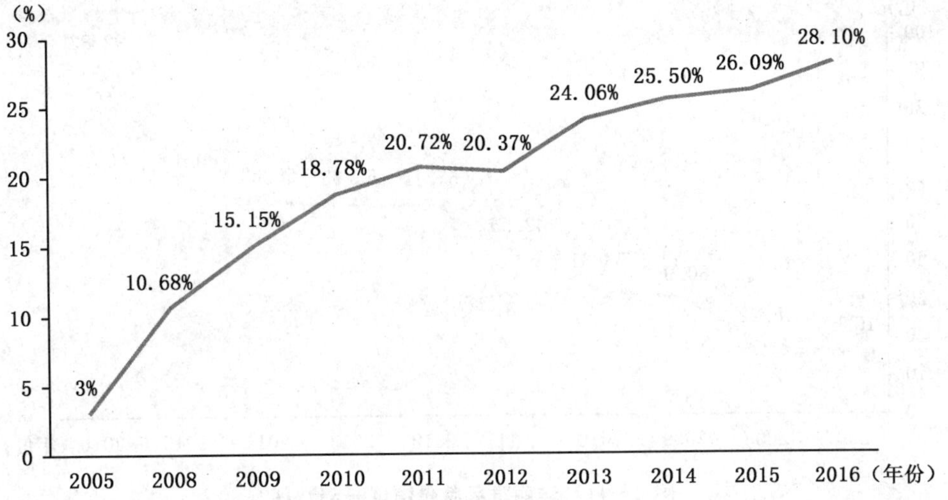

图 4—9　洁丽雅市场占有率

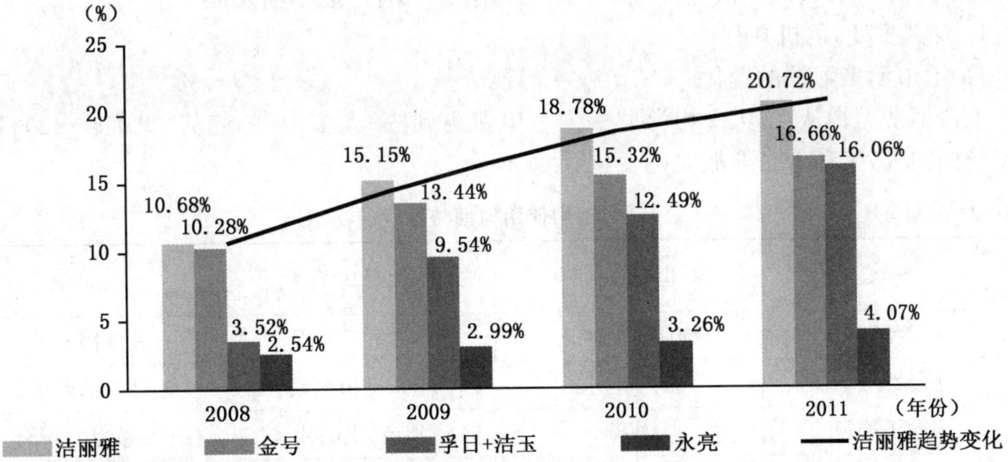

图 4—10　毛巾市场占有率分析

三、成功之道:因势利导,适者生存

从负债累累、默默无闻的乡镇小企业到如今中国毛巾行业的龙头企业,30 年来洁丽雅专注于毛巾,立志于做好毛巾,从强手如林的竞争环境中脱颖而出。是什么成就了洁丽雅毛巾这样一个日用品童话?我们将从系统管理理论出发,分析洁丽雅 30 年来不断将危转为机,抓住机遇不断发展自我的成功之道。

(一)视机而动,实现企业系统内外的平衡

系统管理理论认为,企业是一个开放的系统,它与外部环境不断地进行着相应的交流,比如能量、信息的交流等等。同时,它受到周围环境(顾客、竞争者、供货者、政府等)的影响,

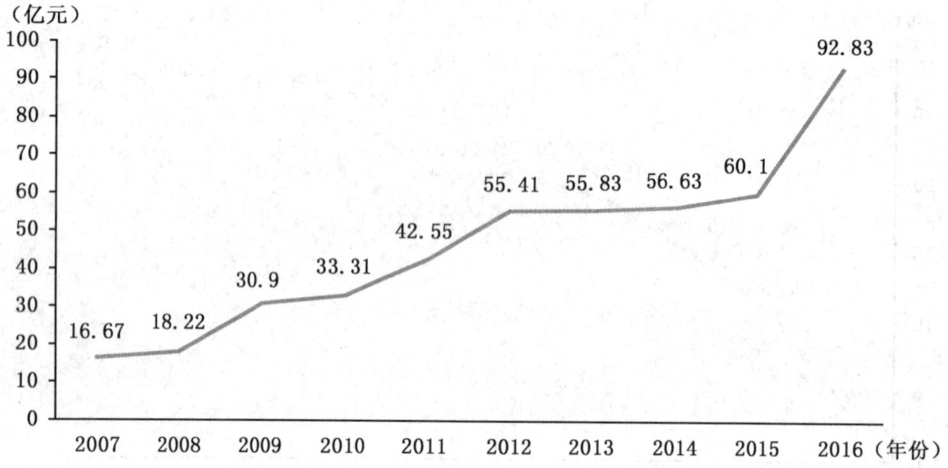

图 4—11 洁丽雅品牌价值增长趋势图

也影响环境。洁丽雅 30 年的成长路表明，外部环境永远在不断变化，企业需要在战略、品牌、产品上不断加以改进，适应环境，形成内外动态平衡，才能不断发展。

1. 外部多变，危机并存

（1）毛巾消费习惯的变化

毛巾消费习惯从“多人一巾”到“一人一巾”，再到“一人多巾”的趋势（见表 4－2），影响着市场的需求，带动着企业战略的变化。

表 4—2 毛巾使用习惯特征

项目 \ 时间	20 世纪 80 年代	20 世纪 90 年代	21 世纪
时代特征	物质生活匮乏	健康教育普及	互联网发展
市场特点	供不应求	追求毛巾质量	消费者品牌意识
主要购买途径	地摊	超市、供销社	专卖店、网络
使用特点	一家一巾、一巾长用	一人一巾、一巾多用	一人多巾、专巾专用
需求量	人均 0.3 条/年	人均 1 条/年	人均 3 条/年

在 20 世纪 80 年代，由于物质生活匮乏，中国自古即有“不破不换”的节俭观念，在很多人家里，一条毛巾都是“身兼数职”——洗脸、擦手、洗澡、洗头，“一家、一巾、一年”的现象比比皆是。80 年代以后，随着居民收入普遍提高、毛巾价格下降、卫生意识加强，“一人一巾”甚至“一人多巾”的消费走势逐渐形成。但大多数国内消费者对毛巾的选择仍不十分理性和科学，大多把价格和款式作为毛巾的首选因素，购买途径也以百货店、地摊为主。根据调查数据显示，到 1995 年为止，在浙江省家庭卫生状况中，“一人一巾”的比例已经超过 90%。虽然日益崛起的有钱人、白领、灰领和中高蓝领消费市场以几何倍数上升，但中国总体消费水平仍然较低。2000 年以前，国内毛巾市场消费水平较低，毛巾消费人均仅 1.2 条/年的水平，人均年消费量不足 100 克，远低于欧美、日本的 4～6 条/年的平均消费水平。一般而言，

很少有消费者特意到商场去买毛巾，人们通常是进入商店后，经过毛巾产品区域时会顺带看一看，又通常是先看颜色，后摸手感，再看价格，最后才决定买不买，极少有人注意毛巾的商标。这说明，虽然有些毛巾产品受到了相关行业和政府的认可，但老百姓对于毛巾的品牌意识还非常淡薄。

进入21世纪后，人们对生活品质的要求越来越高，消费观念也出现了从"一人多巾"到"专巾专用"的转变。毛巾分开使用，每人至少一条，有的甚至一人几条，冲凉、洗脸、擦手分开使用。大部分人一条毛巾用半年，有的人使用3个月就换新的。毛巾的使用不仅仅停留在基础功能的层面，从日常基础需求向多层次细分化需求发展，如现在出现的擦手巾、美容巾等等，同时开始注重环保、健康、个性化需求，如防螨抗菌整理毛巾、甲壳素毛巾、竹纤维毛巾、黄麻地巾等卫生保健类毛巾。绿色消费、健康消费的意识深入人心，为高质量、功能型毛巾开辟了更加广阔的市场。毛巾市场已经进入后营销时代，产品同质化明显，消费行为趋于理智，要占领和巩固市场，关键在于是否能找到一个合适的支点。采用差异化营销策略，对产品再定位，对消费需求和目标人群进行细分，强化口碑营销和网络传播，加强终端推广。

(2)传播媒介的变化

传播媒介经历了从报纸到电视，再到互联网、手机互联网的变化，企业与消费者的沟通从单一的输出转为双向的交流，这给企业带来了新机遇。

20世纪80年代，消费者接触到的广告信息主要是靠报纸、广播等传统媒介。报纸覆盖面广，成本较低，曾经是最为普遍的传播媒介。

90年代开始，电视机成为接触广告信息的主要来源，90年代后，电视机便在普通百姓家普及。截至2001年年底，我国电视覆盖率达94.1%，形成了世界上最为庞大的视听市场。电视对于普通的中国百姓来说，已经成为其日常生活中的一部分。电视可以凭借其生动形象的视听效果强势来袭，拉近了消费者与产品的距离。电视的蓬勃发展为毛巾行业的发展提供了广阔的平台，但由于毛巾行业附加值低，广告宣传意识弱，早期的毛巾厂家都不注重广告宣传，错过了宣传的良好机遇。

21世纪，随着互联网行业的快速发展，网络购物凭借其优惠、便捷等特点得到了众多消费者的青睐，微博、微信、APP、电视购物等以社交化为中心的新渠道也在兴起，在互动中企业能获取大量的消费者信息。

(3)国内毛巾市场竞争的变化

80年代，由于我国的棉花、纱布实行统购统销，毛巾市场是由国有企业主宰的。1985年，因毛巾被的热销，市场呈现供不应求的状况，全国的毛巾厂除了生产出口的毛巾之外，将生产力全部投入毛巾被的生产，导致毛巾市场供不应求。1988年国家开始大力推进全民健康教育试点工作，以实现一人一巾率达到100%。因此在特有时代背景的影响下，80年代毛巾需求量大，且中低档毛巾拥有较高的市场占有率。全国毛巾企业数千家，但在中、低档毛巾生产上存在过度集中和无序的价格竞争。

虽然90年代市场逐步放开，但在2000年前，像洁丽雅这样的规模不大的民营企业，能够接到的订单也不多，无论比什么都拼不过那些国有或国有改制的大企业，特别是山东的孚日、亚光、喜盈门，还有曾一度辉煌的淄博"雄鹰"，与它们相比当时的洁丽雅只能算是一个小弟弟。由于总体上都只能生产中低档毛巾，一些高端的毛巾产品很多都来自国外，中国的毛巾进口比例比较高，所以洁丽雅和绝大多数毛巾行业的同仁一样，在销售的整体结构上以外销为主，内销只有百分之二十几。

2001年中国加入世贸组织，毛巾被动配额逐步取消，我国将成为毛巾出口增速最快的地区。在这样的时机下，洁丽雅决定向美国出口毛巾。至此，洁丽雅以体制优势将业务拓展到了中国香港及国外。但这绝非一条坦途，无数家小企业早已混迹其中狂打滥杀，以次充好，偷工减料，坑害无知。此外，内销市场的商业信用常常令厂家愤恨而无奈。

2005年，中国的毛巾行业产值约为180亿元，比上年增长了25%以上。从规模上看，毛巾行业已经成为家纺品类中举足轻重的行业，而当时国人的毛巾人均年消费不到2条，远远低于发达国家，市场发展潜力巨大。但危机也显而易见，一方面国内毛巾行业普遍缺失品牌营销意识。5 000家毛巾生产企业没有一个得到消费者认可的品牌，近60%的消费者没有看到过任何关于毛巾的广告。企业品牌意识的缺失导致消费者品牌观念的缺失；行业没有品牌，消费者选购毛巾一般就以价格为主要参考，反过来导致企业纷纷陷入价格战的泥淖。毛巾行业总体处在低技术、低附加值、低营销手段的竞争阶段，许多消费者对毛巾的认知，还仅仅停留在日常清洗层面，对毛巾品牌的关注度很低，市场需要教育与引导。另一方面，国外品牌加紧对我国市场的渗透，以其品质款式、品牌形象与国内企业展开争夺。国内的高端毛巾市场大多数被国外知名品牌占据。

2010年之后，网上商家成为竞争的焦点，互联网的出现也形成信息的复杂化、混乱化。如何针对消费者需求进行信息传递，并影响消费者实现最终的决策购买，变得越来越困难，于是，毛巾行业进入大数据时代。一方面，大数据技术可以将消费者的基本信息、购物记录、社交媒体评论等线上信息与线下的人口学特征相联系，实现企业和品牌计划。另一方面，通过对消费者行为的研究，企业可以更加了解消费者偏好，从而生产出适宜的产品，增强竞争力。

2. 内部应变，转危为机

中国毛巾市场是一个不成熟但高速成长的市场，洁丽雅之所以能够抓住毛巾行业核变式、跨越式的发展机遇，成长为中国毛巾行业的标志性企业，很重要的一点就在于能大胆、及时地应变，正所谓：因势利导！

(1)关注变化，学习应变

管理大师德鲁克曾说，知识工作者需要注意时时刻刻地补充知识，而且不断地使知识转变成绩效或成果。洁丽雅有如今的成就，离不开石昌佳与石磊对学习的重视（见图4－12），并寓学于用，先人一步、掌控未来。

首先，石昌佳属于自学成才灵活应变的典范。石昌佳有着极强的学习能力。石磊说，如果一段时间没见“老爷子”，总能发现他有些新的想法和思想。他长期订阅大量报纸杂志，喜欢看电视上的专家学者讲授知识的节目，积累了大量的企业理论知识。并且，在学习过程中，石昌佳的信息获取与分析能力，使得洁丽雅很好地应对外部危机带来的风险，把它转换为一个个机会，这在洁丽雅发展过程中得到了很好的印证。如“老爷子”去了一趟美国，发现国际上大厂家的政策逐渐向中国倾斜，大量贸易配额正在流向中国，得出未来5年中国毛巾行业将飞速发展的结论，洁丽雅未来的发展方向也应瞄准国外订单偏爱的高档毛巾，因此高档毛巾研发生产将成为洁丽雅未来的发展方向。当洁丽雅还是一个无人知晓的品牌时，石

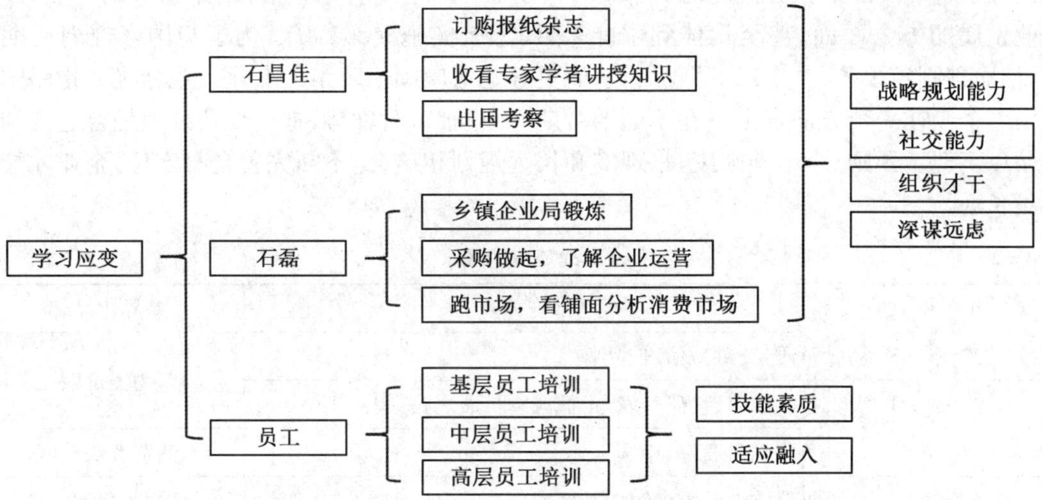

图4—12　洁丽雅人学习应变图

昌佳就确定要将其打造成中国毛巾第一品牌。让人佩服的是石昌佳的决策能力，他总是能做出正确的决策，并执着地朝着这条路走下去，引领企业更好地发展。

其次，石磊是勤于学业精于实践的代表。石磊毕业于绍兴中专财务管理专业，具有较高的专业素养。在实践中，乡镇企业局的工作经验为石磊打下了良好的基础。进入企业后，从采购做起，到销售员，再到部门经理、总经理助理，最终晋级到总裁的经历让石磊对经营企业的各个环节有了清晰的认识。即使现在站在洁丽雅总裁的位置，石磊一年里也总是会抽出一半时间和营销人员一起，全国各地跑市场、看铺面，加深对市场的了解，他依然在百忙之中抽出时间前往同济大学进修学习，掌握更多的专业理论来指导管理实践。

最后，企业员工形成因地制宜层级培养模式。随着企业外部环境的不断变化和企业自身的不断发展壮大，洁丽雅以海纳百川的宽广胸怀，不断吸纳高素质的经营管理人才，大力推进企业外延扩张，成绩斐然。这些人才如何适应公司发展需要，得益于企业对学习的重视。对于高层核心人才，洁丽雅出资让其读清华MBA或北大总裁班。对于中层人才，洁丽雅支持其按季度进行培训，并在培训结束后以内训师的身份培训其他的人。对于基层员工，洁丽雅聘请工程师进行指导，提升员工技术水平。在新疆品牌生产研发基地，洁丽雅聘请专业人才编制了双语教材，还在内部设立"少数民族员工职业培训中心"，加快了新疆员工的融入与适应。

(2)谋定而动，规划应变

尝试过为其他厂家代工、朝不保夕艰苦的生存方式后，石昌佳与儿子石磊在创品牌这一战略思想上达到了高度一致。为了应对广大消费者在消费习惯和消费心理上的转变，1996年，洁丽雅出台了第一个三年(1996～1998年)规划，确定"重质量、讲诚信、创品牌"的九字方针为企业长远经营理念。第一个三年规划把公司一帮人拉到一个风景区内，封闭式地讨论了三天，最后拿出了一页纸，虽然做得很粗糙，但对公司发展的影响很大。在此后的历次三年计划中，洁丽雅的目标定位越来越明晰，任务也进一步细分(见表4—3)。原先的规划只给出了企业发展的大方向与方针，而如今的规划有厚厚的一本书，制作越来越专业，涉及企业发展的方方面面，甚至具体到了什么事、怎么实施。2011年，为了与国家规划周期接轨，洁丽雅制定了公司"十二五"规划，从而更好地适应国家政策的变化。规划犹如指路明灯牵引着企业往一个方向走去。在不同的时期，洁丽雅审时度势，把应变巧妙地融合进规划之中予以实现。预则立，不预则废，将现实和长远规划相结合，不断完善自身定位，企业才能走得更长远。

表4—3 战略应对表

年 份	战 略	差异化品牌
1996～1998	重质量、讲诚信、创品牌	物美价廉
1999～2001	技改扩建、科研开发，走低成本扩展之路	
2002～2004	争创驰名商标、中国名牌	消费者认可度
2005～2007	打造成中国毛巾第一品牌	知名度
2008～2010	持续深化实施品牌发展战略	市场细分
2011～2015	做强品牌，做大市场，实施快速扩张战略	国际品牌

(3)紧跟潮流，产品应变

石昌佳认为，没有疲软的市场，只有疲软的产品。只有认真地静下心来研究消费者的消费趋向，不断创新产品满足消费者的需求，企业才能长盛不衰。洁丽雅自从90年代初成功开发出丝光毛巾并取得不错的结果之后，始终秉承"人无我有，人有我优，人优我特"的产品开发理念，花大力气进行产品创新，不断优化产品结构，提升品牌内在品质，做好产品多样化这篇文章。

首先，实现品种多样化。洁丽雅毛巾产品从原来单一的素色毛巾发展到提花毛巾、缎档缎边毛巾、螺旋毛巾、割绒毛巾、绣花毛巾、无捻毛巾等上百种工艺、上千种款式，大力开发高科技、高附加值的功能性产品，如抗菌和防螨保健毛巾、竹纤维毛巾、竹炭纤维毛巾、全面超级蓬松毛巾、牛奶蛋白纤维毛巾、黄麻天然抗菌地巾等，为广大消费者源源不断地提供了环保安全的洁丽雅毛巾产品。同时，洁丽雅依托现有良好的品牌优势，拓宽自己的产品领域，已经从小小的毛巾拓展到内衣内裤、丝袜系列产品，还有艺术蜡烛、化妆护肤用品等，同时延伸出卫浴织品，进入卫浴织品的后装饰领域，延伸至家庭装饰的细节产品，向全品类迈进。

其次，采用产品差异化。将毛巾细分为女士毛巾、男士毛巾、儿童毛巾、家庭装系列和礼品装系列，以及高档套巾、喜庆系列、旅游系列、婴儿系列等产品，为洁丽雅创造无数消费群体与频次，覆盖毛巾消费多样化、立体化的需求，有效地提高了洁丽雅的市场表现与竞争力、营销力，有效提升产品档次、丰富产品系列、提高消费群体覆盖率。

最后，品牌差异化。为了更好地针对不同需求层次的消费群体构建品牌内涵，在"洁丽雅"商标的基础上，又独立注册"洁丽雅·礼""洁丽雅·兰"这几个主要产品品牌(见表4—4)，并分别组建独立运营组织。

表 4—4　　**主要品牌基本信息**

品牌名称	渠道	消费人群		品牌定位	品牌核心价值
洁丽雅	超市	工薪阶层	都市白领	纯洁、美丽、优雅	健康的、舒适的
	流通批发		二级批发商		
	电商		都市白领		
洁丽雅·礼	礼品商	商务会议、节庆礼品		尊贵人生、优雅生活	尊贵的、健康的、舒适的
洁丽雅·兰	高级商场	社会精英、高级白领、富裕阶层		让雅致生活触手可及	优雅的、健康的、舒适的

洁丽雅不断衍生产品(见图 4—13)来提升企业盈利能力,提高产品附加值,使科研开发和纺纱织造工艺水平处于行业领先地位。洁丽雅的"中国梦""东方神韵"等 12 个毛巾产品设计先后获得国家专利 81 项,其中实用新型专利 2 项,推出 500 多款新产品,部分作品分别获得国际家用纺织品设计大赛的优秀奖、金榜奖,全棉超级蓬松毛巾产品获得"2011 年度浙江省优秀工业新产品奖"。洁丽雅不断推出高品质的个性化产品,从而使差异化的品牌战略转化为实实在在的市场份额和经济效益,新产品的销售收入占到 60%以上。

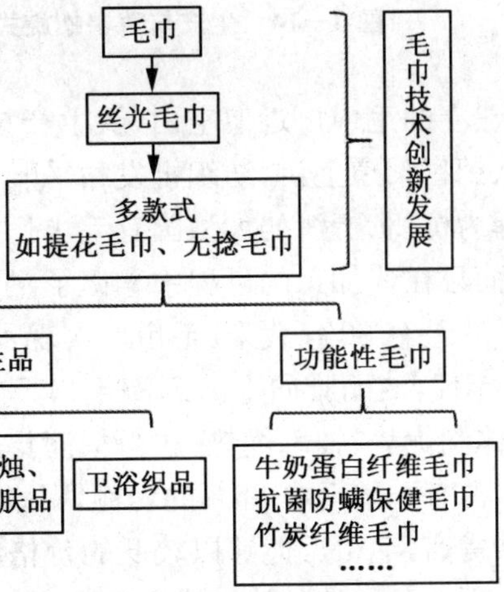

图 4—13　洁丽雅产品延伸图

(二)扬长补短,实现内部子系统的平衡

系统管理理论认为,企业是由人、物资、机器和其他资源在一定的目标下组成的一体化系统,它的成长和发展同时受到这些组成要素的影响,在这些要素的相互关系中,人是主体,其他要素则是被动的。管理人员需力求保持各部分之间的动态平衡、相对稳定、一定的连续性,以便适应环境的变化,达到预期目标。洁丽雅在发展过程中,努力构建生产与营销、品牌与品质、促销与渠道三个平衡,坚实基础,谋求发展与突破,实现企业整体最优。

1. 生产营销,齐步前进

企业系统中最重要的平衡之一是生产与营销两个子系统的平衡。洁丽雅不断发掘短板，通过资源重心的转移，扬长补短，使二者形成阶段性的发展，实现螺旋式上升（见图 4—14）。

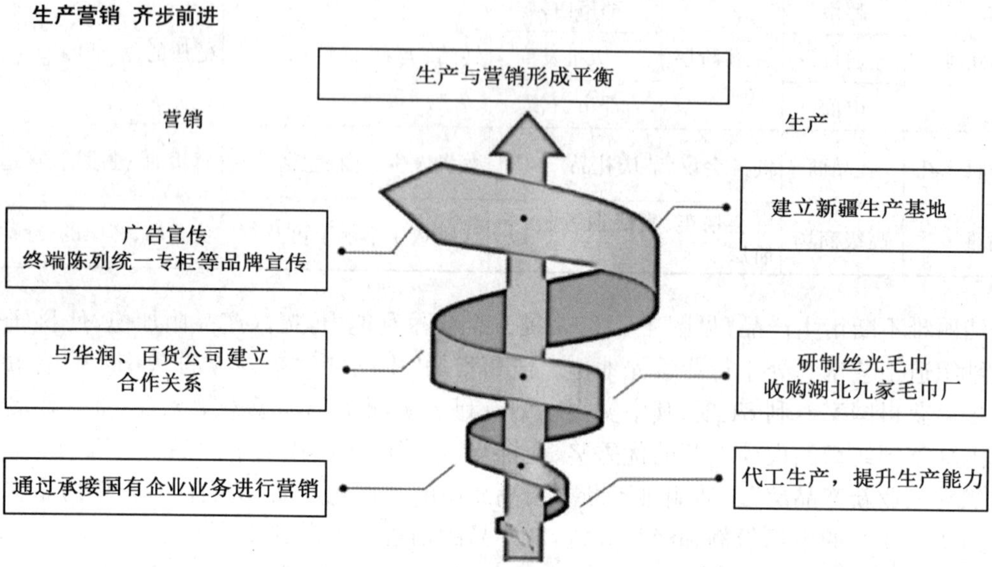

图 4—14 生产与营销螺旋式上升示意图

第一次平衡：刚建立的毛巾厂近似空白，从生产技术上讲，企业没有先进的机器设备和熟练的技术人员。从销售渠道上讲，纺织批发站采购员更愿意与实力雄厚的国有企业合作。所以毛巾厂只能选择为杭州、上海的大型国有毛巾厂代工生产，从中赚取微薄的加工费，不仅解决了销售问题，而且在代加工的过程中掌握了主要生产技术，达到了可以自主生产的水平。从整体来看，在 20 世纪 80 年代末，毛巾厂实现了生产与营销较低的平衡。

第二次平衡：90 年代，洁丽雅向上海禾海毛巾厂学习技术，最终生产出丝光毛巾，同时企业完成转制，凭借体制优势、技术优势，成为华润集团生产毛巾、毛巾被的特约定点厂家，独家经销港、澳地区，占有香港毛巾 85%的份额，一举打开港澳销路。而后又成为国内众多改革后的百货店的供货商，毛巾厂能够以较低的价格向百货公司和外资企业提供高质量毛巾，收获了大量订单，更上一层楼的洁丽雅在 2004 年并购了湖北咸宁、嘉鱼、汉川等地九家国有毛巾厂，实现生产与营销再次平衡，企业整体实力上升到新的层次。

第三次平衡：2005 年以后，洁丽雅开始实施主动的品牌传播并大获成功，知名度越来越高，毛巾销量越来越多，快速的发展导致不尽如人意的短板出现，虽然对产能规模有明确的规划和落实，但快速的增长有时还是始料不及，多次出现经销商抢货，造成多货品断货，影响其他经销商的市场供货。为解决这一矛盾，除严格执行计划订单政策外，洁丽雅在新疆阿拉尔建立了 5 万亩长绒棉基地，形成了从棉花种植、采购，到制造、包装、物流、终端销售的完善的整个产业链。洁丽雅成功实现了生产与营销更高层次的平衡。

2. 品牌为魂，品质保证

卓有远见的石昌佳认为没有品牌的企业注定是短命的。所以，洁丽雅牢牢地把品牌战略作为集团的核心战略，一直致力于品牌核心体系的建设。特别是从 2005 年开始，洁丽雅连续多年在央视和浙江卫视等 20 多家重要电视媒体投放高密度广告，重视网络媒体推广，多途径推广品牌特质和品牌美誉度，抓住网络媒体特殊的优势，通过与受众之间互动的方式，增加品牌感染力，达到推广品牌特质和企业文化的作用，快速提升品牌美誉度。

同样，没有品质的品牌也不会长久。因此，洁丽雅在创建品牌之初，就将品质的保证放在第一位。有了品牌意识后，对质量的要求更高。洁丽雅对细节的完美追求首先体现在产品质量上。品质作为衡量品牌价值的第一要素，多年来洁丽雅投入了大量精力进行深度探索，尤其是科技创新及产品研发能力的提升。洁丽雅在毛巾质量上为品牌打下了扎实的基石。如果没有此前十年间的品质坚持，2006 年的洁丽雅广告便不会如此成功。

洁丽雅始终认为"品牌是企业的灵魂，质量是品牌的生命"。因此，洁丽雅在创建品牌之初，就将品质的保证放在第一位，全方位提升产品品质，实现品牌与品质的平衡（见图 4－15），更好地提升企业竞争力。具体在四个方面：

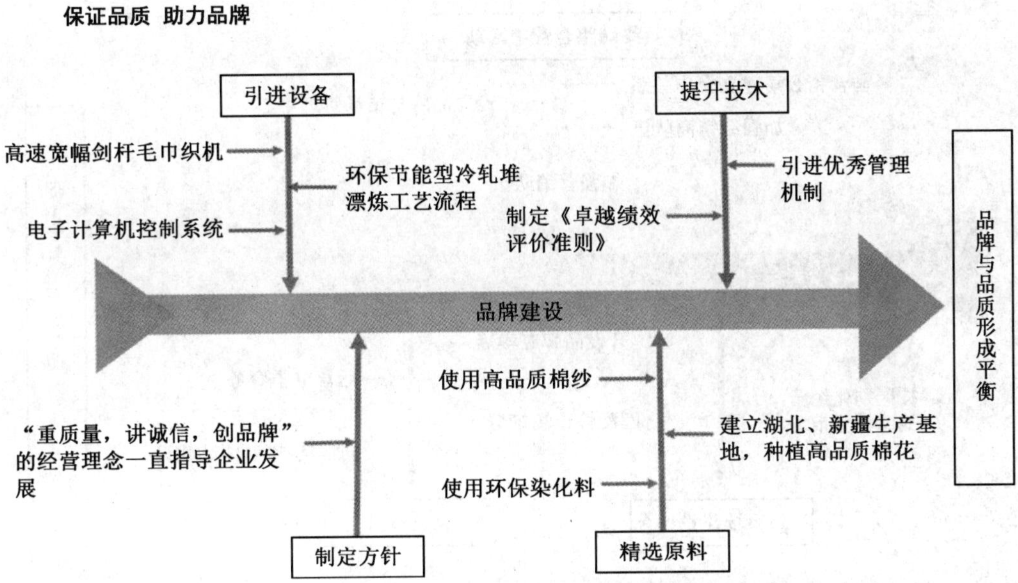

图 4－15　品牌与品质平衡示意图

制定方针：洁丽雅始终坚持"出厂就是好毛巾"的原则和"用世界上最好的棉花，做世界上最好的毛巾"的承诺，早在 1996 年，"重质量、讲诚信、创品牌"的经营理念就成为企业发展过程中的指向标。

精选原料：在原料的把控上，洁丽雅规定"只准使用上等一级棉纱织造毛巾""只准做正公差，不允许做负公差""只准使用环保染化料，不准使用对人体有害的直接染化料"。洁丽雅并购湖北 9 家国有棉纺企业，建设新疆生产基地，以便获得优质棉花原料。

引进设备：洁丽雅引进世界一流的纺纱、织造、染整、烘干等纺织全套设备，先进的电子计算机控制系统、电脑辅助设计系统和测配色系统，使新品开发与工艺制造有可靠的技术保障，在全国率先采用环保节能型冷轧堆漂炼工艺流程，开发国产高速宽幅剑杆毛巾织机。产品科研的开发力度为公司产品质量提升奠定了坚实的基础。

提升技术：洁丽雅先后引进和应用 QC、ISO、TQM、6S 等国际优秀管理模式，推行卓越绩效管理模式，用《卓越绩效评价准则》标准开展持续的自我评价和改进，确保技术的提升，从而保证质量。

3. 促销开路，渠道殿后

企业产品不能仅仅靠广告促销，如果没有好的渠道、终端，再好的产品也是“白搭”。石昌佳说，品牌建设还需要有终端的配合，没有那最后的临门一脚，前面的比赛再精彩也没有用。渠道为王，谁拥有了渠道和终端，谁就拥有了做好市场的资本。可以说渠道和终端的重要性可以和品牌知名度相媲美，在未来的商战演绎中占据绝对重要的地位。在平衡促销和渠道的过程中，洁丽雅通过统一终端营销管理、开展市场分类管理、实施渠道混合策略、做好市场渠道匹配等工作，实现渠道和促销的平衡(见图 4－16)。

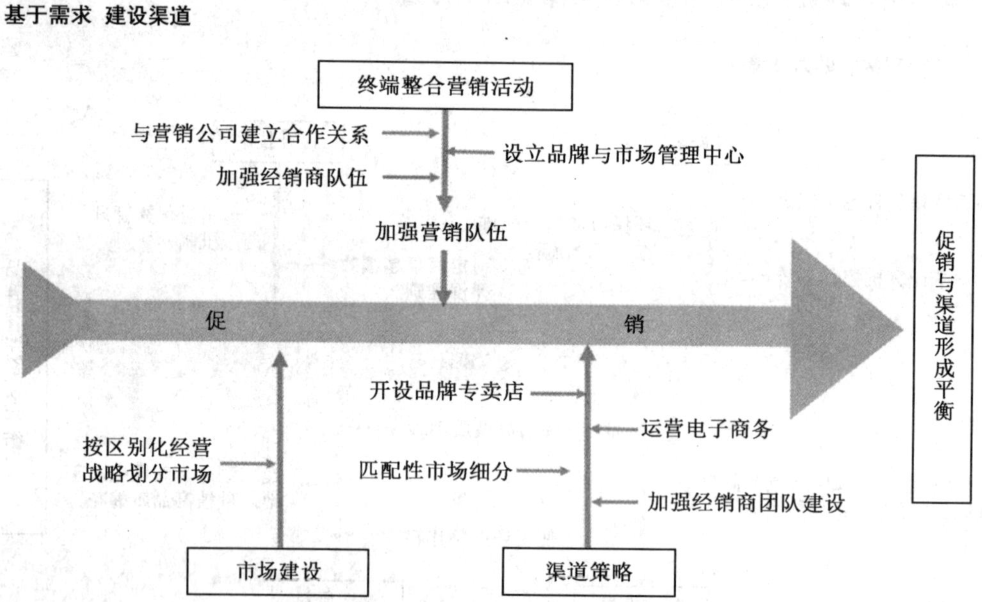

图 4－16　促销与渠道平衡示意图

(1)统一终端营销管理。洁丽雅专门设立品牌与市场管理中心，加强终端品牌落地工作，与营销公司紧密合作，全面创新整合营销活动，走在家纺行业的前端。洁丽雅不断加强营销队伍和经销商队伍这“两支队伍”的建设，推动经销商铺面、商超铺面、商超专柜单品铺面这“三个铺面”扩张，通过市场费用和广告费用的支持，实时跟进单品进场、促销活动、形象推进，最大限度地提升品牌影响力和市场占有率。

(2)开展市场分类管理。在市场调研的基础上，洁丽雅根据品牌发展战略的需要、人均洁丽雅毛巾消费金额、每万人终端网络数量三个主要指标情况将市场细分为 A、B、C 三大类目标市场(见表 4－5)，并利用分销体系对不同市场采取不同的市场建设策略。在产品销售渠道建设方面，根据城市等级实行 A 类市场开形象店，B 类市场做专柜，C 类市场进超市。

表 4—5 目标市场分类示意表

目标市场	省市地区	市场特征	经营战略重点	具体策略
A类	浙江、湖北等 6 个省份	市场绝对强势地区，知名度、美誉度处于绝对领先地位	品牌推广、做出销量	高级卖场、商场超市
B类	上海、北京等 17 个省份	市场建设相对强势地区，知名度、美誉度处于与竞争品牌对等地位	做好网络	毛巾卖场、超市
C类	宁夏、海南等 8 个省份	市场建设相对弱势地区，知名度、美誉度低，是极具发展潜力的市场	做好招商、市场整合	小型商超、批发市场

(3)实施渠道混合策略。

开设品牌专卖店：品牌专卖店最具品牌影响力，能展示全品项产品，具有销售掌控力。洁丽雅成立专卖店事业部，按照每 10 万城市人口开设一家专卖店的标准，加快专卖店开发力度，以独立品牌形式进行推广，促进洁丽雅品牌整体形象的提升。

电子商务建设：洁丽雅入驻了多个主流电商平台，如天猫、京东、唯品会等。洁丽雅引入大数据概念，与业内领先软件企业合作开发适合洁丽雅的软件，创新性地通过大数据分析，从产品开发、生产以及营销等各个环节优化产品，提升终端消费者的体验。

经销商团队建设：洁丽雅认为只有优秀的经销商才能把优秀的产品销售给客户。在分销模式上，洁丽雅不断探索，建立了以地级市代理商为核心的经销商。

市场渠道匹配：洁丽雅对购买人群特点和购买渠道进行系统分析，发现渠道存在明显的差异化特征，包括流通批发、电商、超市、专卖店、高级商场、礼品渠道等，不同收入档次的消费人群会在不同的渠道购买。因此，洁丽雅对消费者及其购买渠道进行匹配，细分消费人群(见图 4—17)，为差异化的产品品牌定位打下基础。

四、总结与启示

洁丽雅作为一家典型的民营企业，发展 30 多年，不断抓住机会，获得持续快速发展，其成长力值得其他企业借鉴。本文首先对洁丽雅的发展过程进行了全面梳理，把它的发展历程分为四个阶段，全景式地描绘了洁丽雅 30 多年从小到大、从弱到强的发展之路。在此基础上，运用系统管理理论，总结了其在发展过程中，如何通过学习，不断改进战略、品牌以及产品，实现企业内部与外部环境的动态平衡，同时努力推进内部子系统的三个平衡(生产与营销、品牌与品质、促销与渠道)，从而揭示出其快速发展背后强劲成长力的原因(见图 4—18)。

研究洁丽雅持续快速发展的成因，给了我们一些重要启示在于定战略、学能力、构平衡这三个方面，若能很好地实现，对企业的发展会起到积极作用，具体如下：

(一)定战略：评估环境，灵活应变

石昌佳和石磊父子全面评估企业所处的环境，依靠规划的制定和实施作出灵活应变。洁丽雅负债累累时，是石昌佳毅然决然主张转制；洁丽雅发展受阻时，是石昌佳当机立断并购湖北的国有毛巾厂；洁丽雅转战国内时，是石磊稳中求胜实施了一系列品牌建设；洁丽雅产能不足时，是石磊因势利导开拓新疆产业基地。一次次稳健而准确的战略让洁丽雅始终

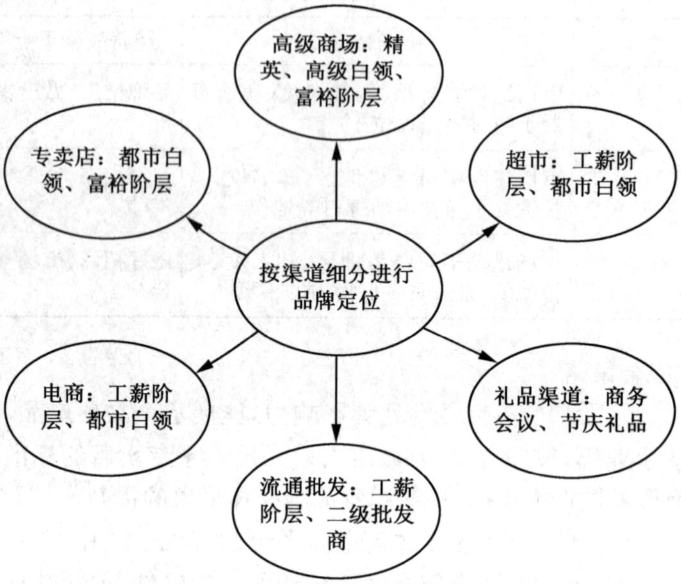

图 4—17　品牌定位渠道分类图

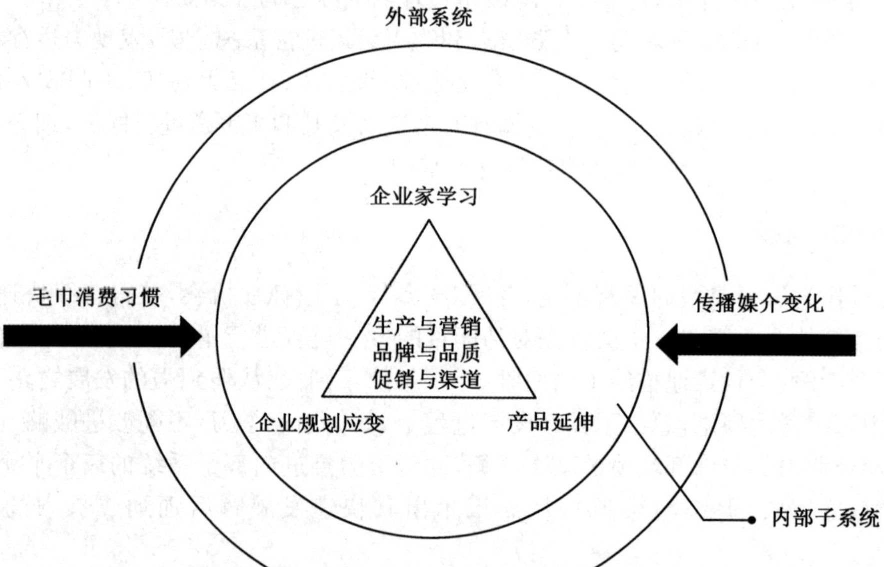

图 4—18　基于系统管理理论的洁丽雅平衡发展图

能快速跟上发展潮流，走在行业前列，真正立于不败之地。

外部环境的变化在企业发展过程中无处不在。要想在变化的环境中保持发展的优势，企业的战略显得尤为重要。企业只有认清外部形势并且积极灵活作出应对，才能牢牢掌握主动权。

(二)学能力:谦虚好学,积累经验

洁丽雅自创办以来,领导人一直积极参与各类学习,不断提升自身的能力水平,具体表现为:

(1)基于经验借鉴:对经验进行梳理、反思,提炼整合为成熟的案例,提供借鉴和教育意义。

(2)基于教育系统:与多所院校开展校企合作项目,吸收新知识。

(3)基于社会网络:参加各类学术论坛,在交流探讨中促进管理思想的碰撞与糅合。

在民营企业中,企业家往往成为企业中无可替代的灵魂人物,企业的成长归根到底可以说是企业家能力的成长。广大企业家应始终保持谦虚好学的心态,从多个方式进行知识的扩充,从学习能力上提升企业的活力。

(三)构平衡:扬长补短,螺旋上升

在日常经营过程中,洁丽雅格外注重子系统之间的平衡,在稳住优势部分的同时抓紧弥补薄弱部分,两个子系统实现你追我赶,在打造平衡的过程中呈现螺旋式上升的形态。生产与营销、品质与品牌、促销与渠道作为洁丽雅内部的三对子系统,以子系统的发展推动整体系统的发展,将洁丽雅整体推至更高的水平。

企业是由人、物资、机器和其他资源在一定的目标下组成的一体化系统,它的成长和发展同时受到这些组成要素的影响,各个子系统之间既相互独立,又相互作用、不可分割,共同构成一个整体。在这些要素的相互关系中,管理人员需力求保持各部分之间的动态平衡、相对稳定,从而实现整个企业的发展壮大。一个企业想要做到基业长青,离不开各个子系统全面、健康、持续的发展。

(四)小结

洁丽雅作为民营制造型企业中的佼佼者,从 1986 年至今,有得意也有落魄,却始终与时代特征紧密相连,在实践中根据所处的环境和内部条件的发展变化随机应变。洁丽雅始终坚持“出厂就是好毛巾”的原则和“用世界上最好的棉花,做世界上最好的毛巾”的承诺,不断发展壮大,让洁丽雅“石头开花,艳惊世界”。洁丽雅的成功经验虽不可复制,但也为同行提供了宝贵的经验。

参考文献:

[1]彭瑞. 变输血为造血——以洁丽雅集团新疆新越丝路有限公司为例,看纺织服装企业如何走好“一带一路”[J]. 纺织科学研究,2017,(01):66－67.

[2]谢婷. 冉冉升起的新疆纺织:政策解读与前景展望[J]. 中国棉麻产业经济研究,2016,(04):22－23.

[3]杨丽. 三步骤打造可持续竞争力,洁丽雅“七加一”体系建设成效显著[J]. 纺织服装周刊,2012,(46):35.

[4]刘杰. 影响新疆棉花价格波动的因素及应对的对策分析[D]. 乌鲁木齐:新疆农业大学,2013.

[5]张立杰. 棉花价格研究及预测[D]. 天津:天津大学,2012.

[6]尹异兰. 洁丽雅提升质量的“三部曲”[J]. 中国品牌,2010,(07):30－32.

[7]邓臻赓. 洁丽雅电影广告实战纪要[J]. 中国广告,2010,(03):83－84.

[8]徐静蕾. 生活就要洁丽雅[J]. 商业文化,2007,(13):44－47.

[9]汪斋. 洁丽雅的品牌路线[J]. 商业文化,2007,(13):34－39.

[10]杨文静. 洁丽雅:毛巾挥舞术[J]. 纺织科学研究,2015,(11):68－69.

[11]张辉. 洁丽雅:小行业里飞出的大品牌——洁丽雅首席品牌官黄海南讲述洁丽雅品牌之道[J]. 市场瞭望(上半月),2014,(10):77－80.

[12]胡芳,许军,董宏刚. 中国毛巾出口贸易研究——兼论毛巾产业特征与发展[J]. 经济与管理,2011,25(12):16－20.

[13]梁瑞丽. 纺织自主品牌谁与争锋[J]. 中国纺织,2014,(01):66－67.

[14]张若夫. 洁丽雅:“快”与“稳”的逻辑[J]. 商界(评论),2013,(08):134－135.

[15]石昌佳. 优良的投资环境吸引我们落地[J]. 当代兵团,2017,(04):28.

[16]罗鄂湘,吴睿智. 基于系统理论的企业创新能力实证研究[J]. 工业技术经济,2012,31(07):154－160.

[17]盖佳. 寄望、传承、共勉、筑梦[J]. 东方企业文化,2016,(06):83－89.

思考题

1. 洁丽雅的品牌之路可以分几个阶段?
2. 洁丽雅品牌成功的原因是什么?

案例编写:庄艳芳(工商 152),陈诗意(工商 151),
朱圆缘(工商 151),黄怡帆(国贸 152),
涂嘉璐(国贸 152)
指导老师:周鸿勇教授

案例5
特色小镇建设路径研究
——大唐袜艺小镇案例分析

摘　要:随着我国城镇化建设的日益深入,特色小镇建设为区域经济发展带来的综合效应越发显著。特色小镇建设作为区域经济绿色转型升级的一种新形式,成为推动区域经济转型升级和统筹城乡发展的重大举措和创新载体,引起越来越多的关注。袜业是大唐镇的支柱产业,但近年来,在外部市场经济压迫和内部产业结构混乱等多重因素影响下,传统袜业发展面临挑战。本案例以大唐袜艺小镇为研究对象,通过实地调研,对大唐传统袜业危机进行剖析,并运用新产业区理论对大唐袜艺小镇建设路径进行深入分析。研究发现,大唐袜业通过建设袜艺小镇,在资源、知识、品牌等方面实现了全面的网络化,节约了交易成本、推动了创新发展并提升了整体形象,促使大唐袜业成功实现转型升级。

关键词:大唐袜业;特色小镇;绿色转型;新产业区

一、前言

(一)研究背景与意义

1. 研究背景

我国现有的小城镇大多数是自然形成,并经过时间的沉淀逐步发展壮大,存在其合理性。然而,随着产业投资的不断下降以及环境问题愈发凸显,传统产业的绿色转型升级显得尤为急迫。为此,中央提出了“大众创业、万众创新”的概念,而人才的创业、创新需要创造条件,需要资金、平台、政策,特色小镇就是在这样的背景下应运而生的,给产业转型升级、新型城镇化建设、经济绿色可持续发展发挥示范作用,给国家经济绿色转型积攒经验。

自改革开放以来,传统制造业飞速发展,而大唐袜业也借着春风蒸蒸日上,逐步形成了以大唐镇为核心的囊括袜子从生产到物流等全过程的极其完整的产业链,在国际舞台上获得了“袜业之都”的美誉。大唐70%的生产总值来自袜业产业,而大唐袜业年生产量要占到全球35%和全国70%,是闻名中外的“中国袜业之乡”,为大唐的经济发展做出了积极贡献。

但随着时间的推移，传统袜业制造暴露出许多问题，陈旧低端的机器设备、落后的生产工艺与技术使得袜业制造陷入高能耗、高污染和低附加值的不利状况，同时也使得环境付出了沉重的代价。并且，中小袜业企业开始出现资金短缺、融资困难问题，加之不注重文化品牌推广，面对电子商务、跨境电商等新型企业带来的冲击，传统大唐袜业优势岌岌可危。在中国工业经济新常态下，大唐袜业已经站在了绿色转型升级的历史拐点。

但袜业作为大唐立足之基，面对种种困境，不管政府还是企业都积极寻找出路。2015年，省委、省政府决定创建100个省级特色小镇。为此，在产业亟须面临战略性调整的背景下，“重构袜业、重塑大唐”战略目标应运而生，大唐以绿色转型升级作为主线，全方位调整经济结构、转变动力结构和完善方式结构，以实现“去产能、去库存、去杠杆、降成本、补短板”的目标，把大唐打造成集“先进袜业制造、顶尖袜业文化展示与袜业旅游”三位一体的全球唯一的袜艺特色小镇。产品更新换代、经济转型升级、城镇化发展推进是目前大唐所要完成的重要目标，而创建特色小镇对大唐不仅是机遇更是动力。借着特色小镇的春风，大唐将完成新一轮蜕变。

2. 研究意义

本文通过对大唐袜艺小镇的调查研究，结合新产业区理论分析在绿色转型背景下特色小镇建设如何取得成效，探索特色小镇的建设路径。其研究意义主要体现在以下三个方面：

(1)为传统企业转型升级提供生动案例。近几年，在人力成本急速上升的情势下，我国传统制造业面临着前所未有的压力，要继续发展必须进行转型升级。在这样的形势下，大唐把握时机，及时绿色转型建设袜艺小镇，为传统袜业注入新的活力，利用文化、互联网、科技等要素对袜业进行全面升级，使大唐袜业持续蓬勃发展，享誉全球。袜艺小镇是一个成功的生动案例，能够为许多仍处在发展困境中的传统制造业提供借鉴。

(2)对新产业区理论加以完善和发展。早在20世纪八九十年代，我国就有建设新产业区的尝试，即政府划出一块地，号召企业集群，并给予一定的政策支持，从无到有，形成一个新型产业区，不过效果不够显著。但大唐建设袜艺小镇的尝试，是从有到新，利用网络性、根植性和创新性，在本土袜业发展的基础上进行转型升级。这次尝试可以说是对新产业区理论的进一步完善和发展。

(3)为政府、企业提供产业信息以及决策参考。本文通过实地调研的方式，采访多家处于袜业产业链重要环节的企业，了解其在特色小镇项目开展过程中的总体发展情况，并向政府有关部门人员了解宏观的项目实施进展，与此同时，在一定程度上为政府和企业的沟通提供了一个新的渠道，提供信息反馈及决策参考。

(二)研究方法与内容

1. 研究方法

本案例以大唐袜艺小镇为研究对象，对大唐袜业整体情况进行初步的资料调查，了解基本情况。经过研究团队多次深入实地，对大唐袜艺小镇进行调研，主要通过对小镇建设项目的政府相关负责人和产业链各环节知名企业负责人进行访谈，获得第一手资料。然后，查阅有关特色小镇的相关文献，结合新产业区理论，分析大唐袜艺小镇的建设路径。最后，总结提出有益经验，供相关企业和政府部门决策参考。研究方法的框架如图5—1所示。

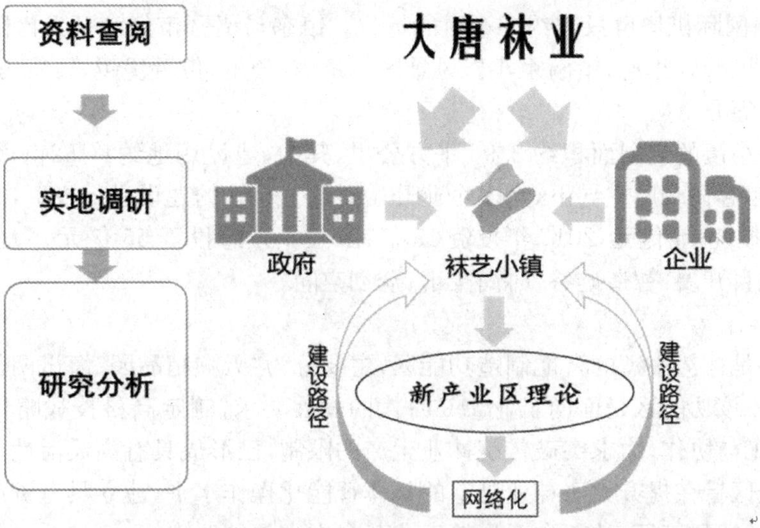

图5—1　研究方法框架

2. 研究内容

研究内容如表5—1所示。

表5—1　研究内容

一、前言	介绍本案例的研究背景与意义，以及相关研究方法与内容。
二、案例研究对象	介绍本案例的研究对象即大唐袜艺小镇，分别从地理位置、项目简介和创建成果三方面来进行说明。
三、案例主体介绍	论述袜艺小镇的发展历程，并按时间顺序展示大唐袜业在多个发展阶段遭遇瓶颈时，通过产业聚集、多元创新以及品牌文化建设等手段来寻求突破，促进发展的过程。
四、案例分析与思考	为重点部分。首先介绍理论基础，包括新产业区的概念、形成与发展机制及网络化，再分析证明该理论适用于袜艺小镇。并从资源网络化、知识网络化和品牌网络化对袜艺小镇建设路径的三阶段进行分析。
五、案例总结与启示	通过本案例的研究，分析得出促使传统产业绿色转型走向创新化、推动区域经济又快又好发展的必要条件是网络化建设路径，进一步升华案例研究的意义，并对未来特色小镇发展提出启示。

二、案例研究对象

(一)地理位置

大唐镇位于浙江省中部，全镇的面积大约为53.8平方公里，下辖行政村10个、社区委员会6个，常住人口7.9万，其中有户籍人口占39.2%，外来人口占60.8%，是名副其实的打工大镇。大唐地理位置优越，地处浙江四大强市(萧山区、柯桥区、义乌市与诸暨市)的中心位置，居于杭州湾的南部，在诸暨市西施故里的西南翼。同时，大唐恰好在浙赣铁路、杭金衢高速公路、杭金线和绍大线四线的交汇处，交通非常便利。在车程上，离宁波北仑港仅约2小时，离萧山国际机场也只需约半小时的行程。镇东与诸暨市经济开发区隔江相望，镇西与五泄国家级风景区相连，镇南距斗岩风景区不足10公里，位置优越，风景秀丽，交通便捷。

(二)项目简介

大唐袜艺小镇的规划面积约2.96平方公里，其中，建设用地约1 162亩，水面面积约78亩。从2015年起在政府主导下，众多企业开始对袜艺小镇的建设进行投资，2015年投资25亿元，2016年投资15亿元，2017年投资15亿元，三年来总投资55亿元。大唐袜艺小镇的建设分三大项目开展：智造硅谷、时尚集市、众创空间。

1. 智造硅谷

智造硅谷是袜艺小镇的智能制造功能区，主要分为“天顺精品园、海讯两创园、圣凯科技园”三个园区。该功能区是面向工业4.0时代的发展要求，制定高科技战略计划，通过产业链的重组、分工与协作，力求突破传统袜业生产的限制，已形成具有高灵活性、先进性的生产模式。该功能区旨在提升大唐袜业制造的整体智能化操作水平，建立具有资源丰富、效率高涨、适应性强的智慧工厂，从而在新一轮工业革命中占领袜业先机。

2. 时尚集市

时尚集市是袜艺小镇的智慧中枢和文化艺术旅游区，主要有“袜业智库、艺术村落、滨水休闲文化长廊”等功能区。其中，关注度最高的是“袜业智库”。袜业智库可以说是整个袜艺小镇的心脏与发动机，集创意、设计、研发、智慧、休闲为一体，内设智能站、WA空间艺术中心、博物院、淘宝大学、袜艺风情街等功能区。在这里，商业与袜艺的相互碰撞融合，集文化、休闲、旅游为一体，旨在培育时尚系列品牌，为科创艺术化的商品提供一个庞大的创作环境和交易平台。

3. 众创空间

众创空间是袜艺小镇的电商群落生态区，把“中国针织原料市场、电商园、物流园、大学生创业园”等项目园区紧密串联，成为全球袜业指数的数据库。电商园区中运用“互联网＋”的思维，结合线上线下的销售模式，集网络与产业为一体，顺应信息时代的发展需求。而大学生创业园向各类大学生精英提供多元开放的创作环境，实现创新与创业相结合，打造万众创新的大舞台，帮助实现“人才”与“财富”的巨大张力。在“大众创业、万众创新”的大时代趋势下，该功能区旨在以用户参与和体验为核心，形成集成资源、网络、工作与社交共享的交互空间。

(三)创建成果

大唐袜艺小镇建设至今已取得多项荣誉，再一次提升了大唐在国内外的知名度，具体荣誉如表5－2所示。

表5－2 大唐袜艺小镇获得主要荣誉

年 份	荣 誉
2017	浙江省示范特色小镇
	全省特色小镇文化建设示范点

续表

年　份	荣　誉
2016	中国特色小镇品牌传播力排名第九
	纺织产业集群地区发展服务优秀奖
	中国区域品牌价值百强榜第13位
	浙江省行业标杆小镇
2015	全国文明镇
	拿下“国际袜都”头衔
	中国纺织行业创新示范集群
	入围浙江省首批37个特色小镇

大唐袜业现已形成一条较为完整的产业链，贯穿化纤、织袜、染整、运输、营销等袜业生产全过程，使得袜业生产所需要的资源要素高度集聚，大大降低了资源配置成本。并且，“大唐袜业”更是已经在国际市场上树立了自己的一个整体品牌。利用“大唐袜业”这一宝贵的无形资产，大唐政府重点扶植名牌企业，促进企业文化建设，努力打造有特色的国际知名品牌，响应“品牌带动战略”的口号，使大唐成为世界袜业著名品牌的汇集地。

经过30多年长时间的发展，大唐袜业已打下坚实的产业基础并积累雄厚的竞争实力。而整个产业调整和提升速度随着袜艺小镇项目的建设在不断加快，结构在不断优化，与之并行的是通过延伸产业链，增加产品附加值等，有效优化了产业结构，提升了产业层次，现已形成以下六大优势：

1. 规模总量优势

整个大唐袜业集群现有制袜企业近万家，袜机10万余台。2015年整个袜业年生产量250亿双，其中大唐镇占三分之一。目前，袜业是大唐的支柱产业，在工业产值、农民收入、农村就业等领域占约70%比例。由此看来，大唐袜业对缩小城乡贫富差距，实现共同富裕具有重要作用，是典型的富民经济。

2. 产业结构优势

大唐袜业集群的横向分工与垂直分工极为明显。在大唐不论是购买一台先进袜机，采购一批生产原料还是设计一款时尚袜子，都可以快速完成，这完全得益于其高效的分工协作体系。这条完整产业链所起的作用十分明显，高度集聚了袜业生产要素，大幅度降低了资源配置成本，使竞争力大大增强。据统计，大唐因产业集群形成的产业链优势，可以将成本降低65%～75%。

3. 装备技术优势

目前，大唐袜业拥有各类袜机共10万余台，其中高档电脑袜机近6万台。袜业生产所需的设施设备、配套装备及生产研发技术均达到国际领先水平。此外，大唐袜业不断提升新产品开发，加强科技创新能力。大唐已有国家高新技术企业1家、产品检测中心2家、袜业研究所5家、厂办研究所30多家，已拥有较为完善的科技创新体系。

4. 品牌集聚优势

“大唐袜业”自身是一个区域品牌，是全国袜业知名品牌创建示范区，享誉国内外。同时，大唐积极扶持企业创建自己的品牌，努力使大唐成为袜业知名品牌的汇集地。至今已拥有宏运、步人等30多个省、市知名品牌，和以丹吉娅为代表的4个中国名牌和11个中国驰名商标。

5. 市场集散优势

大唐袜业市场已历经四代。2011年建成中国大唐袜业城，是目前国内最大的袜业综合商场，2015年实现交易额65亿元，接待游客6万余人次。2014年，大唐镇投资5亿元建成中国针织原料市场。2015年，建成3个电商园区、11个专业村，被评为“中国淘宝镇”。

6. 外向带动优势

近年来，大唐外向型经济取得长足发展，每年引进合同外资逾4 000万美元，全球500强企业德国拜耳、巴斯夫公司，日本的伊藤忠，知名品牌意大利罗纳地和韩国富胜、中国台湾大康、钛禾兴等公司纷纷驻足大唐，聚集了一大批国内外知名品牌。大唐镇现有外资企业40余家，有力推动了产业绿色发展，大唐已成外商人心向往之地。

三、案例主体介绍

（一）发展历程概况

袜艺小镇的发展历程如图5－2所示。

1. 初创期

2014年年底，大唐镇中国针织原料市场和袜都电商园建设完成。在此基础上，大唐镇于2015年初抓住省首批“特色小镇”创建的有利时机，在政府主导之下，各大中小企业纷纷加盟，开始自发探索大唐袜艺小镇的建设之路。特色小镇建设之初，政府提出以市场化运作为中心的创建思路，做到创新为主、制造为辅，加强环境保护、绿色发展的崭新格局，以推动大唐袜业整体的改革升级。

2. 成长期

在2014年8月已经建成的“众创空间”和袜都电商园，招商引资持续进行。除此之外，方田淘宝村和长连电商园的建设正处于关键时期，在不久的将来能够达到三大电商区域相互促进发展。截至2015年底这三大区域已经吸引近140家电商企业入驻，年网上交易额超过12亿元。从2015年6月开始，时尚集市中的袜业智库全面启动建设，已建成并启用大唐袜业城、大唐轻纺原料市场两大实体市场和“袜业智库”。在建设过程中先后引进了淘宝大学等项目，并设立了纺织袜业研究院、高伦新材料研发等机构。而袜艺小镇的另一个区域“智造硅谷”内，海讯两创园和圣凯科技园的第一期工程已经完结，天顺精品园的建设规划也已经审核通过。冠溪山文化长廊项目投资5亿元，已基本完成建设的前期工作，开始正式动工。

3. 成熟期

2016年，大唐镇把“袜艺小镇”建设作为大唐产业绿色转型、城镇蜕变、产城融合的工作平台，始终做到“高起点、铸精品、可持续”，基本建成“智造硅谷”。其中海讯两创园、圣凯科技园已建成，天顺精品园还在推进过程中，加入新型智能一体袜机的研发应用，推动企业走

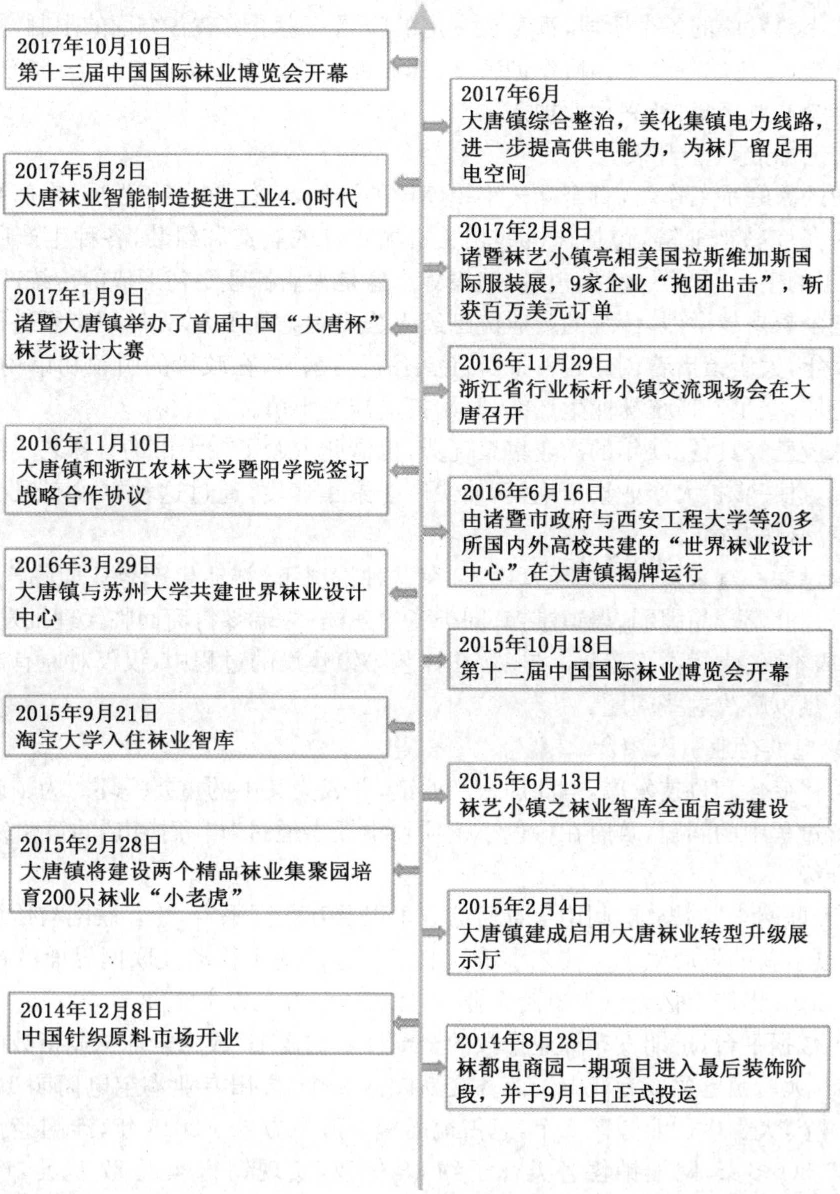

图 5—2　袜艺小镇发展历程

向高效精品化、智能化发展道路。此外，无染色纺织新材料也在大力推广中，从而提升了产品的品质和档次，增加了品牌附加值。全面建设时尚集市，袜业智库中的功能区逐渐完善，包括汇聚袜业创意的 WA 空间艺术中心，展现大唐袜业历史的博物院，旅游与文化相结合的美丽街等。冠溪山滨水休闲文化长廊基本建成，这是一条生态人文、城市田园交相辉映的时尚景观带。加快建设众创空间、电商园，大学生创业中心、中国针织原料市场都在趋于完善。结合这三大项目，顺应现阶段市场，加入“互联网＋”新思维，打造一个创新、创业、现代的新空间。

在袜艺小镇发展的各个阶段，都存在一定的问题。为了突破各方面的限制，实现袜业的绿色转型升级，大唐的各个主体协作创新，对袜业进行了持续改造。

（二）传统产业聚集，新兴行业加入

1. 传统产业链转型升级

从最初的家庭手工作坊，直至袜艺小镇建设的开始，经过30多年发展，大唐袜业市场已经形成了一条完整产业链，包括袜机的相关机械零件的制造和组装，各种生产所需的原材料，以及袜子的生产、印染、定型、包装、销售等。这是大唐袜业最初形成的传统产业链，但是随着市场竞争越来越激烈，传统的产业链已经无法应对竞争压力，大唐镇必须进行改变。因此，在2015年，大唐镇借着创建省首批"特色小镇"的东风，在政策的引领和市场的主导下，以企业为主体，立足于传统袜业生产链，开始打造袜艺小镇。

大唐袜业已经具备30年的产业集聚优势，也借此占领了较大市场。袜艺小镇建设就是在此基础上，进一步扩大产业集聚规模，加快产业聚集速度，通过这种方式实现小镇内企业的资源共享，合作共赢。

大唐镇过去一直采取传统的经营模式，在这种情况下，袜业生产企业面临产品卖不掉、货款收不进、利润薄、品牌弱、渠道难控、同类竞争残酷；终端零售商面临代理批发层次多、客单价偏低、成本高、供货不稳定等。显然，在袜艺小镇建设的过程中，仅仅对原有产业链环节扩大规模不足以解决这些问题。

2. 新兴电商行业引入融合

随着时代变化和科技发展，电商加入产业链，并成为其中的重要一环。为了改变袜业各环节在经营过程中的问题，政府在特色小镇项目中提出通过"电商换市"的策略来促进袜业绿色转型升级。

运用"互联网+"的思维，利用信息通信技术以及互联网平台，让互联网与传统袜业进行深度融合，创造新的发展生态。袜艺小镇的电商园建设基于移动互联网界面的袜业电商基地，计划到2018年培育亿元以上电商企业10家、5 000万元以上企业50家；基于电商平台，建设袜业大数据平台，定期发布袜业指数的全球袜业白皮书，成为全球袜业指数的数据库。

至目前，大唐镇已建成专业电子商务交易园区2个，方田专业淘宝电商园1个，大学生实践基地1个，大学生创业园区2个，总占地面积3万平方米。2014年，涉网经营的各类企业、网店达1 300多家，网上销售各类袜子约18亿双，实现销售额近27亿元，产生利润约9 000万元。

3. 众多关联行业强势来袭

与此同时，电商的快速兴起带来了物流行业的繁荣，这为线上线下的销售都带来了便利，也降低了企业的销售成本，提升了企业的竞争力。大唐物流市场60余条货物托运线路联结全国主要城市和集贸市场，是诸暨市功能最全、规模最大、实力最强的现代物流中心。

总体而言，袜艺小镇投资建设了智造硅谷、众创空间、中国针织原料市场等功能区，从设计研发，到生产加工，再到营销物流，将传统产业链环节和新兴行业都囊括其中。大量细化分工的企业及其他机构的聚集使得大唐镇具备有利于袜业发展的丰富资源，包括较为完善的袜机、生产原料、袜子、劳动力和物流五大市场，袜子从生产到销售所需的一切资源条件都能在袜艺小镇找到，从而大大降低了成本，提高了竞争力。

（三）设计研发智造，多元创新发展

大唐镇在建设袜艺小镇初期，已经实现了产业聚集，促进了区域内各企业的协作，减少了小镇内企业的交易成本。产业聚集对袜艺小镇固然有一定积极作用，但其并不能从根本上改变大唐袜业核心竞争力低的状况。在袜业生产过程中涉及的各个方面，还存在许多薄弱的环节。为了寻求生产制造方面的突破，大唐镇政府发布各项政策，并致力于打造袜业智库、智造硅谷等袜艺小镇内的特色区域，从而促进袜业设计、研发以及技术等各方面的创新与发展。

1. 人才涌进，创新设计

大唐袜业的花型设计方式还很落后，一般使用的是逐行点数的方式，这种方式不但耗时费工，还很难满足市场的需求。由此可见，大唐的设计开发能力很弱，亟待升级。

因此，袜业智库设立了袜艺文化体验馆、袜业指数发布中心、袜业创意设计中心、WA空间艺术中心和纺织袜业研究院等机构，且通过平台建设，智库已与西安工程大学、中国美术学院、绍兴文理学院等院校达成战略合作意向，与浙江农林大学暨阳学院签署战略合作协议，计划与25所高校签约，要求其研究生定期入驻袜业智库进行研究创作，打造“云端人才库”。

此外，袜业智库还定期举行袜艺博览会、袜艺设计大赛等活动，吸引越来越多的人欣赏袜艺，关注袜艺，并参与到袜艺设计中。

袜艺小镇吸引了大量科技艺术人才，并为他们提供了发挥才华的场所，以此，大唐袜业开始向大唐袜艺转型。在各位设计师的努力下，袜子将不仅是一种生活必需品，而更像是一种穿在脚上的艺术品。

2. 科技升级，加强研发

大唐袜业的传统低端制造工艺主要以家庭作坊为主，原料、袜机乃至产品都比较落后，很难适应现在高速发展的市场。

为了实现转型升级，智造硅谷的三大工业园区都致力于研发新型技术，提高技术水平，发展技术工艺，降低生产成本。海讯两创园以“统一规划、统一建设、统一管理”的模式，计划吸收100家左右企业，打造全球最先进的袜业新材料研发制造基地；圣凯科技园重点开发各类时尚袜品和抗静脉曲张、防龟裂、极地恒温等特种袜，打造全球新型的袜业新产品开发基地。

在袜业智库中，还设立了纺织袜业研究院、高伦新材料研发机构等功能区，用以研发新型技术和材料，成果显著。

3. 工艺优化，提升技术

（1）技术提升产品效益。大唐袜业发展了20多年，使用的仍是国产的传统袜机。这些袜机不但技术落后，而且都处于淘汰的边缘。所以袜业制造存在生产周期长，生产水平差的问题。许多中小企业，由于没有创新和转型的意识，产品处于产业链低端，其核心竞争力、产品附加值都很低。在产品开发、原料采购、质量保证等方面看来都存在较大不足，袜业生产状况极为严峻。

为了改变技术水平低，设备工艺差的现状，在特色小镇项目中，政府提出通过“两化融合”“腾笼换鸟”的策略来促进袜业转型升级。“两化融合”是信息化和工业化的高层次的深度结合，是指以信息化带动工业化、以工业化促进信息化，走新型工业化道路。而“腾笼换鸟”策略是一种产业结构调整和产业升级策略，也就是把绍兴传统纺织业这一产能过剩、经营粗放的低端制造业向低能耗、高科技、高附加值的产业绿色转型升级。如表5—3、表5—4所示。

表5—3　　袜子产销量减少，但经济效益不降反增

项目内容	2014年	2015年	同比增长
袜子产量(亿双)	85.1	80.2	－5.7%
袜子销售量(亿双)	82.8	79.3	－4.2%
国内生产总值(亿元)	74.7	77.6	3.8%
财政收入(亿元)	7.23	7.94	9.74%

表5—4　　常规投资有所下降，但技改投资不降反增

项目内容	2014年	2015年	同比增长
500万元以上固定资产投资(亿元)	42.5	37.7	－10.5%
工业性投资(亿元)	23.1	22.1	－5%
“机器换人”投入(亿元)	6.38	8.3	30%
国税设备抵扣(万元)	3 285	5 486	67.2%
新增变电容量	3.63	4.23	16.5%

(2)技术对产业可持续发展的升级。伴随着国际国内产业梯度转移步伐不断加快、传统比较优势日趋弱化，产能过剩、无序竞争等产业问题凸显，并衍生了环境、生态、安全等一系列社会问题。而且，大唐初期主要以家庭作坊为主，污染严重，效能低下。流动人口管理、出租房屋管理混乱，无照经营行为也较为普遍，存在较大的安全隐患，大唐袜业亟待从困境中突围。

为了使大唐袜业能够致力于创新发展，推动区域经济、社会、环境的和谐发展，寻找一个能够适应当今市场发展模式、重塑袜业竞争优势的方式刻不容缓。在这样的形势下，大唐政府历史性地提出了建设袜艺小镇来促进大唐袜业绿色发展。

针对环境污染、产能过剩的问题，政府提出“六大专项整治”，并提出去产能、去杠杆、降成本、补短板的策略，去除高能耗的设备，提高消防安全意识，挤压低层次的外来人口。

天顺精品园通过与国内科研机构合作，加快“织、翻、缝、检”一体化自动袜机等的研发生产，致力于打造全球最齐全的袜业机械研发生产基地。用于更新袜机设备，提高生产效率，降低环境污染程度。成果如表5—5所示。

表5—5 低小散企业减少，但大高好企业不降反增

项目内容		2014年	2015年	同比增减
低端产能淘汰情况	关停低小散企业(家)	3 203		
	淘汰落后产能(台套)	3 000		
	取缔燃煤锅炉(只)	379		
大高好企业增加情况	高新技术企业(家)	5	6	20%
	科技型企业(家)	13	20	53.8%
	规上工业企业(家)	135	150	11%
	线上服务业企业(家)	34	67	97%
招商引资	内资(亿元)	6.09	8.9	46%
	外资(万美元)	2 903	3 633	25%

随着全球市场竞争的日益激烈，低端制造业必须尽快转型升级，缩短产品的生命周期，提高产品的技术含量，做到成本低、速度快，这样，大唐袜业才能继续在市场上占有一席之地。大唐的企业生产方式由刚性化转向柔性化，即以实现多品种、小批量的生产方式为目标，利用具有高度柔性的以计算机数控机床为主的设备来进行改进，不但能提升产品的技术含量，还能提高生产效率，进而满足市场的需求。

袜业智库还设有袜业高新技术企业孵化器、袜业检验检测中心等机构，此外，智造硅谷中的三大工业园区也都是通过配合政策以提高技术来促进袜业的创新与发展。

(四)加强品牌建设，扬名袜艺之乡

1. 改变营销理念，化贴牌为品牌

大唐袜业一直以来是依靠减少生产制造以及物流环节的成本，从而制造出质量过硬、价格低廉的产品，并借此达到占有市场的目的。但是在逐渐发展的过程中，大唐袜业出现了一个很严重的问题：贴牌多，品牌少。极大部分企业是为他人“打工”，加工贴牌的袜业生产企业居多。

袜艺小镇拥有众创空间的电商园，时尚集市中的袜业智库等区域，吸引了大唐各大袜业公司的入驻。在各大公司集聚的环境下，各大企业竞争加剧，品牌的作用明显体现了出来，贴牌型企业的劣势体现。为此，各企业都加强了品牌建设，改变原来制造为主，创造为辅的生产方式。以创新的制袜技术和想法为依托，建设自己特有的品牌。同时，政府积极扶持企业创牌，努力使大唐成为袜业知名品牌的汇集地。目前大唐袜业已拥有中国名牌3只，中国驰名商标11只。这能进一步吸引国内外投资和消费市场的目光，提高知名度和市场竞争力。

2. 加强品牌传播，凝单体为整体

大唐袜业单体品牌的微弱与“中国袜业之乡”整体品牌的响亮形成了明显的反差。面对这样的问题，除了加强品牌建设还需要增强品牌传播。为此，在大唐建设袜艺小镇中，一直在往这方面努力，大唐政府每年都会举办中国袜业博览会。到目前为止，已成功举办了六届“中国袜业博览会”。通过举办“袜业博览会”，在国内外重大新闻媒体上加大了宣传力度，使

得某些袜子品牌得到了极好的宣传，单体品牌的名气得到了提升。此外，也极大地提高了大唐袜业在国内外市场上的整体品牌知名度，为大唐袜业的品牌建设起到了推波助澜的巨大作用。

"大唐袜业"整体品牌荣获浙江区域名牌称号，成为全省首批五个区域名牌之一。形成整体区域品牌和单体品牌相互辉映、共建共享的良好创牌用牌新格局。

四、案例分析与思考

(一)理论基础——新产业区理论

1. 新产业区概念

在众多理论中，新产业区理论对现实经济发展具有极强的解释力，居于十分突出的地位。学者们根据英国经济学家马歇尔关于新产业区的观点归纳，新产业区实际上就是一个具有创新动力与竞争力的区域创新系统。区域内各行为主体在相互信任的基础上形成区域创新网络，进而深深植根于当地的不断创新的社会文化环境。区域创新网络和区域创新环境通过有机的互动，共同推动整个地域生产系统成为区域创新系统。因而新产业区是区域创新网络与区域创新环境的有效叠加。这种区域系统内部具有非常强的自我调节机制和创新功能，可以通过不断的创新，逐步增强区域在市场竞争中的灵活性、适应性和创新性，保持与增强区域的生命力与竞争力。

2. 网络化——新产业区理论的核心

欧洲创新研究小组(GREMI)认为，区域创新环境和区域创新网络在新产业区的发展中发挥着关键性的作用。首先，区域内的创新环境有利于区域内企业集聚。一些位于北美和欧洲的新产业区能维持竞争的优势，其关键就在于区域内形成了创新的环境，特别是有利于创新的社会文化环境。这一特殊的社会文化环境，促进了企业的诞生和成长。而这些企业的发展则依赖于其在区域内结成的网络。这种网络不仅包括企业之间关于同一产业或相关产业链条上的经济网络，而且还包括企业在创新与发展过程中与地方政府、科研机构、当地大学、中介服务组织等机构之间形成的合作。在此基础之上，结成研究与开发合作网、个人与企业家之间的社会关系网等。

由于在企业的创新和发展进程中，面临不确定的市场和技术环境，区域内网络的连接则是企业发展与创新过程中最重要的战略行为，这也是区域内各行为主体发展的必要条件。随着区域创新网络不断的创新和发展，区域内的创新环境也逐渐改善。当地社会文化环境的改善，进一步促进了区域创新网络的发育和创新功能的提高。两者有机互动，共同推动整个地域生产系统成为区域创新系统，如图 5—3 所示。

因此，网络化是新产业区的核心内容。新产业区的网络化不同于一般意义的互联网的网络化，这里的网络是指在区域创新环境和区域创新网络中，政府、企业、科研机构、大学等行为主体，有选择、有针对性地开展长期协作，进而形成长期稳定的合作关系。这种合作关系包括两种方式：一是区内各行为主体之间通过合同而结成的正式合作关系，二是非合同性的但在长期知识共享、信息交流、新思想交流等过程中所形成的相对稳定关系。因此，网络化是企业发展和区域经济发展的一种制度性手段，可以大大整合资源、增强柔性生产、扩大信息交流，提高整体区域的稳定性。在高新技术时代，网络化是独立企业技术创新的需要。

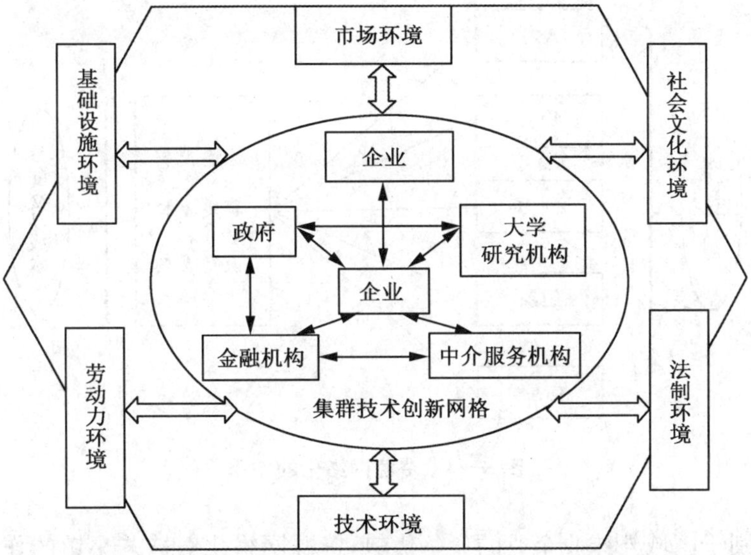

图 5—3　区域创新网络系统

研究表明,任何高明的个人或某个有创新能力的企业,都无法单独开发重要的新产品。实现技术创新必须通过众多企业的合作,造成一种既竞争又合作的特殊的文化氛围。

(二)新产业区理论的契合性分析

研究案例主体——袜艺小镇,就是处于一种特殊的社会文化环境中,在这个极具创新性的区域中,大量企业来此聚集和发展。为了促进袜业的发展,大唐政府、袜业智库中的科研机构、邻近的大学等积极同企业合作,并在此基础上结成了一张交流密切的社会关系网。在这一关系网不断更新的过程中,大唐袜业也在不断创新与进步。

由上可知,袜艺小镇符合学者们对新产业区的定义,并与其形成与发展机制中的区域创新环境和区域创新网络观点相契合。所以,袜艺小镇可认为是一个新产业区,且能够用新产业区理论来解释袜艺小镇的建设路径。

通过对袜艺小镇发展历程的研究,可以得出其建设路径经历了产业聚集、设计研发、品牌建设三个阶段,这三个阶段的成就十分显著。但它们到底是如何推动大唐袜业突破各种限制,实现绿色转型升级的呢? 以下将借用新产业区的网络化来解释袜艺小镇的建设路径。

(三)袜艺小镇建设路径分析

1. 资源网络化,节约交易成本

袜艺小镇是在政府主导的基础上形成的,在各方行为主体的驱动下,小镇内部形成了一张稳定完善的网络。资源网络化表现为企业、大学或科研机构、政府和公共部门、金融机构及中介服务机构等组织,在网络内各自掌握着不同的资源,各个主体在资源交互过程中担任着不同角色;流动在网络中的资源是网络客体,主要包含人力资源、财力资源、物力资源、信息资源以及组织资源等,各类资源在集群网络中不停地流动,从而促进整个产业区的发展,如图 5—4 所示。

由于地理集中性和资源在网络内的流通,各个组织得以减少各项空间交易的成本,使袜

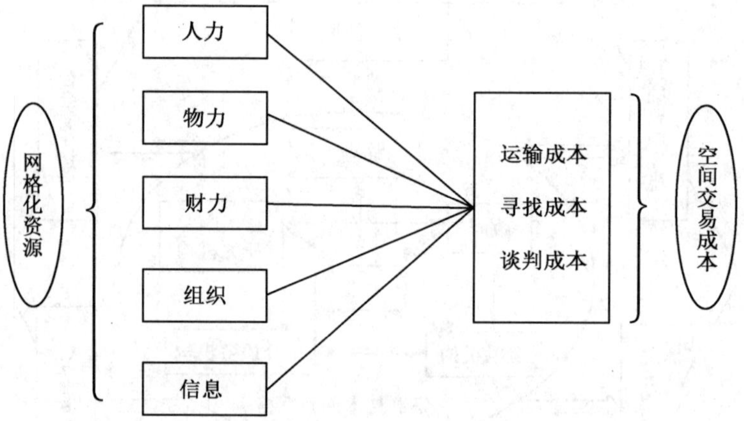

图 5—4 资源网络化的作用

艺小镇具备区别于区域外袜业企业的竞争优势，资源网络化对袜艺小镇的作用主要表现为以下三方面：

(1)节省寻找成本。大唐袜艺小镇有着较为集中和完善的产业链，产业链各环节企业的聚集使产业链上下层的联系更为容易，节省企业寻找供应端和销售端的成本。例如制造企业会主动来到原料市场选购原料，集中度较高的中国原料市场能够为制造企业提供更多选择。袜艺小镇内中国针织原料市场、大唐袜业城、大唐轻纺原料市场等项目的建设，都是为了聚集产业链各环节的企业，从而在供应商与制造商之间形成物力资源和组织资源的网络化，减少企业的寻找成本。

除了物力资源以外，人力资源的寻找成本也能通过资源网络化来减少，袜艺小镇企业的大量聚集使得劳动力市场愈加繁荣。由于袜业是大唐的传统产业，因此本地不乏生产技术人才和销售人才等，且随着市场的需要和经济的快速增长，袜艺小镇建设的聚唐创咖、云端人才库、云端设计团队、大学生创业园，吸引聚集了各类人才，包括研发创新型的技术人才、互联网技术人才、大学生创业人才、管理人才等大唐袜业转型升级的驱动者。另外，财力资源也向网络内不断聚集流动，自 2015 年至今袜艺小镇累计完成各类投资 50.24 亿元，2017 年上半年招商引资实到注册内资 20.1 亿元，实到外资1 986万美元，节约了企业寻找资本的成本。

(2)节省运输成本和合约的谈判成本。资源网络化除了能够节约企业的寻找成本外，还能够节约企业合约的谈判成本与执行成本，袜艺小镇内的企业具有地理集中性，相邻的企业比较容易建立信任和相互依赖关系，能使企业之间形成长期的合作关系，稳定的关系有利于双方企业在谈判协商时降低成本。

除此以外，由于资源的大量聚集流通和电商行业的兴起，物流这一行业发展迅速，袜艺小镇内建设的物流园区为产业区提供了良好的运输条件，节约运输成本和库存成本，有助于推动物力资源在网络内的流通。另外，发达的物流也使大唐袜业加入全球化的浪潮中，使产品和原料运往全球各地，开拓更大的市场。

总而言之，袜艺小镇中形成的资源网络，能够使制造商与供应商的合作更密切，使企业招聘到更专业的员工，能更容易得到所需的原料、产品和服务，能够节省企业的空间交易成本，包括寻找成本、运输成本、谈判成本等，从而使其获得相对于集群以外的企业更多的竞争优势。

2. 知识网络化，推动创新发展

可以通过语言、书籍、文字、数据库等编码方式传播和学习的，属于显性知识；而那些人们通过自身实践经历获得的经验，属于隐性知识，一般难以用语言来传播和学习。显性知识的扩散主要通过大众媒介，隐性知识的扩散必须通过面对面的交流，因此，显性知识的传播成本与距离成正比函数，而隐性知识的传播成本是距离的衰减函数。在新产业区中，通过产业聚集，大大缩减了企业间的空间距离，从而大幅促进了隐性知识的扩散。

在市场的影响下，为了提高自身的竞争力，新产业区内的企业在产品从生产到销售等各方面都要进行创新，包括产品设计、研发、包装和管理等。所以，只有企业不断创新与改进，才能适应市场的需求。在这一基础上，由于区内的企业分工细化，一旦某一部分取得重大进展或者突破，其他企业会立即对此作出反应，协同创新，相互支持。这类创新型的突破往往是新思想、新观念和新技术这类不宜用语言传播和学习的隐性知识。隐性知识固然难以传播和学习，但在新产业区内，企业早已实现聚集，空间距离短，一家企业的知识创新很容易外溢到区内的其他企业。因为这些企业为了快速学习新知识，经常进行实地参观访问和面对面交流等活动。在产业集群中，由于地理接近，企业间密切合作，形成区域网络，可以面对面打交道，这样将有利于这些隐性知识的传播，由此形成知识的溢出效应，获取“学习经济”，增强企业的研究和创新能力，使企业能够持续循环发展。

袜艺小镇吸引各类专业性高的中小企业来此聚集，形成空间聚集效应，并运用市场自身存在的竞争压力来激励各企业进行创新。此外，政府、袜业智库和智造硅谷内的各类科研机构也会对企业的创新发展提供帮助。如图 5－5 所示。

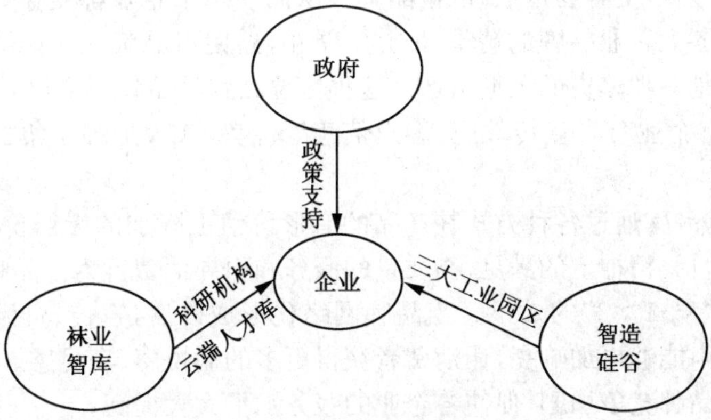

图 5－5　知识溢出路径

首先，政府提出了“两化融合”“腾笼换鸟”以及“六大专项整治”等政策，在改进落后技术的基础上，着力于创新，使企业从创业型向创新型提升，并推动了袜业的可持续发展。

其次，袜业智库中设立了各种袜业科研机构，与许多高等院校达成战略合作意向，并与浙江农林大学暨阳学院签署战略合作协议，还计划与 25 所高校签约，要求其研究生定期入驻袜业智库进行研究创作,打造“云端人才库”。智库会与企业保持密切的联系,为企业提供最新的科研结果。

最后,在智造硅谷中,三大工业园区都致力于研发新型技术,提高技术水平,发展技术工艺,降低生产成本。工业园区计划吸收100家左右的企业,致力于打造全球最先进的袜业新材料研发制造基地和全球新型的袜业新产品开发基地。

在以上各行为主体密切合作的基础上,袜艺小镇内形成了一张错综复杂的关系网,网络内的各个环节相互渗透共生。在这样一张紧密联系的社会关系网中,各个部分的技术人员能实时交流,分享最新的科研成果,进而促进了知识的溢出和扩散。还有研究表明,企业之间稳定的社会网络能增加企业的创新能力,降低交易成本。在此基础上,袜业得以不断升级,为创新提供机会。通过整个知识网络的拓展与创新,袜业形成一个生态圈,涉及文化、旅游、电商等多个方面,比如时尚集市、滨水文化长廊、电商园区等,使整个袜艺小镇可以做到循环持续发展。

3. 品牌网络化,提升整体形象

品牌网络化的基础是企业网络化环境的建设,当各大企业入驻袜艺小镇,各大品牌聚集,连点成网,逐渐形成网络化。品牌网络化有利于形成“区位品牌”(见图5—6),“区位品牌”即产业区位是品牌的象征,如法国的香水、意大利的时装、瑞士的手表等。在品牌网络化逐渐形成的过程中,在网络化区域内的产业和产品向着世界走去,最终形成一种世界性的区位品牌。

“大唐袜业”就是一个区位品牌,不仅闻名全国,在国外也具有较高的知名度,是全国袜业知名品牌创建示范区。一个企业想要建立自己的品牌,需要有巨大的资金支持,但是仅有资金也是不够的,足够的宣传才是重中之重,这一点尤为困难,单个企业毕竟能力有限。但是品牌形成网络化后就比较简单了,企业通过网络内的各大机构的力量,能够加强广告的宣传力度,群体效应显现,更容易形成“区位品牌”,从而使每个企业都受益。区位品牌与单体品牌相比,它吸收各大企业品牌的精华,摈弃了糟粕,这使得品牌效应能够持续而广泛地产生,这对地域来说是一种珍贵的无形资产。这种区位品牌是品牌网络化后形成的,它的存在能为网络内的所有企业带来宣传效应、客户信赖等优势,大大加强了集群内品牌的竞争优势。

品牌附加值是品牌通过各种方式在产品的有形价值上附加的无形价值。一般而言,这种无形价值主要包括:精神上的满足、高质量的服务和引导消费行为。品牌网络化会增加品牌的附加值,得到“1+1>2”的效果。当品牌网络化形成以后,宣传、资源等都具有群体效应,使得品牌的名声能够更加响亮,让消费者获得更多的愉悦感、满足感。同时,在网络化的环境下,各大单体品牌竞争加剧,促使各企业的服务水平大大提高。

品牌文化,是指品牌在经营中逐渐形成的文化积淀,它代表着品牌自身价值观、世界观。品牌网络化的形成有利于区域品牌文化的升级,处于单体品牌聚集的大环境下,每个企业都有属于自己的文化,其中不乏精华,当然也有着糟粕。企业要做的是取其精华,去其糟粕。网络化就是一张网,能够很好地过滤去文化杂质,使得区域品牌文化增添新内涵,散发新光芒。

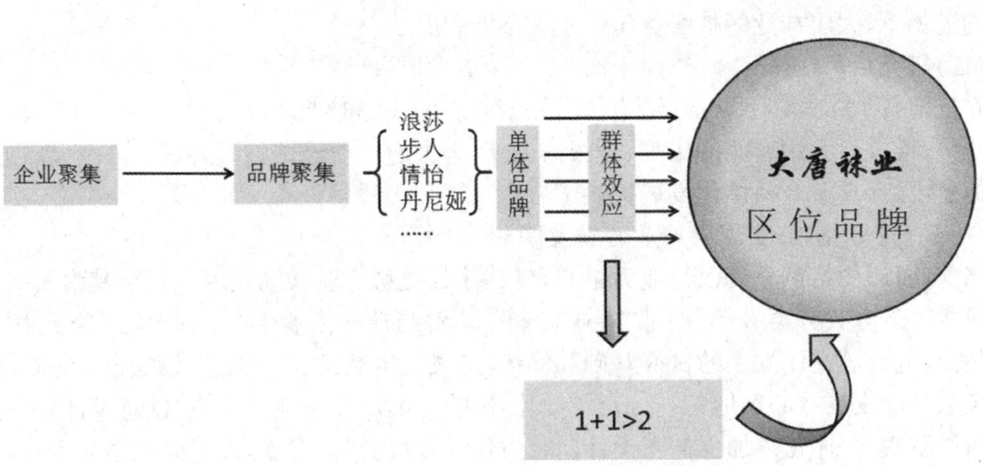

图 5—6　区位品牌建设过程

五、案例总结和启示

(一)总结

本案例从大唐特色小镇的发展历程出发,运用新产业区理论及其网络化特征详细剖析了其建设路径的发展过程。从资源、设计和品牌的网络化来分析大唐传统产业的集聚过程、设计研发过程与品牌创建过程。由多方数据对比与杰出的成果展示,可以看出现今大唐袜艺小镇建设已成为展示诸暨大唐走在现代化建设前列的一张金名片,为全国美丽特色小镇建设的领头雁。大唐特色小镇建设的作用在实践中不断突显出来,给其他小镇特色化建设起了模范作用。通过此次调研与剖析,研究团队从中得到以下三点结论:

1. 顺应时代潮流,及时转型升级

大唐袜业作为高污染、高能耗的传统纺织业,是典型的低端制造业。近年来,由于人力成本急剧上升,加之外部市场经济压迫、内部产业结构混乱等威胁,传统袜业转型升级刻不容缓。以创新、绿色、质量和结构为核心的发展方向,正是现阶段时代的发展潮流。大唐袜业在意识到自身发展遭遇瓶颈时,及时建设袜艺小镇,以带动传统袜业转型为目标,向时代发展潮流方向升级,成效显著。

2. 摒弃单一发展,实现多元并进

产业建设初期,大唐只着重于发展单一的袜业,导致袜业存在缺乏核心竞争力、附加值低等缺点。通过建设袜艺小镇,袜业聚集形成产业链乃至产业网,在各企业相互合作的基础上,大唐袜业不断创新,引入包装、摄影等新兴产业。此外,袜艺小镇还涉及科研、文化、旅游、电商等多个方面,这些方面齐头并进,共同推动袜业的发展。

3. 吸收创新人才,提升文化实力

产业的转型升级,离不开创新。想要带动一个区域产业的进步,势必需要大量的创新人才。在袜艺小镇的袜业智库、智造硅谷、众创空间这三大板块中,都引进了大量科研、设计人才,此外,大唐还与其他大学合作,创建了“云端人才库”。在这些新鲜血液的助力下,大唐袜业不断提升科技文化、设计文化,袜艺小镇内的企业还开始注重发展品牌文化。在这些文化实力的进步下，大唐袜业的核心竞争力也在不断提升。

（二）研究启示

在全国各地探索转型升级，适应与引领新常态的关键时期，大唐袜艺小镇作为浙江省级特色小镇，推进了大唐产业的集聚、升级与创新，为大唐产业经济转型升级、深化创新创业空间载体建设、促进城乡一体化发展提供了启示。

1. 依托袜业基础，实现各产业分类发展

当前，大唐的特色小镇以袜业为中心，集其他各类型产业共同发展。对于其附属产业的规划可按以下方式分类进行：一是"产业集聚—装备制造—工业生产"一体化。立足袜业和关联物流、电商等产业发展的良好基础和优势，形成技术装备、工业生产相融合的综合体系，确立关联产业发展核心区地位，打造具有国际影响力的产业基地。二是"创意设计—科技研发—时尚游娱"一体化。加强袜艺设计向时尚化、高端化转型发展，以时尚袜艺为主导，打造集市场贸易、研发创造、时尚文化会展于一体的时尚袜业文化中心。三是"品牌推广—文创体验—旅游发展"。小镇可围绕品牌培育和文化旅游两大功能，依托诸暨的风景园区，使袜业、体验、休闲游览于一体的文化创意与度假旅游相结合，打造袜艺风情体验基地和文化创意产业基地。

2. 注重多种功能叠加，优化创新创业空间载体

实施区域环境创新与区域网络创新，必须把创新要素与产业项目紧密结合，建设好创新创业空间载体。"袜艺小镇"作为大唐经济发展的新兴支撑载体，是多关联产业有机统一的"融合"与文化、旅游和社区多方功能的叠加，是宜业、宜游、宜居的创新创业空间载体。其中，众创空间面向的是优秀人才与创业者，在空间设计上要求追求卓越，故载体必须环境优美、配套齐全。此外，以时尚集市为载体加入旅游文化等功能，不仅有利于载体与袜业品牌的推广，提升载体的整体形象，而且能够倒逼区域内的产业转型升级。

大唐应探索多种功能叠加的新思路，在智造硅谷、时尚集市、众创空间三大创新载体中融入社区、文化与旅游功能，进一步优化小镇的创新创业空间载体功能。

3. 明确政府职能，深化改革推进城乡一体化

对于袜艺小镇的建设发展，大唐政府应进一步完善与发展其职能，深化制度改革，充分发挥袜业市场在资源配置中的作用，引领浙江省其他地区开展特色小镇建设。政府应着重抓好两项工作：一是规划引导与服务保障，包括基础设施建设、资源要素保障、文化内涵传承、生态环境保护等；二是选择投资主体，对每一个创新创业空间载体都要明确指出其投资建设的主体，由企业领导推进各个项目的建设。

同时，通过政府深化改革，打造袜艺小镇也是连结城乡一体的有效措施，有助于改变大唐村落分散化不规范的产业经营。一方面，袜艺小镇建设是城市反哺农村的重要途径，它可以将大中型城市的现代化工业吸引到小城镇，并在小城镇上形成产业集聚，最后通过产业之间的相互协作促进城乡的融合发展。另一方面，统筹城乡产业发展也有利于落实新型城镇化政策，形成城乡统筹发展的新模板。

参考文献：

[1]许益波，汪斌，杨琴. 产业转型升级视角下特色小镇培育与建设研究[J]. 经济师，

2016,(8).

[2]陈建忠. 特色小镇建设:浙江经济转型升级模式的新探索[J]. 浙江经济,2016,(24).

[3]李天舒,宋帅官. 新产业区产业生态化发展面临的问题和对策[J]. 改革与战略,2009,(8).

[4]郑健壮. 产业集群转型升级及其路径选择[M]. 杭州:浙江大学出版社,2013.

[5]兰建平. 建设工业特色小镇加快转型升级发展[J],绍兴研究,2015,(19).

[6]盖文启. 创新网络——区域经济发展新思维[M]. 北京:北京大学出版社,2002.

[7]安虎森. 新产业区理论与区域经济发展[J]. 北方论丛,1998,(2).

思考题

1. 大唐镇袜业是如何从传统制造产业过渡到多元化创新发展从而实现转型升级的?都经历了哪些过程?

2. 特色小镇建设对大唐镇袜业实现升级转型有什么促进作用?可以得到哪些经验借鉴和启示?

案例编写:叶旭霞(工商151)、俞凌枫(工商151)、
吴钰慧(工商151)、戴　悦(会计153)、
李春桥(国商151)

指导老师:丁志刚

乡村振兴篇

案例 6
农家乐的提升发展之道：打造全方位一体化综合体

摘　要：随着社会经济的发展，充裕的物质生活已不能满足人们的需求，追求充实的精神生活成为时尚。在这样的背景下，农业休闲综合体应运而生。农业休闲综合体是中国农业跨越的创新载体，是复合经济的"时代交响曲"，是农业产业化的延伸发展。农业休闲综合体在对资源进行优化配置、最大化降低成本的同时，极大地提高了顾客满意度。

由由嘉园起源于农家乐，在其发展过程中，根据顾客需求，努力打造基于全方位一体化经营的农业休闲综合体。由由嘉园通过资源有效整合，提升顾客满意度，实现收益最大化。分析研究由由嘉园提升发展之路，其成功经验对众多农家乐的发展有极其重要的借鉴意义。

关键词：农业休闲综合体；全方位一体化；农家乐；由由嘉园

一、绪论

随着人们生活水平的改善和消费观念的改变，农业休闲旅游逐渐成为一种时尚，这同时也刺激着休闲消费的需求。据统计，我国现行的法定节假日已多达 114 天，占全年时间的近 1/3，这在客观上为忙碌的人们出去旅游提供了条件。事实上，目前我国相当多的游客积累了大量旅游经验，已不再满足传统意义上的观光旅游，而开始追寻以心灵体验为目的的旅游方式。据不完全统计，国外的观光旅游份额仅占旅游总体的 30%，而休闲特色旅游则占到 70%。我国现有农家乐数量超过 150 万家，规模以上休闲农业园区超过 2 万家，年接待游客超过 6 亿人次，营业收入超过1 500亿元人民币，带动1 500万农民受益。

近年来，经营者们抓住市场机会，充分利用资源，因地制宜，发展休闲生态农庄。一批集观光游览、休闲娱乐、特色餐饮等功能于一体的休闲农庄如雨后春笋般涌现，蓬勃发展。在绍兴众多的休闲农庄中，由由嘉园脱颖而出，成为行业领头羊。农业休闲综合体的形成是由由嘉园成为绍兴知名企业的重要原因。

由由嘉园在以餐饮为主、休闲为辅的农家乐基础上发展为以休闲为主、餐饮为辅的农业休闲综合体，符合当代人的消费观念，以及时代对企业的要求，同时完成了企业应有的社会责任。由由嘉园在获取利益的同时，实现绿色经营，为社会的可持续发展尽一份力。

本案例的研究意义在于：一是为农家乐的提升发展提供有效的借鉴；二是传播现代农业理念，推进农业服务业现代化；三是为绍兴旅游品牌提供新的产品选择，提升绍兴城市品位，优化城市形象；四是有效解决“三农”问题，推进农业产业化与标准化，促进现代农业发展。

二、由由嘉园之发展历程

(一)由由嘉园简介

由由嘉园始建于 2009 年，经过几年的努力，建设成为一所集观光、休闲、餐饮、娱乐等于一体的近郊现代农业休闲旅游园区，现有员工 80 余人，年销售额达2 600万元。它位于浙江省绍兴市越城区富盛镇平陶公路，越中名泉——马蹄井旁，距离绍兴市中心约 20 公里，距离萧山机场约 45 公里，距离绍诸高速富盛出口约 1 公里，交通便利。

园区占地 280 亩，一期总投资 2 000 多万元，基础设施包含6 000平方米的人工游乐水面、3 000平方米的滑草场、3 000平方米的一站式户外烧烤、8 000平方米的真人 CS 基地、60 亩的跑马场、5 000平方米的植物迷宫、10 000平方米的人工草坪，2 000平方米的生态餐厅，300 平方米和 110 平方米会议室各 1 个。项目区包含拓展训练区、露营区、露天婚礼区、农家大灶体验区、亲子中心、采摘区、智能玻璃温室、珍贵苗木区、花卉生产体验馆、葫芦湖、滑草场、马术俱乐部、迷你高尔夫练习场等。园区内设立的种植科普基地、花卉盆栽观赏基地，现已成为青少年植物科普基地。

随着规模的不断扩大，由由嘉园的经营范围逐渐扩展，现已包括四大方面，分别为餐饮服务、休闲旅游、现代农业和特色民宿。由由嘉园现已承办上百场户外婚礼，成功举办烹饪赛、竹笋文化旅游节、植树活动、风筝节、相亲活动、亲子活动、篝火晚会、露天电影等大型活动，接待绍兴及周边城市游客 25 余万人次，年进园拓展培训 3 万余人。由由嘉园现已被评为国家 AA 级景区，被市总工会、市农办授予“绍兴市职工疗养基地”，入围“2017－2018 年度绍兴市国家机关事业单位和社会团体会议、培训定点采购单位”，是绍兴的“城市后花园”、富盛乡村游的“金名片”，是“天然氧吧、休闲之所、养生福地”。

1. 自然资源

由由嘉园位于浙江省绍兴市越城区富盛镇。富盛镇地处绍兴市东南部，距绍兴市中心约 15 公里，东与上虞市接壤，南与平水镇相连，西与皋埠镇毗邻，北濒陶堰镇，镇域面积 73.9 平方公里，人口 2.4 万。因处于绍兴、上虞、嵊州三地交界处，西上线穿镇而过，杭甬铁路、104 国道、浙东运河紧挨，镇域商业兴盛，地方富庶，故称“富盛”。

富盛镇自然资源十分丰富。茶园占地7 598亩，年产干茶 1.606 万担，其中名茶有1 270担。竹林面积15 485亩，全镇森林覆盖率 74%。其中村旁、路旁、水旁、宅旁的林木绿化面积 0.34 平方公里，山林、乔木面积 54 平方公里。因此，富盛镇全面启动“万亩绿色屏障、百里生态长廊”建设，并提出“生态农业绿富盛、生态工业强富盛、生态观光到富盛、休闲旅游走富盛”的生态镇创建目标，被原国家环保总局评为第六批全国环境优美乡镇。由由嘉园选址于此，成功地借助了富盛的资源环境优势，将其自身打造为全方位一体化的农业休闲综合体。

2. 人文资源

(1)文化古镇——富盛镇。富盛镇作为一个生态文化旅游小镇,人文景观资源丰富。富盛生态史依托宋六陵和马蹄井,以历史文化和山水景观为内涵,以石良岙和蒲丝岭为中心,营造八位一体的生态休闲观光区。而“茶文化”作为当地的特色名片,推动着富盛抹茶特色小镇的建设。富盛抹茶特色小镇将依托现有的御茶村抹茶资源,把“抹茶”元素融入产业转型、产品创意、小镇提升的各个方面,并利用御茶村的龙头优势以及富盛镇特色旅游资源,挖掘文化内涵、推动休闲运动、倡导养生旅游,将富盛打造成为一个产业优势突出、生态环境优美、功能集成完善的特色小镇。由由嘉园作为富盛目前人气最旺的游玩场所,在未来的抹茶特色小镇中,也将承担重要的角色。由由嘉园将继续做大做强户外拓展项目,争创 AAA 级景区,打造抹茶小镇休闲运动片的主阵地。

(2)江南大寨——上旺村。绍兴历史文化氛围浓厚,但是将历史文化与生态休闲相结合的地区并不多。而上旺村,这个已经淹没在时代潮流中的小山村,却有着一段惊天动地的辉煌历史。“农业学大寨,江南学上旺”,富盛镇上旺村在 2001 年由原上旺村和原岩里村两村重新组合而成,上旺村在 20 世纪六七十年代就成为全省农业战线的一面红旗,曾受国务院嘉奖,被誉为“江南大寨”,是当年新农村建设的样板。

深厚的历史、秀丽的景色,使自发来上旺参观、旅游的人全年不断,为了给前来上旺的参观旅游者提供更好的服务,上旺现推出了 14 户农家乐经营户,提倡吃住在农村,休闲体验在农村。在大力发展乡村旅游的同时,又将上旺村推入到新农村建设和乡村旅游的舞台中央,发挥上旺村民的集体主义精神,将乡村休闲旅游轰轰烈烈地开展。站在历史的、发展的角度看上旺村,它曾经有过的辉煌见证了 20 世纪六七十年代中国农村翻天覆地的变迁,更体现了老一辈人献身农业经济发展的艰苦奋斗之路。目前,我们正进入一个结构多元化、文化多元化和价值多元化的时代,正进入一个以民生与和谐为主题的时代,需要更多的借鉴与超越,作为当年绍兴县的第一家农家乐特色村,上旺村为由由嘉园的建设提供了宝贵的经验。

(3)越中名泉——马蹄井。由由嘉园坐落于越中名泉——马蹄井旁。马蹄井,亦称宋皇井,是绍兴市为数不多的著名古迹,是不可多得的旅游名胜。据传说,这口井是南宋郭太尉因奉命督造皇陵,急需寻找水源,一天他骑马路过这里,马蹄飞落踩出一泓清泉,后来就以马蹄为形挖掘成了这口井。值得称奇的是不论旱涝,这口井水总是不枯不溢,而且是取之不尽,用之不绝,在干旱年代曾救过无数人的性命。马蹄井的水还可以治病。据说有患痢疾的病人只要喝了这马蹄井的水,立马可以医治。

马蹄井水人见人爱,暑天凉若冰霜,隆冬热气腾腾,口味甘醇爽口。过往行人、劳作民工用此井水解渴,从未肚痛得病。马蹄井水功效奇特。据传,用它煎药,药到病除。民间熬中药,大多喜欢取用马蹄井水。

由由嘉园以此为基础,建设生态绿色养生之所。

(二)由由嘉园发展历程

1. 发轫之始 立足农家乐(2009～2010 年)

随着社会经济的发展和人们生活水平的提高,休闲农业作为一种兼顾农业和旅游业的新兴产业已经兴起。农家乐作为休闲农业的载体也开始蓬勃发展起来。它是乡村旅游的一种类型,它利用农村现有自然资源和生产要素,发展成为一种经济产业和收入增长点,为促进农村经济发展、丰富城市居民精神物质生活做出了突出贡献。2009 年，由由嘉园依托富盛镇的资源、文化、交通等优势，因地制宜，开始走上自身的探索创新之路。创立初期的由由嘉园为传统型农庄，即小型农家乐，虽规模小但顺应了吃农家饭、看农家景的巨大市场需求。

2. 翻然改进 突破瓶颈期（2011～2014 年）

2010 年初，由由嘉园在发展的过程中暴露出一些比较突出的问题，例如品牌效应弱、科技文化含量低以及景观资源单一等。这些问题的存在，直接限制了由由嘉园的发展。由由嘉园与普通休闲农庄一样，为传统农家乐，将餐饮业作为主产业，只提供餐饮、棋牌、垂钓等服务，以餐饮休闲为主。游客缺乏体验，园区没有主题，没有创意，没有吸引力。且受产业单一化、设施不足、管理经验不足、特色产业不明确、同行竞争压力大等多种因素的影响，由由嘉园的发展进入瓶颈期。

随着互联网的发展，电子商务有别于传统销售模式，从主动、互动、用户关怀等多角度与用户进行深层次沟通。由由嘉园借助这一契机，开展了电子商务，并成立了微信公众平台，成为绍兴当地“电商引入农业”第一家。且受人们的消费标准提高、用工成本增加，“慢生活”理念出现的影响，由由嘉园将“以餐饮为主、休闲为辅”的定位转变为“休闲为主、餐饮为辅”。在原有的游船、天堂鸟花卉基地等项目的基础上增设了烧烤、马场、亲子项目、高空滑索等项目，充分整合各种资源，坚持因地制宜、可持续发展，突出特色，重视参与体验，多产业结合，注重打造自身的特色品牌与产业，逐渐突破了发展的瓶颈期。

3. 提升发展 打造综合体（2015 年至今）

电商的开展以及经营理念的转变，为由由嘉园改善服务设施，提升园区品质提供了更为便捷有效的途径。旅游活动的互通性和互联网平台搭建的沟通和交流途径相互契合，突破了传统产业在时间和空间上的限制。信息流通的快捷性给顾客们带来了很多便利，增大了顾客的自主选择权，有利于由由嘉园创造口碑效应、建立品牌，为未来可能的消费者提供意见与建议。

由由嘉园在改善服务设施、提升园区品质的过程中持续发展，年销售额不断增长，2016 年已突破2 600万元。由由嘉园年销售额增长率态势如图 6－1 所示。

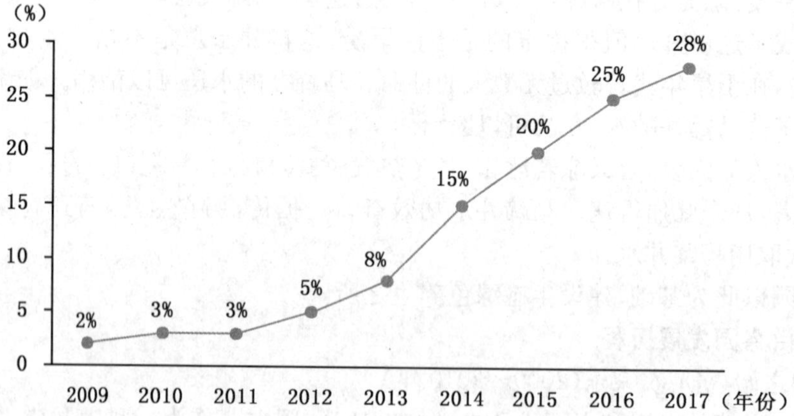

图 6－1 年销售额增长率态势图

在此基础上，由由嘉园依托当地的抹茶产业以及富盛抹茶特色小镇的建设充分考虑现有的产业基础，开展了二期工程——“抹茶小镇”，并且根据市场需求进行产业变化和创新，以农业的种植养殖项目来发展休闲、餐饮、娱乐、度假等项目，开启二期“民宿”工程，把农庄的生产、休闲、消费高度融合在一起。农家乐既是生产场所，又是消费、休闲场所，产品就地消化升值。

简而言之，由由嘉园在继续做大做强户外拓展项目的基础上，增设民宿、水疗等项目，开发以运动、养生为特色的健康产业和旅游精品项目。同时进一步完善基础设施，面向市场，明确主题功能定位，整合挖掘文化资源，注重顾客需求，不断进行自我提升与发展，努力将自身打造为一个成功的农业休闲综合体。“今日由由，富盛之洲”，由由嘉园成为富盛镇的一张“金名片”。

三、由由嘉园之经营特色

(一)战略构想

近年来，随着我国经济的快速发展，人们的消费需求发生了巨大的改变，从以物质需求为主，精神需求为辅转向以精神需求为主，物质需求为辅，从单一消费需求向多元消费需求转变。在这一背景下，农业休闲综合体的形成成为必然。由由嘉园致力于自身的提升发展，确定了以顾客需求为核心的全方位一体化经营战略，在众多农家乐中独树一帜，最终形成了全方位一体化的农业休闲综合体。

农业休闲综合体的打造是由由嘉园从农家乐实现转型升级的重要目标，也是其经营成功的重要标志。之所以选择打造农业休闲综合体的战略目标，由由嘉园高层领导如是说：首先，实现对资源的有效整合。通过资源整合，充分合理地利用现有资源降低经营的成本。其次，将当地传统文化融入综合体的构建中。将传统农业与休闲旅游相结合，在娱乐中继承并宣扬传统文化，收集容纳当地文化，将文化融入产业园区中，形成独具当地特色文化的农业休闲园区。再次，农业休闲综合体的建立能促进当地农民的就业，解决偏远山镇里生存难以及就业难的问题。为贫困家庭脱贫致富尽一份力，同时还为城市居民提供第二个生活和休闲空间。最后，农业休闲综合体的建设还能促进当地的生态发展，在合理配置资源和盈利的同时稳定和保护了当地的生态系统，为可持续发展尽一份力。

基于以上战略目标，由由嘉园进一步制定了经营策略，即根据全部顾客的单一式需求实施全方位经营策略，根据特定顾客一站式需求实施一体化经营策略。如图 6－2 所示。

全方位经营针对的是全部顾客的单一式需求。由由嘉园划分不同区域，设立不同项目，推出特色活动来吸引游客，满足顾客全方位需求。从老到少，从学生到白领，都可以在这里享受属于他的快乐。针对孩子，由由嘉园设置了多种游玩项目。爸爸妈妈们可以带着宝宝们度过一个愉快的假日，还能在游玩中增加亲子间的亲密度。针对老人，由由嘉园致力于建设养生基地。在这山青水绿中，老人们可以享受大自然，放松心情。针对学生，由由嘉园开发拓展基地，拓展素质。针对白领，由由嘉园开设农家大灶，可以在由由嘉园体验小时候的回忆。

一体化经营则针对的是特定顾客的一站式需求。顾客的需求不是单一化的，而是多样化的。尽可能满足顾客的所有需求，是提升顾客满意度的重要方法。由由嘉园针对顾客需

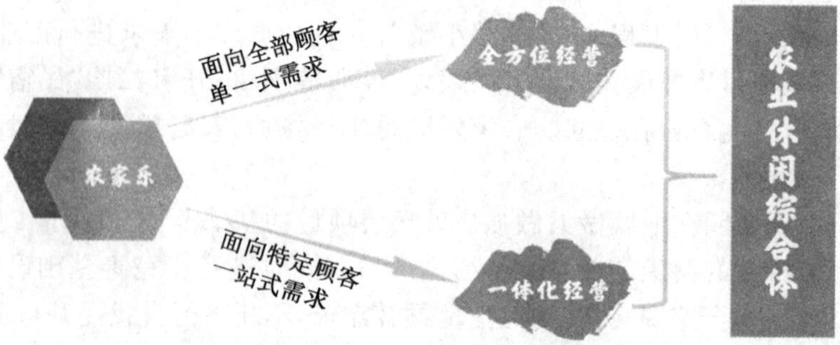

图 6—2 由由嘉园打造农业休闲综合体的战略构想

求，开设不同的旅游活动行程来满足顾客。根据游玩时间，由由嘉园将活动行程划分为短期、中期、长期，定期推出特色活动。游客们可以根据自己的需要进行选择报名参加活动，也可以自行安排在由由嘉园的行程，度过一个充实而又轻松愉快的假期。

由由嘉园重点打造这两大经营特色，构建企业核心竞争力，在众多农家乐中脱颖而出，最终发展成为农业休闲综合体。

(二)经营特色一:全方位经营

由由嘉园的全方位经营，根据顾客对产品的需求和使用要求的多样性即顾客需求的差异性，不断推出新的产品特色，创造企业与竞争对手产品之间的差异，实现全方位经营。如图 6—3 所示。

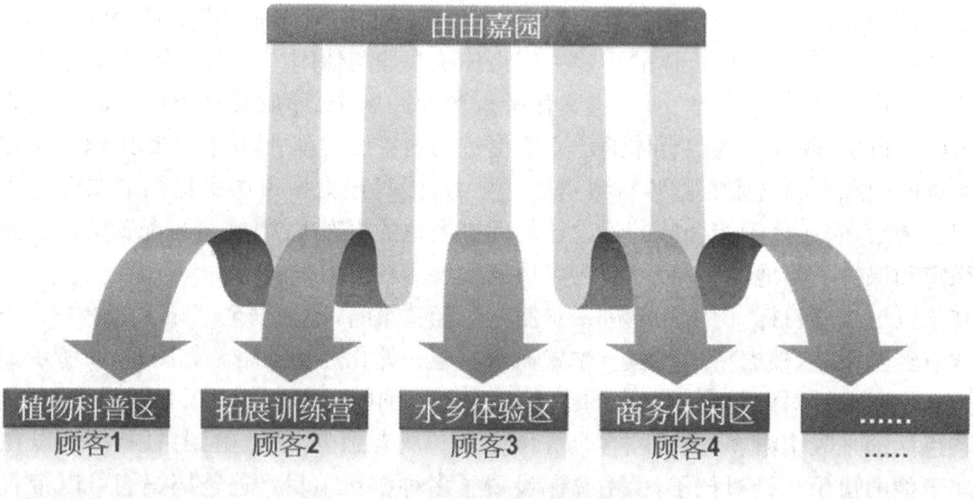

图 6—3 由由嘉园全方位经营构成

1. 农业观光 寓教于乐

针对由由嘉园的消费群体，其主要推行了休闲农业。游客不仅可以观光、采果、体验农作、了解农民生活、享受乡间情趣，而且可以住宿、度假、游乐。由由嘉园的休闲农业主要分为三大部分，植物科普与花卉盆栽基地、蓝莓基地以及采摘园，其最突出的就是植物科普基地。

由由嘉园依托园内现有的植物资源——50亩浙江楠、美国山核桃等珍贵苗木基地和花卉盆栽、食药用盆栽科普基地等推出了植物科普教育园，建立了绍兴市青少年植物科普基地，实施面向青少年的科普教育策略，以期在城市中培育青少年的自然情感，提高青少年的科学素质和保护生态环境的意识。

在植物科普基地中，通过不同的栽培方式和农艺技术，赋予植物生长状态的奇特感；通过无土栽培及环境调控，培育出不同品种的植物，提高植物的观赏价值；在生产景观布置过程中，采用无土栽培方法，来实现植物景观多变，让植物能够"动起来"或随时"搬家"。除此之外，其基地还不断地引进新品种、新设施、新技术，能让青少年在实践学习的同时，还能了解到各种植物药材的种植，知道每种药材的药用性，能在享受药食同源休闲养生的动手乐趣的同时，又能学习到各种药材的用途疗效，将教育学习与养生健康相结合。

为了更好地推广现代农业，由由嘉园还借助网络平台进行推广。在植树节，由由嘉园借助微信平台推出"种一棵小树，绿一方净土"植树系列活动，让游客在积极与社会环境"对话"的同时，了解各种品种的植物，增加科普知识。除此之外，由由嘉园还联合绍兴各媒体，举办植物科普知识大赛，邀请各参赛者来到科普基地进行科普知识的抢答，并给予优胜者一定的奖励，在提高青少年植物科普观念的同时更进一步地推广了其现代农业。

2. 拓展训练　休闲旅游

每当假期，由由嘉园会携手"零点拓展训练营"开展四天五夜的夏令营。早读三字经、学军歌，培养学员的自律力和专注力；学习叠被子，培养学员的内务习惯；站军姿、敬军礼，培养学员刻苦耐劳的毅力；丰盛的午餐，培养学生的礼貌与谦让；野外探险挑战，培养孩子的勇气、毅力和自救能力，成为勇敢少年；野外拓展滑草、骑马、蹦床，培养学员的兴趣爱好；野外烹饪，培养学员的自主能力；真人CS，培养学员勇敢的心理素质；野外搭帐篷、露营，培养学员团队合作等。让孩子们在体会中、在价值共享中，碰撞火花，学习到新知识、新技能。这些知识和技能可能只是一种很简单的生活小技巧，也可能只是一种解决问题的有效办法，但这都是非常珍贵的，是一种额外的收获。

除此之外，针对不同的年龄层次，由由嘉园还推出了其他各式各样的项目。针对一些五六十年代的老人家，由由嘉园推出了"农家土灶"体验，带上三两家人，体验一下早些年代的大灶煮饭，用木材烧火，原汁原味，一下子能把人的回忆带回五六十年代。针对一些年轻群体，由由嘉园还开辟出了一块自主烧烤区，周末带上三两好友，自己动手，分工合作，在享受农家美景的同时还能尝到美味的烧烤，一举多得。针对一些企事业单位，由由嘉园还专门设立了一个生态餐厅，餐厅环境优美，食材可口新鲜，给游客带来极致体验。

3. 田园之旅　特色民宿

近年来，随着旅游形式的不断转变，民宿旅游以及民宿居住形式成为一种新的热点，这种居住方式的兴起是对逐渐消失的传统乡村的怀念。而由于由由嘉园的田园社区正处于生命周期的初始阶段，因此在田园建设方面，由由嘉园计划投入二期建设，建设特色民宿，形成由由嘉园特色农庄。该项目规划用地20亩，总投资5 000万元，划分民宿区、休闲娱乐区、水乡体验区、商务会议区、餐饮区等主题功能区域，全方位提升旅游服务和接待能力。

由由嘉园针对顾客的需求投入建设特色的民宿，将绍兴传统的住房结构与由由嘉园的自然风景结合。同时将在民宿区举办不同的活动，让来由由嘉园旅行的游客能够体验不同时节的绍兴民俗，真正地体会到绍兴这个城市的独特魅力。其次，由由嘉园将扩大民俗活动区域，除了一些基础的建筑外，预留了一片较大的空间，作为红白喜事举办之处，满足了绍兴本地人的需求。在绍兴这个民风淳朴的城市，原住民喜爱村庄生活胜过城市生活。在遇上事情的时候，大家会选择村里的大会堂或者大晒场举办仪式。既能省下一份家用，又能在村里举办热热闹闹的仪式。虽然疲惫，但是全村人一起帮忙的善意也是让人感觉到非常温暖。因此，民宿的建立既能满足远道而来游客的需求，也能满足当地居民的需求，极具由由嘉园的特色。

（三）经营特色二：一体化经营

1. 一日掠影 闲品短暂时光

一日游为12小时的短暂旅行，适合绍兴当地居民以及周边村落的居民。在节假日的时候，家里的爸爸妈妈们自驾带着孩子老人们一起来由由嘉园享受生活。针对自驾游游客，由由嘉园推出了许多游玩项目，有骑马、滑草、森林迷宫等项目。阳光明媚的早晨，爸爸妈妈们开车带着孩子们来到由由嘉园，上午他们可以在由由嘉园放风筝、骑马、划船，中午可以选择自带粮食做一次简单的野餐，也可以选择去由由嘉园内生态农庄吃当地的美食。下午，爸爸妈妈们可以带着孩子们去植物科普基地参观，了解植物知识，认识更多的植物。在六一儿童节、端午节等特殊的节日里，由由嘉园还会举办不同的活动。如在六一儿童节，由由嘉园会举办亲子喜乐会。通过活动的参与让亲子关系更加亲密。

由由嘉园推出端午一日游活动。端午是我国的传统节日，在这一天家家户户会包粽子、挂茱萸、划龙舟。在端午节，由由嘉园通过微信平台进行活动宣传，游客亦可通过微信平台报名，然后进行分组活动，做包粽子游戏，中午在由由生态农庄享受美食，下午则进行划船游戏，最后孩子们自己动手做香包。简单的一天安排，但非常有意义。能让来由由嘉园的孩子们更加深刻地认识到端午节的意义以及更好地做到文化的传承，让孩子和家长之间更加亲密无间。

除了由由嘉园推出的活动以外，游客们还能通过互联网平台了解到由由嘉园的活动项目，自行来由由嘉园游玩，只需要几十元钱就可以体验由由嘉园内的项目。由由嘉园内还有真人CS、自主烧烤等项目，非常适合青年们出游放松。清幽的环境、新鲜的空气、便利的交通、完善的设施，在这些基础条件上，由由嘉园的员工更是热情好客，热心解答。由由嘉园成为附近居民短期游玩的首选之地。

2. 两日闲暇 乐享丰富生活

两日一夜游是稍远些或者想要有不一样体验的游客们所会选择的，由由嘉园安排了几种不同的方案，游客可以选择自我安排也可以选择由由嘉园的安排。

从游客的自我安排来说，由由嘉园有一片开阔的野营场所，与之相邻的是自助烧烤区。同时，这片野营地区距离由由嘉园的各个游玩项目、餐饮区、植物科普园都非常近，非常方便。在上午，游客们可以在春暖花开的时候放风筝，可以体验高空项目，可以骑马、滑草、划船；在中午时游客可以自由选择野餐、烧烤或者在生态农庄就餐；在下午时游客可以选择继续体验由由嘉园内部的其他项目；在傍晚时游客可以选择搭建帐篷，也可以选择进行烧烤或者野餐，进行一次安全而又干净舒适的野外生活体验。

除了自我安排,游客还能报名参加由由嘉园举办的两日一夜游。在樱桃、桃子成熟的季节,由由嘉园举办了采摘活动。上午,游客可以去果林采摘新鲜的水果,能够品尝到来自大自然最纯真的味道;中午游客可以选择在由由生态农庄品尝来自由由嘉园的美味;下午游客们可以体验由由嘉园特色项目;夜晚游客可以野营或者居住在由由嘉园的居住地。第二日游客可以参观由由嘉园的植物科普基地,认识了解植物的种类、药用价值等,参与由由嘉园举办的小型知识竞答游戏。下午可以参与由由嘉园安排的包饺子等活动。

3. 悠长旅途 游醉独特风情

三天两夜,甚至时间更久是远方来客的一个选择。由由嘉园通过互联网平台进行了网络宣传。在远方的客人可以通过网络平台了解由由嘉园,认识由由嘉园,被由由嘉园所吸引。由由嘉园是一个缩小版的绍兴。虽然没有美丽的鲁镇,也没有古朴的鲁迅故居,但在这里你可以体会到独特的绍兴风情,品尝绍兴风味。

由由嘉园为在此地度过长假日的游客制定了特别的行程。旅客可以入住由由嘉园,体验由由嘉园的独特风情。在旅行的前两日,游客可以体验由由嘉园的本地风情。在后期,由由嘉园为游客安排富盛镇的旅行行程。这是由富盛政府协同富盛镇各大景点以及生态农庄形成的旅游线路网。通过这个网络,可以让远方的游客更好地认识到富盛的美丽。通过互联网平台,游客在出行前可以先了解由由嘉园,对由由嘉园有一定的认识。在旅行结束后,游客可以在互联网上写出旅行心得,为未来的游客提供建议,如此信息得到共享,能够吸引更多的顾客,增加潜在顾客。

四、由由嘉园之分析思考

综合体的概念最早出现在美国纽约洛克菲勒中心。它是 20 世纪最早出现的建筑综合体,其开发始于 1930 年,是当今世界上规模最为庞大的私人所有的商业、娱乐模式。

"休闲农业"一词最早出现于 1989 年台湾大学举办的"发展休闲农业研讨会"上。2011 年,农业部产业政策与法规司司长张天佐先生在"我国休闲农业发展及前景展望"研讨会上提出,休闲农业是符合经济发展规律、适应市场需求、蕴藏巨大潜力的朝阳产业,它能够使农业变成快乐高效的产业,农村变成美丽和谐的家园,农民变成富裕而有尊严的群体。

何圣东在《建设都市农业综合体》中提出,农业休闲综合体是将休闲观光农业与旅游综合体融合而形成的,是以休闲农业为主要内容,将生态农业和旅游综合体进行美妙组合的创新型综合体,是多种功能的系统化组合。

在架构上,"农业休闲综合体"基于一定的农业资源与土地基础,将农业和休闲游憩相结合,以农业为切入点,以景观打造为基础,引入泛旅游产业,形成以旅游休闲为导向的土地综合开发。在功能上,"农业休闲综合体"在农业的基础上延伸产业链条,增加服务功能,以农业为依托,集合观光、休闲、娱乐、创意、研发、地产、会展、博览等三种以上的相关功能为一体,在进行农业生产以及产业经营的同时,展示农业文化和农村生活,从而形成一个多功能、复合型、创新性的产业综合体。农业休闲综合体是顺应城乡居民消费新趋势而发展起来的,与传统农业最大的不同是其具有服务业功能,且依托于城市、服务于城市、受益于城市,强调城乡经济有机融合、人与自然和谐发展,促使农业由第一产业向第三产业延伸。

农业休闲综合体是"大农业"的复合结构形态,是资源整合的"驱动器",是产业价值的

"放大器",是城乡共生的"交响曲",是区域发展的"发动机"。它能有效提高产业集成度、产业集聚度、产业融合度和产业关联度,改变传统产业结构、产业发展和运作模式,增强产业间互动与支持效应,降低产品和服务成本,创造收益递增机会,催生出新型业态,提高产业附加值,扩大产业价值,形成产业复合的"倍增效应"。

而由由嘉园作为一家集观光游览、休闲娱乐、特色餐饮等功能于一体的休闲农庄,在绍兴以及省内蓬勃发展的一大重要原因就是其致力于打造并不断完善由由嘉园的农业休闲综合体模式。由由嘉园的农业休闲综合体是在综合农林生产与经营活动及农村文化与农家生产的基础上,充分利用田园景观、自然生态及环境资源,将生态农业与旅游综合体进行美妙组合。它以休闲观光为营销点,开发全资源旅游化,并着力聚集、发展其他服务业。其核心是农业生产和生活资源休闲观光化。

农业休闲综合体的功能如图 6-4 所示。

图 6-4　农业休闲综合体的功能

(一)农业休闲综合体有效提高顾客满意度

1. 全方位经营满足顾客需求

全方位经营是指在经营方面,除了传统的经营方式之外,还要突破空间和地域的限制,建立一种多层次的、立体的经营方式,如由由嘉园针对不同顾客满足他们不同的需求。全方位经营是在新经济出现并且新旧经济并存这一背景下产生的,是在迈向新经济的过程中出现的。新经济的出现,在经营思维上也有了转变:一是从信息的不对称性转变为信息的民主化。在互联网时代,信息无处不在,获取的成本又极低,因此消费者几乎可以获得任何产品、服务或企业的信息。二是从替少数人制造商品转变为替每个人制造商品。传统经济中,企业如针对个别客户进行营销,成本就会太高。而消费者如要求个性化强的商品,价格通常也无法承受。这样,只有极少数富有的客户才能享受较为量身打造的产品或服务。而在新经济中,有越来越多的人能取得真正量身打造的产品或服务。三是从"及时生产"转变为"即时生产"。传统经济中,"及时生产"已实属不易。而在新经济中,由于信息更易取得,信息传播的速度更快,企业所获得的需求反应甚至可以是即时的、尚未扭曲的需求。因此,企业能够迅速地做出回应,并且与市场紧密地联结,让供应量配合需求量。

全方位经营能够满足不同顾客的不同需求,根据顾客的期望、需要来提供产品和服务,以"顾客至上""顾客满意"的理念进行全方位经营,根据顾客思维或者超越顾客思维,了解或预测他们的需求，更好地进行全方位经营，才能维系与顾客的长期良好关系，塑造忠诚的顾客。

由由嘉园致力于打造全方位的农业休闲综合体，满足不同顾客的不同需求。顾客满意度是一个变动的目标，能够使一个顾客满意的产品，不一定能使另一个顾客满意。随着经济的发展、生活方式的改变，顾客从一开始去农家乐只为了品尝农家菜到后来去农家乐更为了休闲放松。所以根据顾客需求分析，由由嘉园从最初的以"餐饮为主，休闲为辅"转变为以"休闲为主，餐饮为辅"。不仅如此，由由嘉园还提供个性化的产品和服务，实施全方位经营模式，以满足顾客需求来提升顾客的满意度和强化顾客忠诚度，从而使企业获得生存、盈利和持续发展的驱动力。

根据青少年顾客的需求，由由嘉园开展四天五夜的夏令营。通过夏令营活动激发孩子的创造力，可以在由由嘉园的药材基地里认识药材，了解药材的种植，知道每种药材的药用性，将教育学习与养生健康相结合；除此之外，由由嘉园还根据一些传统节日相对应推出一些活动，例如端午节的包粽子、划船大赛；植树节的"种一棵小树，绿一方净土"的公益活动；六一儿童节的一系列亲子活动等，让孩子们体验传统节日的丰富内涵。

根据都市青年顾客的需求，由由嘉园为顾客提供了一个"天然氧吧，休闲之所，养生福地"，游客来到由由嘉园就走进了自然。早春三月的植树活动，六月的紫色花海，激发游客对自然的热爱。远离灯红酒绿、世俗喧嚣的人们可以在这里放慢脚步，放松心情，赏赏秀美的山川，走走古道村落，感受淳朴的民风民俗，呼吸新鲜的空气，体验花卉栽培、体验农耕生活。由由嘉园除了有优美秀丽的风景外，园内还设有智能玻璃温室、花卉生产体验馆、葫芦湖、滑草场、马术俱乐部以及迷你高尔夫练习场等，各式各样的娱乐项目满足城市青年在繁忙工作后的娱乐需求和休闲体验。

根据企业顾客的需求，由由嘉园承办了一些企业的团建活动，注重宣传"团队文化"，让大家在游戏中增强团队的合作，增进团队的凝聚力和向心力。由由嘉园的顾客基本上都是结伴出游、团队出行。因此由由嘉园也为他们提供了丰富的团体活动，如户外烧烤、真人CS基地、划船等，让他们懂得团队合作的重要性，明白团队氛围、团队的管理作风、自主的工作环境和富有挑战性的工作，会使成员之间相互信任，能够坦诚、开放、平等地沟通与交流，促进人际关系和谐，成员身心愉快，参与愿望强烈，工作中充满了热情与活力。

根据不同顾客的需求，由由嘉园提供差异化产品和服务，全方位地接纳和满足顾客的想法和需求，是由由嘉园能够不断发展壮大的持续驱动力。

2. 一体化经营超越顾客期望

一体化经营是指企业有目的地将互相联系密切的经营活动纳入企业体系之中，组成一个统一经济实体的控制和支配过程。一体化经营，即针对企业具体市场，将其进行分析，找到突破口后，协调多个部门，使资源应用最大化。

一体化经营使企业组织内部更好地响应客户需求，提升客户感知，从客户需求出发，通过及时对客户需求的采集、分析，并由此在企业内部围绕客户服务活动构造出"响应快速、协同有力"的运营体系，从而打破企业间各个业务和部门职能的差异，使其能够更好地协助、合作，加快对于客户需求的响应速度，全面提升企业的客户服务质量。只要客户有需求，一旦进入某个服务站点，所有的问题都可以解决，不需要再找第二家，其本质上就是系统销售服务。商家为赢得消费者，不断扩大经营规模和商品种类，尽最大努力满足消费者的需求，减少消费者奔走的麻烦。在“以客户为中心”的市场竞争环境下，企业只有更快、更好地响应客户需求，才能提升客户感知，提高客户满意度。

由由嘉园致力于打造一体化的农业休闲综合体，为顾客提供一体化服务，满足了顾客吃、游、玩、住等方面的需求，极大地方便了顾客。如图 6—5 所示。

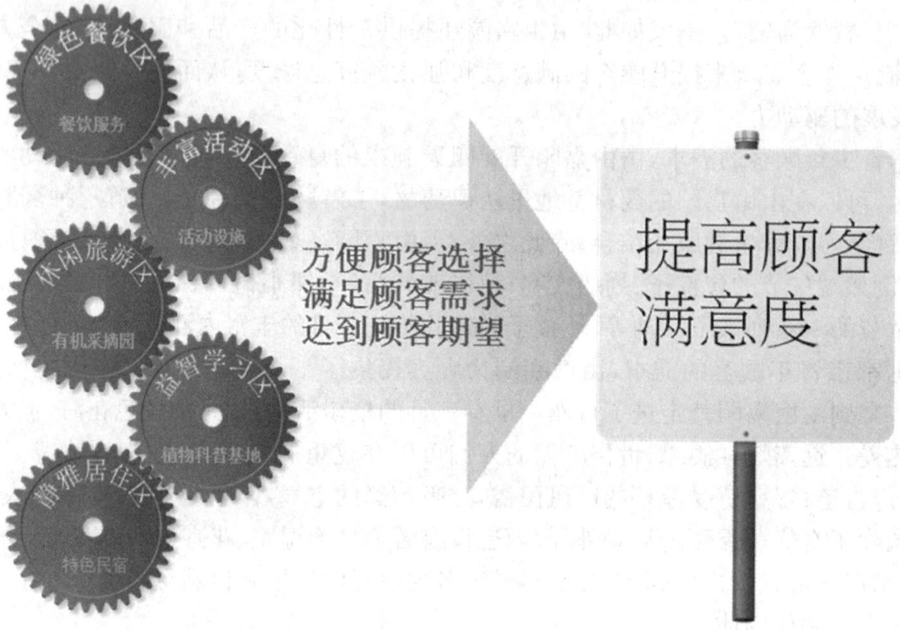

图 6—5 一体化经营提高顾客满意度示意图

由由嘉园的绿色餐饮区内建有由由嘉园生态酒店。由由嘉园的生态餐厅自设立之初就秉承着绿色餐饮的理念，注重采购环节的绿色化，保证食品原料的安全与环保；注重生产环节的绿色化，达标排放；注重食品服务环节的绿色化，杜绝一次性餐具且提供打包服务；注重餐厅内部的绿色化，餐厅内随处可见的绿色植物，在品味农家菜的同时感受绿植的生机与活力，为顾客提供了一个绿色自然的餐饮环境。在由由嘉园生态餐厅，顾客可以品尝到地道绿色健康的特色农家菜，仿佛置身于山林之间，品尝最自然的美食。

由由嘉园的丰富活动区内有亲子乐园、植物迷宫、露营区域、会议中心、高空拓展区、夏令营基地、拓展基地、滑草、真人 CS 等，为不同年龄层次的顾客提供不同的活动项目；由由嘉园的休闲旅游区内有果园采摘、花卉盆栽、蓝莓基地、水上世界等，顾客们可以观赏各种奇珍异草、花卉药材，可以漫步于薰衣草花海中，可以欣赏古色古香的乡村古村落、原始自然的风景、感受热情淳朴的民风，还可以体验乡村质朴的生活；由由嘉园的益智学习区内有青少年植物科普基地，实施面向青少年的科普教育策略，培育城市青少年的自然情感，提高青少年的科学素质和保护生态环境的意识；由由嘉园的静雅居住区内有特色民宿，让游客在静雅的环境中远离都市的烦恼，静雅的居住环境，绿意漫入生活，驱散现代都市的浮躁与烦冗，也消解旅途的疲惫，落脚处，慢下来，品一处诗意的闲暇。

通过一体化经营全面满足顾客需求，节省顾客规划假期旅游的时间，为顾客带来极大的便利。

(二)农业休闲综合体有效控制经营成本

1. 全方位经营控制成本

由由嘉园根据服务差异化战略进行全方位经营，摆脱单一的传统休闲模式，对客源市场作进一步的细分。通过资源整合，充分合理地利用现有资源和互联网大大降低经营的成本，实现全方位经营，走向一个更具个性化的、讲求有情怀有温度的发展道路。

一是提高土地资源利用率。土地是人类赖以生存和发展的物质基础，是社会生产的劳动资料，是农业生产的基本生产资料，是一切生产和一切存在的源泉，对于农业休闲产业，土地数量、质量、位置直接影响着该企业的生产及效益。

创立初期的由由嘉园只是单纯的以经营农家乐为主，为传统型农庄，土地闲置资源浪费大，创收途径单一，仅有餐饮及少部分休闲旅游收入，受市场影响大，竞争力小，收益回报慢。在发展过程中，由由嘉园合理开发现有土地资源，提高土地资源利用率，根据所处地理指向性，有效控制成本。由由嘉园所处地理指向属于原料地指向，可大大减少采购成本，根据顾客不同的需求划分不同功能的主题区域块，如农业观光区、休闲旅游区、田园民宿区等，大大提高土地资源利用率，打破创收途径单一的局面，在有效控制成本的基础上增加了自身收入。

二是创新营销模式。全方位经营，不仅包括园区内旅游项目的划分、旅游设施的完善，也包括后期进行的对外宣传。只有宣传到位，才能吸引客流，实现增收。因此，在宣传这一环节上有效控制成本，并取得较好成效，对企业的经营与可持续发展尤为重要。

大数据时代，信息的共享，享受过由由嘉园产品或服务的顾客常常不知不觉地在为不认识的用户传递信息。而用户也不再是产品或服务的被动接受者，而是以顾客的身份主动参与到产品或服务的设计和改进过程中，通过体验产生价值。体验过由由嘉园产品或服务的顾客，可以在由由嘉园微信公众号、美团评论区、绍兴 E 网评论区等互联网平台发表自己对由由嘉园某些产品或服务使用后的感受，提出相应的建议或意见。通过互联网一方面将信息传递给由由嘉园，促使其改进产品、提高服务，扩大用户群，增加潜在客户，减少由由嘉园在获取顾客反馈、意见方面的成本。另一方面通过互联网也将信息传递给其他用户，以便其他用户根据自身需求进行更为合理的选择。在互联网营销模式出现的大背景下，由由嘉园开展了电商，并成立了微信公众平台，成为当地“电商引入农业”第一家。由由嘉园通过第三方平台——微信进行宣传，在微信公众号上发布活动文章，让更多的人知道、了解由由嘉园，吸引更多的顾客。通过互联网进行宣传，减少其宣传成本，扩大其影响力，增加收益。

2. 一体化经营降低成本

企业通过一体化经营扩大规模、降低产品成本、实现规模经济、增强自身实力以获取竞争优势、减少同行竞争压力、巩固市场地位。由由嘉园运用一体化战略，统一技术措施、价格政策和物资分配体系，降低产品成本；向具有更高附加值的产品领域拓展，改善和提高企业的盈利能力；节省在销售渠道上的开支，从而降低成本。且同行业竞争企业之间的一体化，可以扩大企业规模，降低产品成本；可以吸收联合企业的技术和管理经验；可以减少竞争对手，避免无序竞争，有利于提高经营效率，实现规模经济，提升控制力。

由由嘉园通过一体化经营，从餐饮到休闲旅游到居住，合理安排土地、人力等资源，降低经营成本，在做好餐饮业的基础上，扩展自身休闲旅游活动区，设立游船、花卉基地、露营等各色活动区，重视参与体验，让游客体验农耕生活、体验花果栽培、体验团队协作、体验亲子互动、体验竞技乐趣，得到越来越多游客的认可，在与同行的竞争中稳步发展。

由由嘉园还推出了不同类型的旅游行程，如一日游、两天一夜游以及三天两夜游，每一个游客来到这里都能体会到无微不至的一体化经营模式。由由嘉园划分并组织不同类型的旅游行程，有利于统一价格政策和物资分配体系，降低产品成本，通过互联网平台进行前期宣传以及后期游客体验信息收集，有利于实现对生产的有效反馈、对过程的有效控制、对结果的有效考核，保证项目规划协调开展，实现成本控制效果最佳化目标。

（三）农业休闲综合体有效提升服务质量

1. 全方位经营提升服务品质

论发展，品质才是硬道理。在现今的市场竞争中，品质已成为一个企业在市场中立足的根本和发展的保证。在富盛旅游小镇建设的推动下，乡村游蛋糕越做越大，农家乐如雨后春笋般涌现，但极具特色且让人印象深刻的农庄却为数不多。

由由嘉园抓住品质提升这一关键点，通过全方位经营，增加自身特色、丰富经营内容、提升服务水平，得以在激烈的同行竞争中保持优势，稳定有序地向前发展。如图 6—6 所示。

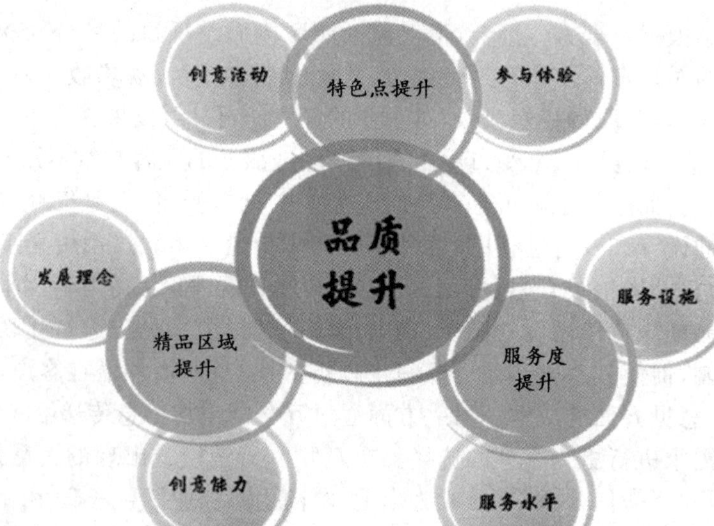

图 6—6　服务品质提升要素

一是特色点提升。特色点因其农村元素的集约性和乡村休闲旅游的综合性成为农家乐休闲旅游业的核心所在。对于如何提升特色点，由由嘉园主要集中在两个着力点：第一，在多种创意活动的设计和开展上下功夫。由由嘉园注重休闲农业的农业资源与环境设计、游客体验的活动设计和农村文化与休闲农业相结合的设计。由由嘉园根据不同的农耕时节、当地的乡土风情等等，精心设计出富有创意的活动载体，如植树节活动、风筝节活动、相亲活动、篝火晚会、露天电影等，让人们丰富知识、增长见识、学技能、长本领。第二，在真正让游客参与和体验多种活动上下功夫。由由嘉园针对不同年龄段、不同职业游客的需求，建设多种项目，让游客亲身参与到许多体验活动，如拓展训练区、露营区、农家大灶体验区、采摘区等，让人们回归自然、抚今追昔，放飞心情，愉悦身心，让人们远离快节奏的都市压力，感受新鲜的生活方式。

二是精品区域提升。面对游客需求的不同以及期望的提升，由由嘉园反观自身精品区域发展过程中的一些不足，主要集中在以下两个着力点：第一，大力提升精品区域的发展理念。由由嘉园不断提升经营理念，努力将精品区域打造成乡村旅游的最好去处，打造成生态环境最优质、体验活动最丰富、风土人情最醇厚、休闲养生最惬意、策划设计最新颖的精品区，有这样的理念和要求，精品区域才可以真正成为农家乐的精品。第二，大力提升精品区域整体的创意能力。由由嘉园着眼于精品区域的整体和区域内农家乐的个性来策划设计活动的载体，自觉做到个体与整体相融合，个体之间优势互补，同时，根据不同人群不同的需求，策划设计富有新意的活动，让游客感同身受体验乡村旅游休闲生活的乐趣。

三是服务度提升。服务优劣的程度，也是品质认知的一种。对于如何提升自身服务度，由由嘉园主要集中在以下两个着力点：第一，完善服务设施。改善用水、排水、用电、通讯、上网条件；改善卫生条件，彻底改变脏、乱、差的状况；改善厨房、住房、庭院及厕所卫生条件，使得环境与设施融合。第二，提高服务水平。由由嘉园贯彻"以人为本"的思想，注重对游客的人文关怀，培养服务人员热情好客的品质、崇尚礼仪的性情、较高的文化修养、周到细致的服务，加强对旅游服务人员文化知识、旅游常识和服务礼仪等方面的培训，增强他们的服务意识，提高服务水平。优质的服务给游客带来"家"一般的体验，让游客流连忘返。

2. 一体化经营提升文化品位

虽然农家乐的发展迅猛，但是纵观周边的农家乐，大多缺乏自身的文化内涵。且很多农家乐已经演变成了纯粹的只是给游客提供的一个喝茶或者打麻将的休闲场所，至于文化内涵，无从所知。当然也有很多农家乐在努力增加自己的文化内涵，但由于农家乐从业人员的水平有限，大多数农家乐所谓的文化也只是相互效仿，没有致力于自己本土的特色文化和乡土人情。无论是外部建筑以及内部设施，甚至所拥有的产品形式也是相当单一和雷同。如农家乐提供的菜肴，很多都是和城市相同的食品，缺乏该农家乐本身的乡土特色。

挖掘并整合特有的乡土文化、民俗生活、风土人情和民间传说等底蕴丰富的文化资源，是农家乐乡村休闲旅游发展的精髓。乡村文化包括传统风情、传统民居、传统工艺、农耕文化、节庆活动等，它是农家乐的灵魂。农家乐必须注入当地的乡村文化，丰富其文化内涵。农家乐要挖掘传统文化资源，突出乡村文化的主题，展示乡村文化的魅力。只有增强农家乐的文化内涵，才能体现当地农家乐的特色，提高农家乐的文化品位，增强农家乐的竞争力。

想要丰富文化内涵，首先要对自己的乡土文化和风俗民情做充分的了解，然后再根据自己的文化开发出独特的具有自己文化的旅游产品或者旅游项目，注重文化的体现，让游客亲自参与其中，获得体验，才能真切地感受到农家乐的文化，提升乡村旅游地在游客心中的文化品位。

因此，由由嘉园不断挖掘整合文化资源，并在一体化经营过程中融入田园文化、地域文化、民俗文化、传统文化、亲情文化等，不断增强自身提升发展的竞争力，从一个传统农家乐逐渐过渡为一个完善的农业休闲综合体。如图6—7所示。

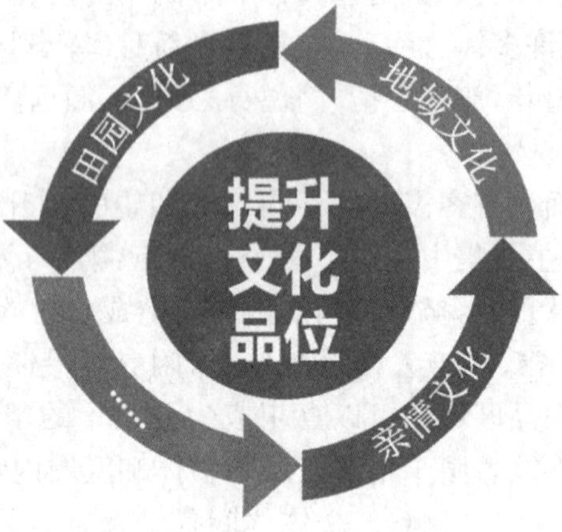

图6—7 多元融合 提升文化品位

(1)融入田园文化。以回归自然、放松身心为目的的乡村游越来越得到大家的广泛关注与认同。面对络绎不绝涌入乡村旅游的城市游客,由由嘉园将重点放在对乡村文化的发掘与展示上。走进由由嘉园,映入眼帘的便是停僮葱翠的栾树。东侧是由由嘉园生态餐厅,里面装修清雅,鲜花盛开,游人满座。此情此景,再引入各种彰显本土文化的元素,吃农家饭、观“农家”景,让更多市民在近在咫尺的乡村游中,体验农耕生活,回忆过往的岁月,留住“乡愁”。

(2)融入地域文化。“文化是旅游的灵魂”。由由嘉园发掘并利用富盛当地的茶文化,紧扣“茶”主题,助力打造环镇抹茶马拉松景观带,在生态餐厅推出当地特色品牌茶,让茶香飘逸四方,并开发好的农家乐产品,推出本地特色风味菜肴,彰显地域文化。

(3)融入民俗文化。要让游客不仅愿意来,而且留得住。每个地方都有自己独特的民风民俗、民间文化,这些根植于山村、散落在山野民间的文化遗产,都是可以充分挖掘和利用的农家乐文化元素。由由嘉园充分整理和挖掘当地历史民俗价值,致力于对周边人文资源的修缮、维护与宣传,使之转变成自身的文化优势。

(4)融入传统文化。节日作为一种民族风俗和民族习惯,是中华民族精神和情感的重要载体。传统节日文化深深扎根于民众之中,具有强盛鲜活的生命力。由由嘉园针对不同的传统节日,推出了各具特色的节日活动,如国庆主题团建活动、中秋赏月活动、竹笋文化节等,让游客在参与的过程中感受到传统文化的魅力。

(5)融入亲情文化。时代的快速发展,信息化浪潮的冲击,使人们忙于工作,忙于生存,在人生的路上逐渐丢失了自己,人与人之间缺少了心灵与情感的直接交流。针对这一现象,习近平主席提出了“家”文化,弘扬亲情文化。在这一大背景下,由由嘉园增设各类亲子活动,如户外亲子、亲子体验、主题活动、家庭游戏等等,有利于增进家长和孩子之间的情感交流,寓教于乐。

文化是旅游的灵魂、旅游是文化的载体,文化提升了旅游的层次、旅游扩大了文化的影响,文化和旅游紧密结合才能产生更好的经济和社会效益。农家乐被赋予更高的文化价值之后，才能经得起时间长河的考验，经久不衰，实现可持续发展。由由嘉园提升了文化品位，提高了自身知名度，这也是它能够得以更深层次和更长远发展的关键。

五、总结与启示

（一）农业休闲综合体是农家乐转型升级的有效手段

农业休闲综合体的形成顺应了农家乐提升发展的特性，是农家乐转型升级的有效手段。第一，农业休闲综合体的形成适应消费者需求。时代的进步使得消费者的需求观念从最基本的物质满足向精神满足转变。假日出游，消费者不再满足于传统农家乐提供的餐饮服务，提高了对休闲娱乐、贴近大自然的要求。随着消费者需求的转变，农家乐的构成不再是简单的餐饮业，而是需要增加其他的因素来增加企业的竞争力。针对顾客的需求，建立多种服务，最终形成农业休闲综合体有利于企业打造独特的核心竞争力。

第二，农业休闲综合体的形成顺应时代要求。经济的快速发展导致资源与经济的矛盾日益凸显。资源的有限性大大限制了经济的发展。如何能够最大限度地利用资源是当今经济发展亟待解决的一个问题。农业休闲综合体有效地解决了这个问题，它在原有农业的基础上，融入了休闲旅游，将原有资源进行优化配置，使得资源的利用率大大提升。

（二）农业休闲综合体是提升企业竞争力的重要途径

在传统理论中，环境、资源及能力是影响企业竞争力的重要因素。在激烈的市场竞争中，企业的竞争力是对资源、能力与环境三者的整合。

农业休闲综合体将“休闲农业”和“旅游综合体”融合于一体，以全方位、一体化的服务打造并提升企业的核心竞争力。回顾由由嘉园发展历程，由由嘉园在发展的瓶颈期总结自身不足、提升自身实力，运用有限资源实现多种创收途径，在激烈的同行竞争中时刻保持优势，由此可以得出农业休闲综合体的优势在于对资源的优化整合配置，将企业的资源整合，更大程度地利用企业现有资源，打造企业独有的核心竞争力，为企业的长期发展提供动力。

综上所述，农业休闲综合体比农家乐更为系统、全面，能在更大程度上满足顾客需求，是提升企业竞争力的重要途径。由由嘉园将现代农业、休闲旅游以及田园社区三大产业结合，形成系统的农业休闲综合体，构建企业特有的竞争优势，促使由由嘉园能在众多农家乐中脱颖而出，实现可持续发展。

参考文献：

[1]何圣东. 建设都市农业综合体，推动休闲观光农业园区转型升级[J]. 中共浙江省委党校学报，2010(26).

[2]黄健儿. 建设农业综合体的探索与实践[J]. 现代农业科技，2013(06).

[3]顾婷婷，严伟. 基于福利经济学视角的乡村休闲旅游综合体的开发模式研究[J]. 生态经济，2014(4).

[4]章伟江，胡豹，王丽娟，陈剑平. 现代农业综合体运行机制研究——基于绿城现代农业综合体的实践[J]. 农业经济，2014(05).

[5]鲁芬，明庆忠，李凡，余晓兰. 乡村旅游综合体视角下的都市农庄建设研究[J]. 生态经济(学术版)，2014(1).

[6]郭伟，曹荣林，霍子文. 杭州现代都市农业综合体发展规划研究[J]. 江西农业学报，2011(6).

[7]卞显红. 旅游产业集群成长阶段及持续成长驱动力分析——以杭州国际旅游综合体为例[J]. 商业经济与管理，2011(12).

[8]叶春东，周维. 农旅综合体理论初探[J]. 旅游纵览(下半月)，2014(11).

[9]赵兵，郑志明，王智勇. 乡村旅游视角下的新农村综合体规划方法——以德阳市新华村综合体规划为例[J]. 规划师，2015(2).

[10]王婷，陶卓民，张维亚，李涛，王卫平. 国内乡村旅游综合体研究进展[J]. 安徽农业科学，2015，43(24).

[11]王伊梦，张天柱. 农业综合体的规划模式研究[J]. 中国农业文摘·农业工程，2016(5).

[12]吴必虎，徐婉倩，徐小波. 旅游综合体探索性研究[J]. 地理与地理信息科学，2012(6).

思考题

1. 由由嘉园成功打造农业休闲综合体主要经历了哪几个阶段？
2. 由由嘉园的成功对其他农家乐有何启示？

案例编写：何佳莉(工商141)、陈冰倩(会计152)、
金　晶(工商162)、张舒萌(会计ACCA161)、
王俞瑜(工商152)
指导老师：朱杏珍教授

案例 7
引领抹茶新时尚，探索绿茶产业链升级之路
——以绍兴御茶村茶业有限公司为例

摘　要：近年来"抹茶热"掀起，而国内抹茶市场尚属一片蓝海，这里孕育大好商机。绍兴御茶村茶业有限公司抓住机遇，独占鳌头，其抹茶销量占全国抹茶供应量的70%以上，成为国内最大的抹茶原料供应商。本文采用文献研究法、实地调研法、深度访谈法等，研究在消费需求转变背景下御茶村的积极应对措施，从最开始产业链单一、根基薄弱的困难处境成功升级自身产业链，并成为国内抹茶龙头企业。以内生增长理论为指导，在知识、人力、技术以及制度这四方面详细论述御茶村是如何完成产业链绿色升级的。分析表明，企业在外部环境变化下，需要敏锐分析市场需求，正确定位，瞄准目标产品，并采取有效措施提升企业实力，构建行业新优势。在消费需求转变背景下，为类似的企业、行业以及产业链的绿色发展、转型升级给出建设性参考意见，同时也为国家的供给侧结构性改革提供一个优秀的示范典例。

关键词：抹茶；产业链升级；绿色发展；内生增长；绿茶产业

一、引言

目前我国茶行业面临着发展困境，具体表现为国内茶种类、茶企众多导致的行业竞争激烈、行业标准缺失、管理无序以及茶企品牌意识薄弱，国内知名茶叶品牌缺稀等一系列问题。御茶村原本作为一家中日合资企业，是向日本关联方提供绿茶产品原料以及抹茶初制茶——碾茶的公司。后因种种原因，御茶村从出口转向内销，初入国内便面临茶行业困境，而且其自身产业链单一，根基薄弱。御茶村想要打出属于自己的一片"天下"，实属困难。

同时，随着经济的发展，消费者需求水平也随之提高，使得御茶村需要主动迎合市场并改变原有粗放的产业链。抹茶，作为一种高级粉状绿茶，因其在品种、栽培方式、采摘时节以及生产流程中技术含量要求较高，使得其附加值远高于普通传统绿茶。抹茶绿色、健康、时尚等特征也正好满足了消费者需求水平的升级。

御茶村为了走出自己的一片天，首先选择好方向，即生产抹茶，再通过企业自身的积极

措施——企业内生增长以及管理制度的优化完善来达到企业绿茶产业链绿色升级，优化产品结构，提高产品附加值以及开发文化、教育、旅游等服务功能，抢占国内抹茶市场，成为抹茶龙头企业。本文将结合当下消费需求升级和供给侧改革的宏观经济背景，研究御茶村是如何成功升级自身产业链，成为国内抹茶行业领先企业的。

二、案例研究对象

(一)公司简介

绍兴御茶村茶业有限公司创建于 1993 年，其前身是当地国有性质茶场，于 1993 年成为中日合资企业，2010 年日资撤离，转为内资。公司一直致力于成为专业的绿茶原料供应商，始终秉持"以制药的精神制茶"这一理念，为顾客提供美味、健康、安心的产品。公司目前的主营业务是提供抹茶原料、生产及销售各类绿茶产品。

公司位于浙江绍兴富盛镇，目前拥有近10 000亩茶园，其中4 000余亩茶园已建成全国样板茶园。除了拥有自主茶叶基地，御茶村还拥有以国际标准建立的全自动蒸青茶生产线、碾茶生产线、烘青生产线，年产能力达 150 吨的 10 万级无菌茶粉生产车间等设备，平均年产干茶能力达3 500吨。公司现有 180 多名固定员工，有 20 多位是中高级专业技术人员，其中不乏医药行业的专家，保障了茶叶的安全健康。

作为全国最大的有机抹茶生产基地以及国内最大的抹茶原料供应商，御茶村不仅专注生产销售抹茶，同时致力于"抹茶小镇"的建设，打造产业优势突出、生态环境优美、功能集成完善的特色文化园，将一、二、三产融合发展，更好巩固其国内抹茶龙头企业的地位。

(二)发展历程

绍兴御茶村茶业有限公司的前身为 1964 年成立的绍兴县攒宫茶场，是一家性质为国企的农垦企业。当时茶园面积只占企业总面积的 30%。1973 年开始兴办精制茶厂，年生产精制茶3 422.5担，外销2 919.2担，外销率达到 85.3%，并将桃园土地全部改造成茶园。1986 年，由于茶厂竞争激烈，青叶原料价格大幅上涨，经济效益明显回落。

1993 年，绍兴御茶村中日合资企业成立，引进了第一条蒸青茶自动化生产流水线，生产蒸青茶类，并且 100%出口日本，企业效益显现，当年完成利润 9.66 万元，茶场实现扭亏为盈。

2010 年 12 月，日资撤离，杭州山地茶叶有限公司入股，御茶村转为内资企业，开始进入国内市场。2011 年，公司大量供应销售抹茶，为星巴克、农夫山泉等知名企业提供抹茶原料，开始主推抹茶产品。发展至今，御茶村已经成为国内高档抹茶市场占有率达 70%以上的龙头企业，并引领着国内抹茶新时尚。

图 7—1 是公司的简要发展历程。

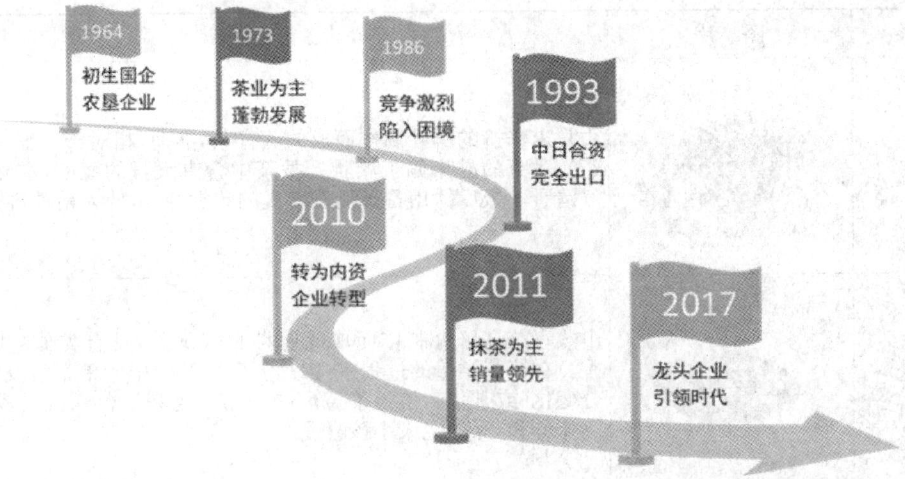

图 7—1　发展历程

(三)产品服务

1. 公司产品

公司的产品如表 7—1 所示。

表 7—1　公司产品

名称	图　片	产品介绍
抹茶		一种粉状的高品质绿茶(是一种磨碎的粉状茶，不是用来做茶饮料的速溶粉)。抹茶粉的细度极小，一般为 200～1 500 目，色泽鲜绿有光泽，香气清雅，海苔香浓郁。应用于众多领域如烘焙业、饮料、化妆品、冰激凌等产品
蒸青绿茶		一种日式绿茶，采用蒸汽杀青，保留了很多鲜茶叶原始的香气特征，色泽鲜绿润泽，香气清新。公司的蒸青茶有条形茶和片茶之分，其中条茶又分为粗制的 89 系列和精制的 91 系列
玉露		是最高级的日式绿茶，由细嫩鲜叶制成。该产品带有一种独特的海苔香，汤色绿而明亮，滋味鲜爽回甘。鲜叶的制作是待新芽出现后，采用草帘覆盖茶园，以防止阳光直射

续表

名称	图　片	产品介绍
番茶		由夏末采摘的鲜叶制作而成的蒸青茶，然而，相对于一般蒸青茶（煎茶），番茶的滋味偏于淡雅。番茶中含有大量的鞣酸，滋味微涩，香气清雅。饭后饮用番茶能刺激人的味觉神经，使人精神抖擞
焙茶		由蒸青茶高焙火制作而成的一种日式绿茶，具有类似咖啡的焙烤香。在焙茶烘焙的过程中，因高温而使茶叶中的单宁酸及咖啡因部分变化（或升华），使得茶苦涩味减弱。焙茶汤色深红或深褐明亮，滋味醇和，深受老人小孩喜爱
杜仲茶		可增强人体免疫力，降低人体胆固醇含量，降低血脂，预防心脑血管疾病，增强记忆力。另外，杜仲茶也可降低中性脂肪，促进新陈代谢和热量消耗，从而达到减肥的效果，并且还含有丰富的维生素，是一种良好的保健饮品
桑叶茶		含有维生素 C、B1、B2 以及叶酸、胡萝卜素、钙、磷、铁、锰、钠等元素，是维护健康、增强体质的天然保健品。由于此种茶叶是按照有机管理方式栽培生产的天然品，在日韩市场非常受欢迎，十分畅销

抹茶作为公司的主要产品，与普通绿茶相比，主要具有四点区别，如图 7—2 所示。

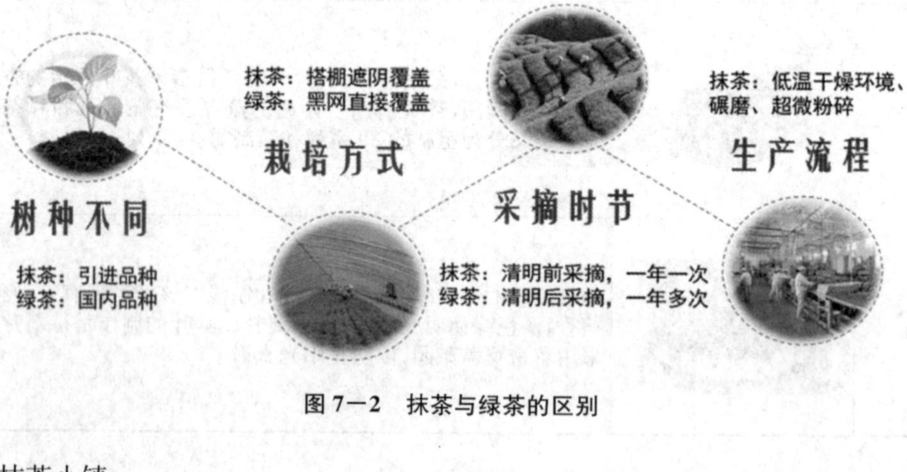

图 7—2　抹茶与绿茶的区别

2. 抹茶小镇

在特色小镇建设中，生态建设俨然成为一道“催化剂”，助推着小镇的发展。浙江省明确规定,特色小镇是一个开放共享的众创空间,所有配套设施必须围绕涵养产业服务的宗旨。在有限空间里,充分融合产业、旅游、文化、社区等功能,并注重人居环境的打造。

为了响应这一号召,御茶村在 2015 年由其董事长刘志荣提出建设“抹茶小镇”。抹茶特色小镇将依托现有的御茶村抹茶资源,把“抹茶”元素融入产业转型、产品创意、小镇提升的各个方面,并利用御茶村的龙头优势以及富盛镇特色旅游资源,挖掘文化内涵、推动休闲运动、倡导养生旅游,将富盛打造成为一个产业优势突出、生态环境优美、功能集成完善的特色小镇。

为了达成“产、城、人、景”的和谐,抹茶特色小镇将力争形成完善完备的产业集聚地,同时带动当地三产发展,成为新兴服务业、新经济形态发展新载体。截至 2017 年 4 月,抹茶小镇的规模工业总产值达 7.3 亿元,服务业营业收入达 206.33 万元,旅游接待总人数达 37 万。

(四)品牌合作

御茶村与国内外知名品牌公司展开合作,为其提供抹茶原材料,给企业自身拓宽销售渠道的同时也增强了其核心竞争力,能够更好地开拓国内抹茶市场,进一步助推产业链升级。

品牌合作伙伴有雀巢、德芙、奥利奥、农夫山泉、星巴克、好利友、格力高、卡夫等。

三、案例主体介绍

(一)原有产业链单一,根基薄弱

从广泛意义上来说,产业链是产业经济学中的一个概念,是各个产业部门之间基于一定的技术经济关联,并依据特定的逻辑关系和时空布局关系客观形成的链条式关联关系形态。本文是从御茶村的成功发展历程上来研究产业链的升级,将重点从原本的行业区域转向个体企业,以企业内部对整个行业产业链所作出的影响来研究产业链是如何优化升级以及价值的创造、延伸的。

御茶村原本的主营业务是种植、生产绿茶以及销售绿茶初成品给合资的日本企业。其产业链只是简单地从种植茶叶、初步加工茶叶到出口销售的茶叶产成品。如图 7—3 所示。

图 7—3　企业原有产业链

商品价值是由社会需求所决定的。在中国这个自古便盛行饮茶的国度里,茶叶产品、茶叶企业以及茶叶品牌数不胜数。简单地加工生产的茶叶初成品已经不能获得消费者的青睐,也不能得到很大的社会需求,因此产品附加值也低。原本御茶村单一粗糙的产业链,和大多数国内普通茶叶生产商一样,因为其中所包含的技术含量少,相应地其经济附加值也随之降低。

同时,单一的产业链在产品结构方面也存在着很大问题。原先产品种类较少,且都为普通绿茶产品,而且只停留在农产品的生产种植上,即便经过加工也是技术含量不高的简单初步加工。这样可被随时取而代之的产业结构,在如今显得较为低端。

另一方面,御茶村近几年主要销路从国外转向国内,其实面临着很大的难题——根基薄弱。出口转内销，意味着御茶村的聚焦市场要从日本到中国。而国内市场行情不同于日本，这对于御茶村而言是个全新的环境。国内茶行近几年一直存在着一些弊端——茶叶种类以及企业多、标准缺失、管理无序以及茶企品牌意识弱，知名品牌少等问题。御茶村面临国内茶行现状，再加上其产业链单一，产品附加值低，要想成功地在国内茶市立足，需要企业做出相应的措施来延伸产业链。御茶村的积极应对措施如表 7－2 所示。

表 7－2　　御茶村的积极应对措施

<table>
<tr><td rowspan="3">知识学习</td><td colspan="2">引入国内外专利技术</td></tr>
<tr><td colspan="2">聘请专家讲座、指导</td></tr>
<tr><td colspan="2">开发课程、专题培训</td></tr>
<tr><td rowspan="2">健全制度</td><td colspan="2">可追溯质量管理体系</td></tr>
<tr><td colspan="2">阿米巴化管理</td></tr>
<tr><td rowspan="10">技术革新</td><td rowspan="5">人力资本</td><td>引进人才</td></tr>
<tr><td>培养人才</td></tr>
<tr><td>强化人才能力</td></tr>
<tr><td>与高校、研究院合作</td></tr>
<tr><td>建立产学基地</td></tr>
<tr><td rowspan="2">结构资本</td><td>企业文化、精神、理念</td></tr>
<tr><td>强化氛围</td></tr>
<tr><td rowspan="3">物质资本</td><td>不低于 1.5%销售额的科研经费</td></tr>
<tr><td>全自动生产线</td></tr>
<tr><td>无菌生产车间</td></tr>
</table>

(二)御茶村产业链升级的过程——学习创新

1. 学习知识，厚积薄发

知识作为企业的可持续性资源，已经成为提高企业核心竞争力的关键因素。

为了解决专业技能的匮乏，御茶村聘请日本最专业的抹茶种植专家权田和岸本来公司讲座，将日本最先进的茶园栽培、施肥、除虫、修剪等技术带到御茶村，应用于抹茶园。高效、安全、丰产、优质，不再只是空话，而是实实在在体现在这里。他们给御茶村的技术人员们提供了针对性的指导，进行知识的灌输。例如如何修剪、如何留养、如何施肥、如何除草等有机抹茶园的栽培和管理。

御茶村的员工大多为当地茶农，文化水平较低。因此企业大力重视这方面，与政府合作，组织员工参加县市区组织的培训班、集团内部的专题培训，向农民提供机械，普及 IT 和农业知识，从而提高农民的生产效率和管理能力。对于新入职的员工，御茶村根据岗位特征而进行不同的技能与文化培训。聘请专业的讲师介绍由人力资源部门出台规范的制度流程，同时开发具有针对性的课程，对新员工进行基础知识、产品知识、职业化塑造、企业文化等全方位的培训。正是有了这样的知识学习后，御茶村才有能力去进一步创新技术。

2. 培养人才，高效作业

御茶村的员工在掌握了知识后，可以得到晋升的机会，一步步往上攀登，与这些技术专家的接触也能得到更多经验，提升自身能力。相应的，工资也有不少的涨幅。企业在实现自身价值的同时也带动了周边村民的生活水平，他们不再是简单的农民，而是有过培训，有过指导，有一定程度专业知识的人才。这对于他们的自身价值也是一种鼓舞和激励。

在技术创新人才方面，御茶村为聘请的员工提供了技术专家、技术高管双通道发展道路，通过导师制，让同类型的人才对口培养，快速提升专业能力。公司培养了专业技术人员6人，农业技术员12人，基地培训技术骨干40人。技术专家主攻技术开发与创新，解决技术难题，例如如何有机生产加工抹茶等。企业通过系统的技术培训、实际的项目经验积累、与高端技术人才的切磋等，不断强化技术型人才的岗位能力。技术高管善于把握项目方向与产品规划，带领团队完成开发任务，例如开发抹茶产品，打造抹茶小镇等。在积累了相当的技术能力之后，御茶村将会培训其带领研发团队，领导项目运作，与客户、农户沟通等，积累其对项目、茶产品的把控能力，不断提升其领导力。

除了企业长期聘用的员工，御茶村还引进国内技术人才，与他们进行技术上的合作，实现人才优势资源互补。在国内，企业与浙江大学、安徽农业大学等在茶叶行业有强大技术优势的高等学府联合，建立产学研基地；又与中国顶尖的中国农业科学院茶叶研究所和供销合作总社杭州茶叶研究院建立了长期合作关系，并与中国唯一的茶学院士陈宗懋先生合作成立了御茶村院士工作站。在国外方面，公司从日本引进了有机农业、土壤、茶叶种植加工方面的专家3名，使得在消费需求的驱动下，产业链的延伸得到了强有力的人才保障。

企业领导人才是企业在经济发展中的骨干，是技术创新的决策人员，肩负着经营管理、技术创新、实现保值增值的重要责任。御茶村的董事长刘志荣紧抓时机，面对茶产业人才短缺的问题，他任用有集成产业链思路的专业人才，使企业和茶行业未来的发展趋势保持一致。同时，御茶村下设了总经理、副总经理、行政总监、加工总监，作为领导型人才。他们有着前瞻的眼光，当企业接到星巴克抹茶大订单后，把握当下潮流，带领御茶村走向绿茶产业链的前端。正是这样的人才使得技术内生有了源泉，让御茶村集种植、加工和品牌营销为一体。

3. 革新技术，锐意创新

御茶村每年有不低于销售额1.5%的科研经费投入，来保障院士工作站技术工作的顺利开展。这些科研经费一方面用于人才的培养，一方面用于新技术的开发和应用。在抹茶的试生产阶段，为了提升抹茶品质，需要耗费大量的人力财力：对抹茶的加工工艺进行标准化研究和监测，首先是对抹茶原料碾茶进行了标准化的加工工艺研究，从摊青到杀青，从冷却到烘干，再到精制，以温度、转速、杂叶等外在指标，以及以汤色、滋味、香气等感官指标进行碾茶的品级评审，完善了碾茶的品级标准。只有资金的投入才能取得技术内生的能力。

御茶村公司自主研发了一套自动化、全封闭的设备——全国第一条"日铸茶"生产流水线，只需把新鲜的茶叶放在流水线上，设定好程序，就能一步到位生产出多种客户需要的茶叶。流水线制茶模式改革了传统的茶叶生产方式，而且生产出来的茶叶品质稳定，深受客户欢迎。在企业新投资的不断刺激下，不断地学习，随着经验知识的积累，企业生产率不断地提高，工人在使用新机器过程中寻找改进机器所带来生产率的提高以及企业的组织形式创新所带来生产率的提高，形成了所谓的“学习效应”。

为保证工作站高效运转，企业购置了必要的检验检测设备，建立了抹茶园良种基地和试验示范基地。此外，御茶村还拥有一座年产能力 150 吨的 10 万级无菌茶粉生产车间（绿茶粉和抹茶），10 万级无菌是比生产奶粉的条件还要苛刻，接近于制药水平的设备，真正做到了“以制药的精神制茶”。

在抹茶的生产过程中，通过对专业知识的学习和经验知识的积累，抹茶生产率不断提高，发生了技术变迁。御茶村在原先的技术积累生产经验，总结出缺陷后，进行创新，联系理论于实际中，2014 年，绍兴御茶村茶业有限公司研发申请的“茶叶转子机”“茶叶处理机”两项专利获得由国家知识产权局颁发的实用新型专利证书。一直被诟病的国内茶叶科技含量和附加值低的问题，在“御茶村”成为一个伪命题，这其中利用超微粉碎技术生产的生产机也助力不少。它用机器或者流体动力的途径将 0.5～5mm 的物料颗粒粉碎至微米甚至纳米级。以御茶村公司目前的技术实力，可以实现超微粉碎。这种程度相当于颗粒能够被皮肤瞬间吸收。这一技术的应用，再一次推动了抹茶的细腻状，使得御茶村在创新的道路上更进一步。

御茶村为了使企业形成自己的独特技术，还申请了茶叶保绿系统专利，用技术使得茶叶维持鲜嫩程度。而采摘后的茶叶一般是湿露的，为了更好地研磨，需要进行干燥。企业考虑到茶叶的数量庞大，创新了茶叶分层烘干机和烘房，并且申请了专利，为后续处理茶叶以及抹茶的进一步加工做出了巨大贡献。同时，抹茶园中搭架覆盖遮阴网，取得了很好的经济效益。通过对该地区试验示范的1 500亩抹茶园测算，平均抹茶单产达到 80 公斤左右，单价按 200 元/公斤计算，每亩产值可达16 000元，比常规栽培方法亩产值6 000元计，亩增收近万元。这正体现了技术内生所带来的经济价值。

因为有了技术的创新，在加工过程中，御茶村一直以“制药人”的标准来实施高档抹茶的生产，严把质量关，近万亩茶园全部通过了 ISO9001 认证、ISO22000 认证、FSSC 认证、CERES 国际有机认证、QS 认证，尤其是德国 CERES 有机茶园认证这份绿色证书，无论是出口欧美、日本等市场，还是国内销售，都是金字招牌。

4. 健全制度，完善管理

（1）加强质量管理，建立可追溯体系。产品质量是企业的根本，是企业在市场竞争中立于不败之地的最基本保障。为了稳定质量，提高品质，御茶村不仅通过了 ISO9001：2000、HACCP、QS、FDA 等质量管理体系认证，而且还建立了一套完整的可追溯质量控制体系。如图 7－4 所示，该体系确保从茶园管理、鲜叶生产、运输、加工、库房管理到出货记录等一系列环节的可追溯性。做好在产前、产中和产后的生产档案记录，建立从销售的终端产品追溯到生产茶园源头的追溯体系，通过电脑软件把各生产环节采集的数据有机地结合起来并传送到网络信息平台。达到了“生产可记录、信息可查询、流向可跟踪、责任可追溯”的要求，基本实现了各地的消费者均可通过网络查询、短信查询和语音查询三种形式，了解企业茶叶采摘、加工日期、生产地块等相关信息和企业质量安全信息。公司各相关部门在这一体系下分工细致，权责明确，通力合作，以确保产品品质。

御茶村提出高效测土配方技术，重点改良土壤性能，包括重施有机肥，改良土壤 PH 值，在农药使用方面也采取了可追溯的管理模式。对农药的使用，公司自行设计了农药使用一

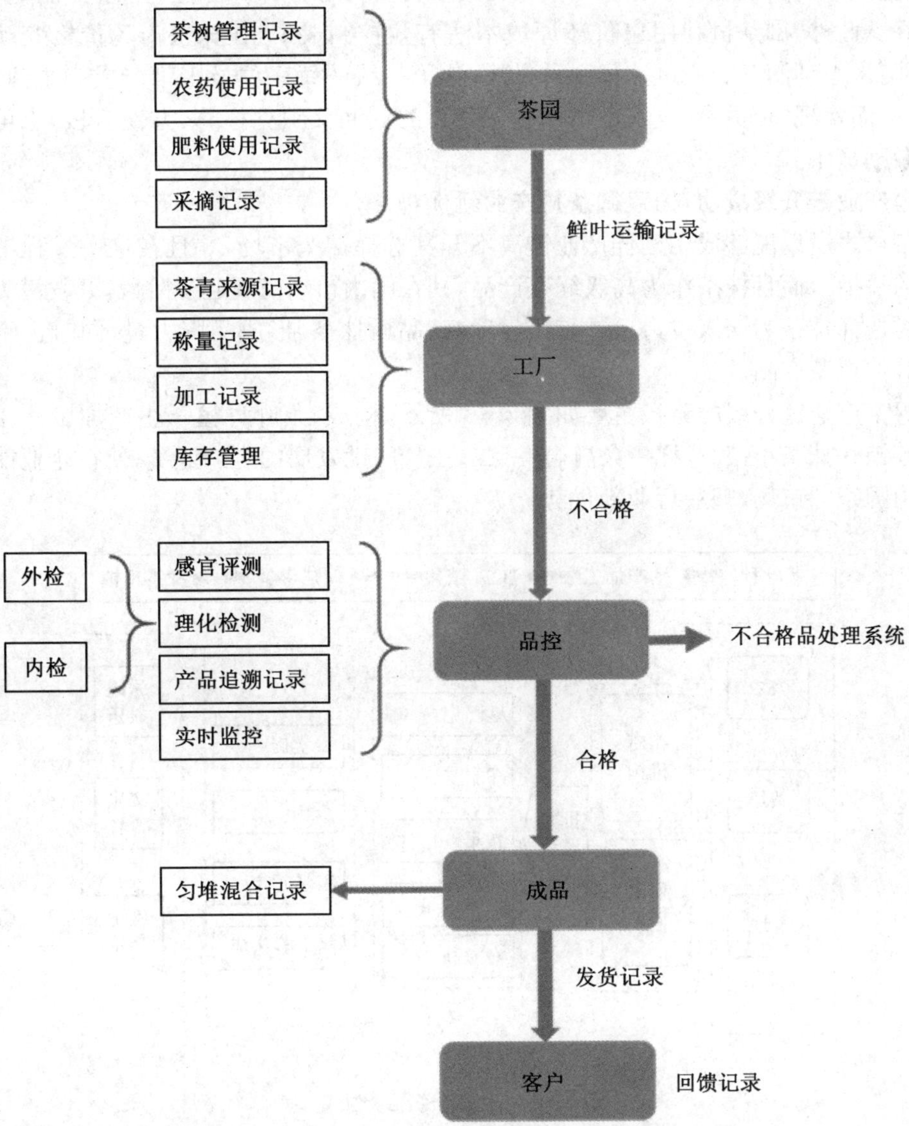

图 7—4　可追溯质量管理体系

览表，将农药的使用过程作了详细记录，具体内容包括：农药使用部门；被使用茶园的地块编号、品种；地块面积；防治对象；使用农药的名称及浓度；农药亩施用量；喷药日期和采摘日期。通过检查记录表来规范农药的使用，控制农药的安全间隔期，并通过加工厂对所加工茶叶的原料记录可追溯所生产茶叶的原始地块位置。

(2)阿米巴化经营，调动生产积极性。御茶村依据产品、工序、客户或地区等多种维度划分阿米巴，即在总公司下设了山地茶业有限公司等五个子公司，每个子公司有各自的领导，执行不同的主营业务，有抹茶种植、抹茶销售、抹茶研发、抹茶文化推广等。员工也以各自的领导为核心，每个子公司的计划都是不一样的，依靠全体成员的智慧和努力来完成目标。每个子公司独立核算、独立完成任务并贯彻公司整体目标和方针。单位时间销售额越高，业绩评价越好。此外，御茶村利用售价还原成本法有效控制成本，在抹茶市场价格变动的情况下，保证阿米巴利润率。通过这样一种做法，让第一线的每一位员工都能成为主角，主动参与经营，进而实现"全员参与经营"。而各子公司的利润又独立核算，方便考核，也可以根据业绩来激励员工。

(三)产业链升级成功，构建御茶村产业新优势

御茶村之所以能够成功延伸产业链离不开其选择抹茶市场，并且在这一过程中不断学习创新的举措。而且抹茶作为高级绿茶产品，其在国内市场尚属起步阶段，开发潜力大。于是御茶村选择抹茶为切入点，打造"御茶村"牌高品质抹茶，形成品牌力量，同时也帮助推广公司的其他绿茶产品。

其绿茶产业链升级的路径主要如图 7—5 所示，构成"茶叶种植→生产加工→B2B 销售→门店零销→抹茶小镇"这样一条融合一、二、三产联动发展的全产业链，使得企业能够稳稳立足于中国茶叶市场，塑造行业新优势。

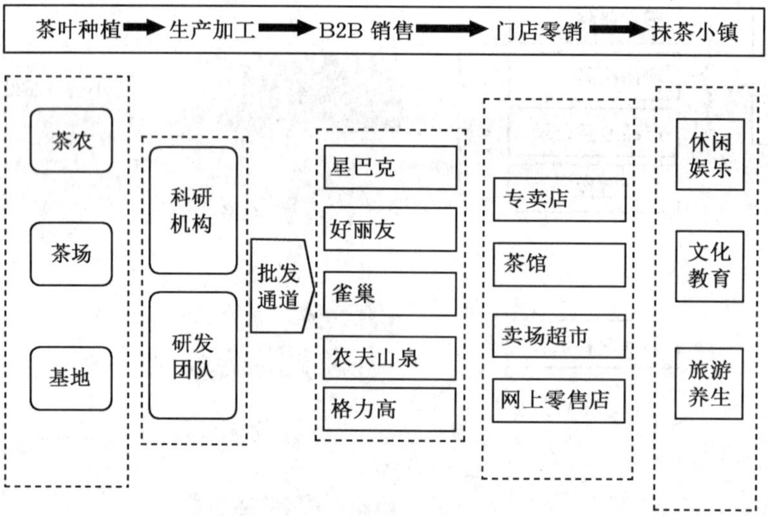

图 7—5 企业升级后产业链

1. 产品升级，结构优化

原先御茶村主要从事茶叶种植及一些初级晾晒茶，它位于茶产业链的上游，是整个产业链发展的基础。

1993 年公司从日本引进第一条蒸青茶自动化生产流水线，生产蒸青茶，蒸青茶的工艺与制作处理比初制茶更为复杂严格，茶产品的质量也更高。

2006 年，御茶村初涉抹茶，抹茶是碾茶的精加工茶，其生产工艺要求也更为严格。与常见的绿茶粉不同，抹茶生产由于采用了传统的碾磨技术和现代的超微粉碎技术，整个加工过程始终需要在较低温度状态下进行，这对技术的要求很高。

2011 年，抹茶成为企业的主推产品。在产品结构上，抹茶的生产和销售占比大大提高，而御茶村也由此成为国内最大的抹茶供应商。

御茶村实现了从粗制绿茶到精细抹茶粉的升级，是其产业链升级中的重要步骤之一，如图 7—6 所示。

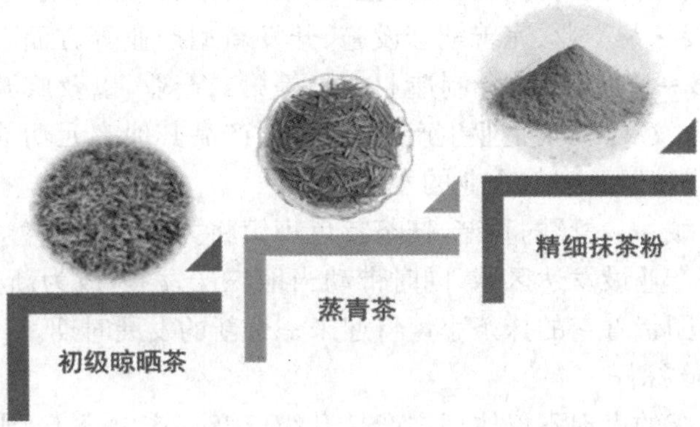

图 7—6　产品升级过程

2. 三产融合，协同发展

三产融合是指一产——茶园管理、二产——产品销售、三产——抹茶园三者协同发展。抹茶特色小镇的建设积极响应国家政策，御茶村紧随国家对于小镇的发展方向，又以其生产抹茶的自身特点，是其产业链升级的优势所在。

(1)休闲娱乐服务。品好茶，观茶景，学茶文化，又可以顺带领受宋六陵的文化风光。御茶村一带本就自然风光优美，民风淳朴，既可以作为休闲旅游娱乐场所，又适合作为颐养天年的好处所，开展休闲、旅游、养老等第三产业服务，能够充分开发抹茶小镇的休闲娱乐服务功能。

御茶村的茶园里、行道内，树木色彩斑斓，豆梨、海棠、红枫各展风姿。这批投入 300 万元种植的彩色树木，是抹茶观光园建设的"先行棋"。未来的某天，一条"皇陵—青龙山水库—茶园—茶叶加工厂—抹茶产品展示"的观光旅游线路将正式出现在游客眼前。

此外，在 2016 年 4 月份，富盛镇开展"2016 抹茶马拉松清新开跑"项目。抹茶马拉松赛采取了山地越野马拉松的形式，沿途穿越万亩茶园和竹林小径，翻越山坡古道和原野小溪，"动静相宜，诗意奔跑"，丰富了抹茶小镇的休闲娱乐功能。

(2)文化教育服务。在抹茶小镇内建立抹茶种植栽培基地，建立抹茶制作实践基地，也开设茶道文化学习，能够将原先失传的抹茶文化重新通过抹茶小镇的体验给带回来。在抹茶小镇里，游客可以参观抹茶茶树种生长栽培基地，亲自实践如何将初级抹茶原料——碾茶研磨制成抹茶，可以听从其中专业人员学习如何品茶，学习茶道以及相应茶文化，是抹茶文化的回归与洗礼。

(3)绿色出行，养生旅游。御茶村的发展理念与共享单车所倡导的"绿色出行、绿色旅游"相契合。2017 年 5 月，御茶村主动与摩拜单车对接，希望共享单车入驻抹茶小镇。7 月份，首批 50 辆摩拜单车投放富盛镇，橘黄的车身给御茶村增添了一道靓丽的风景，成功串联起了抹茶小镇内多个主要景点。据悉，这是摩拜单车在全绍兴市范围内投放的第一个小镇。

为了减少汽车尾气污染、保障茶园内游客游览安全，从 2017 年 5 月开始，御茶村茶园内禁止车辆通行。对于参观占地约 4000 亩的茶园，引入摩拜单车利用骑车出行是合适的选择。

抹茶小镇依托现有的御茶村抹茶资源，把"抹茶"元素融入产业转型、产品创意、小镇提升的各个方面，在发展抹茶产业、完善配套设施、开发新型产业等方面下功夫。依托御茶村的抹茶产品为主的第一产业，再融合制造业加工等第二产业，以及旅游文化教育等第三产业，落实一二三产融合发展，调整企业生产框架，挖掘产品其他多元功能，延伸产业价值链，将促进御茶村、抹茶小镇以及类似企业的发展。

御茶村注重"产、城、人、景"的和谐，抹茶特色小镇将力争形成完善完备的产业集聚，成为浙江乃至全国抹茶产业最发达区域，同时带动当地三产发展，成为新兴服务业、新经济形态发展新载体。御茶园带着它的抹茶小镇将迎来一个新的发展时期。

3. 价值创造，树立标杆

御茶村产业链升级的表现不仅体现在产品升级以及三产融合上，伴随着产品升级和抹茶小镇的建设，公司打开抹茶市场，其应用面、销售网以及客户群体都有所扩大，品牌意识提高，为企业带来更多收益和价值，也巩固了其国内抹茶供应商的龙头地位。

(1)应用面拓展。御茶村的抹茶产品从"喝"到"吃"和"用"，从普通的茶饮到应用到各类蛋糕、甜点、冰激凌等中去，成为食品添加剂，再到抹茶面膜、抹茶香皂等护肤品的产生，可以说已经遍及人们生活的方方面面了。

茶衍生品的出现使得抹茶的应用更具广泛性，延伸产业链，创造更多附加价值。

(2)销售网发散。御茶村将抹茶作为其主营业务后，引来众多知名合作商。为星巴克、好丽友、农夫山泉、德芙、格力高等品牌公司提供抹茶原材料，大大延伸了自己的销售网。并且，公司经常会参加各种产品展览会、农博会、农展会、市场展销会等，通过展览宣传自己。同时，在 2016 年 G20 峰会上，御茶村还为其提供了一道菜——抹茶焗大虾，在国际上很好地宣传了自己，提高了知名度。

御茶村的客户除了一些大的供应商之外，随着抹茶小镇项目的启动，也吸引了众多游客前来观光。截至 2017 年 4 月，旅游接待总人数达 37 万。这些游客带动了公司以及周边地区的发展。在主要客户为大企业的同时也发展了一些零星客户，使公司销路进一步扩大。

此外，御茶村在杭州还拥有自己的门店——博芮客，一家抹茶主义生活馆。在那里，可以品尝各种抹茶甜点，同时，这也是一次抹茶文化的回归之旅，让大家了解更多关于抹茶的知识，了解抹茶的历史。

另外，在淘宝、微信等电商平台上，御茶村还开设了自己的店铺，销售抹茶产品，销售面进一步扩大。企业销售网如图 7-7 所示。

(3)品牌自立。原先的御茶村并没有自己的品牌，生产的桑抹茶几乎百分之百出口日本，因此在国内的知名度不高。后来日本撤资后与杭州山地茶业合作，御茶村依托自身发展能力，始终以"制药人"的标准来实施高档抹茶的生产，2015、2016 年销售额分别达到6 000多万、8 000多万元，2016 年抹茶出口量达到 700 多吨，在良好效益基础上，御茶村创立了自己的品牌——"抹茶园"和"御茶村"牌。品牌的创立使得御茶村更具知名度，形成品牌意识。

图7—7 企业销售网

四、案例分析与讨论

消费需求的转变，是企业目前所处的背景条件，也是推动御茶村绿茶产业链升级的起因。同时，企业产业链升级也需要借助内生增长来得以实现，即内生增长是企业产业链绿色升级的路径和方法。如图7—8所示。

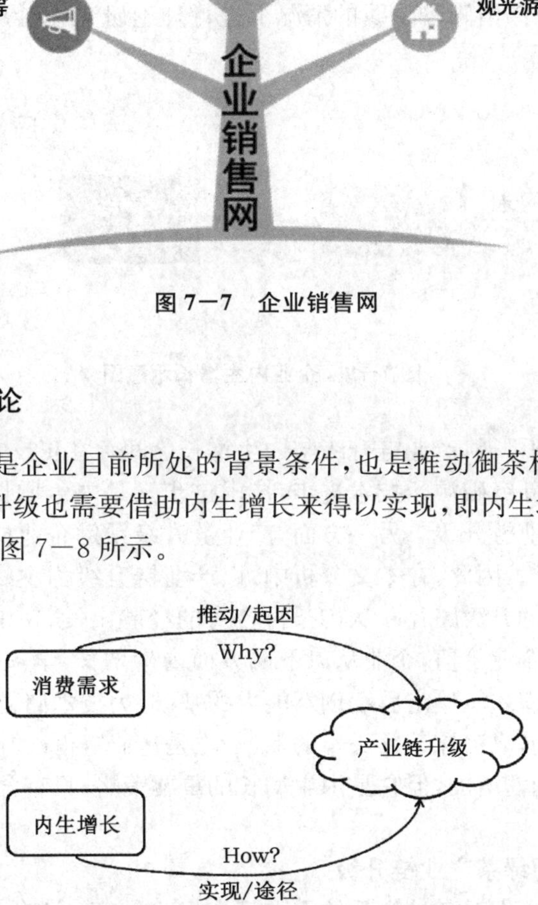

图7—8 消费需求、内生增长与产业链升级的关系

(一)理论基础：内生增长理论的基本思想

与新古典经济增长理论不同的是，内生增长理论并没有已为多数经济学家所共同接受的基本模型。确切地说，内生增长理论只是一些持有相同或类似观点的经济学家所提出的各种增长模型构成的一个松散的集合体。但这一理论特点仍可归结为，公司完全通过现有资产和业务，而非通过兼并收购方式实现销售收入和利润的增长，其核心思想是认为经济能够不依赖外力推动实现持续增长，而内生的技术进步是保证经济持续增长的决定因素。

内生增长理论以内生要素为基础，将直接或间接作用于生产的各种相关技术、知识等作为生产函数要素研究经济增长。它的逻辑在于：通过分析技术进步的过程以及技术进步产生的原因来使技术产生于经济系统内部。在内生增长模型中（见图 7—9），技术与知识或人力资本密切相连，一方面，内生增长模型中把技术、知识与人力资本视为同一概念，探讨其特殊性质所能带来的收益递增；另一方面，内生增长理论把知识（专业化人力资本）积累视为取得技术进步的主要原因。但现有的内生增长模型只是侧重某一方面，如知识外溢、边干边学、人力资本投资、R&D、收益递增、劳动分工和专业化、开放经济和垄断化等，而忽略了制度在内生增长中的作用。上述观点无疑各自抓住了内生增长理论的一个侧面。然而，在缺乏一个统一的框架或一条清晰的主线的情况下进行理论研究，所得到的结论无疑也是片面的和不清晰的。

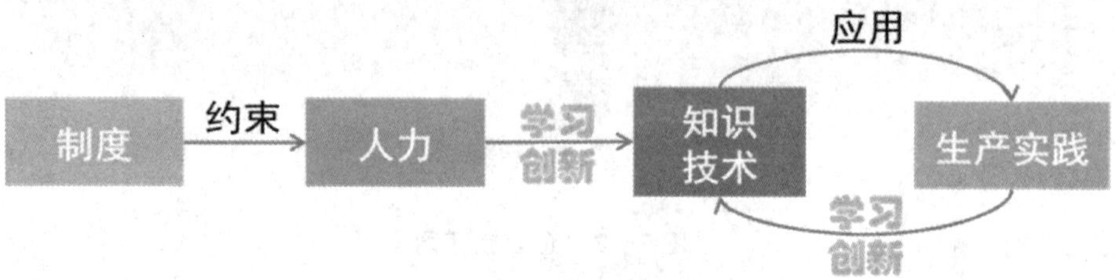

图 7—9 企业内生增长示意图

由御茶村这一案例可得，产业链升级与内生增长之间存在正反馈。一方面，产业链升级离不开创新突破，而创新突破源于技术进步，技术进步又是内生增长的表现，从这个意义上说，内生增长驱动了产业链升级。另一方面，产业链升级帮助企业成为龙头企业，又有助于企业进一步的内生增长。因此，在本文分析中，以产业链升级为主线，综合内生增长的四大方面，研究绿茶产业链的升级路径。从御茶村自身的经验出发，在消费需求的引领下，为进一步升级产业链，提升企业价值，企业从以下四方面内生增长：学习知识、培养人才、改善制度、投入物资。学习知识才能奠定后续创新能力的基础，为技术储备无形能力。技术创新是企业得以占据绿茶市场，成为抹茶领头羊的保证，也是产业链得以升级的内在原因。企业制度尽管不能直接使得利润增加，但它是内生增长的重要策略，只有合理的制度才能让御茶村屹立不倒。

（二）消费需求推动绿茶产业链升级

消费升级背景下，人们对各种商品的需求正在发生转变。人们具备或正在具备追求更高层次生活的愿望和能力，消费需求也呈现出多样化、多层次，并由低层次向高层次逐步发展的现象，消费领域不断扩展，消费内容日益丰富，消费质量也不断提升。

根据本案例分析可得出人们对消费需求的转变主要体现在以下三方面：一是人们追求更高品质、健康有机绿色的产品；二是对旅游服务业需求的提高；三是人们追求有更多衍生价值的产品，注重品牌意识。御茶村迎合消费需求，选择抹茶为主要产品，积极开展抹茶小镇建设，提高品牌意识，达到产品升级、应用面拓展、销售网发散、三产融合、品牌自立等多种价值，最终推动绿茶产业链升级。如图 7—10 所示。

1. 高质产品需求扩大，推动产品结构升级

随着人们生活水平和文化水平的不断提高，推动着人们的消费需求发生转变，进而使得

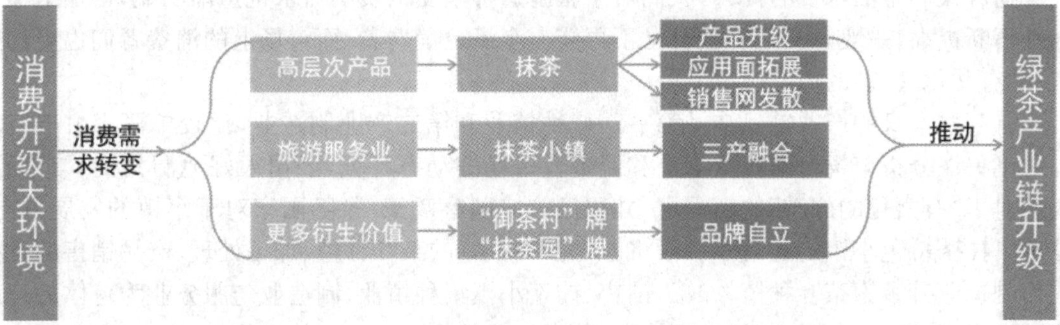

图7—10　消费需求推动绿茶产业链升级的内在逻辑

人们趋于追求更高层次的产品。所谓的高层次包括高品质、高附加值、绿色、健康，而高品质不仅仅体现在原料选择上的优良，在加工制作过程中，也需要结合现代先进的科学技术，来保证精细安全无污染的制作过程。一方面，吃得安心，吃得健康，吃得美味，是当下消费者对所消费产品的追求。另一方面，产品的高附加值也是消费者愈加重视的，这都与消费者挑选产品时的选择直接挂钩。

面对人们消费需求的转变，御茶村采取积极主动的措施，从审视自我、逐一发现内在问题着手，同时也加强了对国内茶行业状况、消费者需求和消费者市场的动态特征的关注，努力为其将来谋得更好的生存与发展。

在发现自身企业产品结构不够完善后，御茶村的市场部关注到人们愈加追求高品质、高附加值的产品，对于时尚潮流的追求也更为狂热。此外，还发现人们对产品的安全、绿色、健康、有机、生态、环保等方面的要求也越来越高。

一直以来仅提供传统茶产品的御茶村改变市场定位，将抹茶作为主要产品。因为抹茶作为绿茶的“升级茶产品”，其本身就具有“高营养”“高品质”“附加值高”“绿色健康”“时尚”等特性，与国内新兴起的消费升级理念完美契合，可以很好地迎合消费者的需求。

与此同时，放眼国内，御茶村发现目前国内的抹茶市场还处于大片未开发的状态，且国内生产企业微弱，该市场发展潜力非常大。再加上近几年欧洲各国流行起来的抹茶热，这些都促使御茶村选择在制作茶叶技术上相近的绿茶“升级茶产品”——抹茶，也让御茶村瞄准了国内目前仍处于空白空缺的抹茶市场。

在御茶村漫漫长途的试生产抹茶历程后，生产抹茶各方面工艺也逐渐成熟，包括种植技术、种植技巧、后续处理加工手段等。此后，御茶村也逐渐扩大了抹茶在市场上的投放量，并以此完成了产品升级，优化了产品结构。

此后，御茶村种植生产的抹茶也作为原材料提供给不同行业的合作商，其中主要包括食品行业、饮品行业、化妆品行业等，使得御茶村的抹茶产品从普通的茶饮到应用到各类蛋糕、甜点、抹茶面膜、抹茶香皂等涉及人们生活的各个方面，实现了其应用面的拓展。

另外，御茶村还与众多知名品牌合作，吸引了星巴克、农夫山泉、格力高等品牌公司，为他们提供抹茶原材料，实现销售网的发散。

2. 旅游文化需求提高，推动三产融合发展随着人们生活水平的提升，人们对于旅游这种享受消费的需求也愈渐明显，再加上文化水平不断提高，一般意义上的旅游已不再能完全满足消费者，而市场上的消费者们也更加追求去“有文化底蕴”的地方旅游。

御茶村本身的产业链只涉及第一产业种植业和第二产业制造业，比较单薄。由于市场部时刻关注分析市场上消费者需求和消费者市场的动态特征，公司很好地洞察到了市场上人们对于“有文化的旅游”的新需求，并积极响应国家政策，紧随国家对于小镇的发展方向，推出了抹茶特色小镇的建设。从而将原先公司仅有的茶叶种植、加工处理、产品销售的种植业与制造业升级为茶叶种植、加工、销售、抹茶小镇集种植业、制造业与服务业为一体的三产协同发展，并以其生产抹茶的自身特点，致力打造其产业链升级的优势。

3. 品牌价值意识增强，推动衍生效益实现

人们对于消费产品的品牌价值意识逐渐增强，在挑选产品时开始对品牌有了更多的追求。正如马斯洛需求层次理论所述，随着温饱的解决到小康阶段，人们对尊重需要的需求逐渐明显，而购买消费品牌产品往往也彰显了一个人的社会层级、身份和地位。随着富人的增多，进入富裕阶段的人们也表现出对品牌产品的需求，因为品牌产品总是与高质量挂钩，因而也能让人们更安心地消费。

而原先的御茶村并没有自己的品牌，在国内知名度也并不高。后来公司依托自身发展能力，始终以“制药人的标准来制茶”实施高质量、高档抹茶的生产，产量与销售额都与日俱增。与此同时，御茶村关注到市场上人们对于品牌价值的追求愈盛，于是创立起了自己的品牌——“抹茶园”和“御茶村”牌。品牌的创立使得御茶村的知名度在短时间内显著提升，并以此为公司创造了不少效益。

(三)内生增长实现绿茶产业链升级

本案例企业依靠内生增长的四个要素实现绿茶产业链升级，如图 7－11 所示。

图 7－11 内生增长的四大要素

1. 知识溢出——产业链拓展的源泉

罗默在《收益递增与长期增长》一文中，对阿罗的“干中学”模式作出了重大的修改和扩展，开拓了知识外溢和边干边学的内生增长思路的研究。他认为，生产性投入的专业化知识

资本的积累是长期增长的决定性因素，它不但是自身具有递增的边际生产力，而且能使资本和劳动等其他要素也产生递增收益，进而使整个经济的规模收益递增，收益递增保证了长期增长。有关模型也说明，企业的学习水平越高，能带来更大的经济增长率，企业的知识存量越高，经济增长率越大。

知识作为企业的可持续性资源，已经成为提高企业核心竞争力的关键因素，技术的创新来自源源不断的知识，这些知识通过适当的机制在企业内部流动，并对知识进行有效的积累、整合进而产生新知识，才能创造出新技术，以及形成连续性的技术创新。知识是在生产活动中互相学习的经验积累，是企业对物质资本投资时引起知识存量的增加，通过知识管理和组织学习培养出来的技术创新人才，针对性强，在其领域方面更具针对性，容易形成黏性效益而成为企业专用人力资本，因而更具有垄断性和独占性，更容易成为企业的核心竞争力。因此，知识是内生能力的基础。企业要想延伸产业链，需要在知识方面投入成本。而知识又有显隐性之分，显性知识往往可以用语言表达、文字记录并传播，即能够被清晰地表述和有效地转移。而隐性知识往往构成企业内生增长的核心优势。如何有效学习和管理这两类知识，使其价值最大化，是内生增长的源泉，从而拓展产业链。

(1)显性知识内隐化。随着显性知识的共享和传递，员工开始将其转化为自己的知识，并在此基础上拓宽、延伸和重构自己的隐性知识系统。御茶村最开始是做蒸青茶，生产出来的绿茶很少销往国内，在经历了日方撤资之后，御茶村不甘于产业链单一的现状，开始积极准备茶叶种类及加工精细的计划。在消费需求的推动下，御茶村把握了抹茶这一方向，开始产业链升级之路。蒸青茶的工艺流程大致和抹茶类似，企业又从日本吸收了如何完善抹茶生产的先进经验，并很快在企业内建立了学习网络，领悟并应用到自己的实践中，使之内化为自己生产中的经验和技能。

(2)隐性知识外显化。在这一过程中，个人的经验、技巧乃至思维方式和价值观这些隐性知识，可以通过系统的梳理，以文字、图表等形式更明确地表达出来，并为更多人所共享。御茶村通过宣传栏、手册记录、设定一系列的激励保障措施，促进企业中每一位成员积极地将自己在抹茶生产中遇到的问题、积累的经验、掌握的技术用一定的文字、图表表达分享至平台，同时也把专家指导的技术记录在册。通过这种方式，御茶村促进了员工个体知识向企业知识的过渡，扩充了企业的知识储量，成为宝贵的资源，为产业链升级打下了基础。

凭借不断向外界专家学习、自身经验学习的这一能力，御茶村逐步掌握了一些高效、质量保证的技术，获得了技术依赖的突破，为产业链升级之路打下了基础。

2. 人力资本——产业链效率的基础

人力资本有广义和狭义之分。广义的人力资本泛指知识，在此不做具体论述；而狭义的人力资本又称为专业化人力资本积累，指体现在人身上的技能和生产知识的存量，由劳动者的能力、知识和技能构成，是劳动者质量的反映，是体现在劳动者身上的，以劳动者的数量和质量表示的非物质资本，具有竞争性和可排他性。现代企业的持续发展需要知识和技术的不断创新，因而更依赖于人力资本，这一因素对于企业竞争优势的影响力与日俱增。其中，技术创新人才是企业最活跃的核心资源，是技术创新的源泉和产业链升级的关键；企业领导人才是企业人力资本的核心，直接关系到产业链升级的兴衰成败。

卢卡斯的人力资本模型从教育的角度，分析人力资本积累通过脱离生产的正规和非正规学校教育，使经济活动中每个人的智力和技能得以提高，从而提高劳动生产率，最终促进经济的持续增长。因此，发展教育、实现人力资本积累是经济增长的关键途径和决定性因素。人力资本具有两种效应：内部效应，主要是指人力资本能够提高自身的生产率和增加个人的收益；外部效应，主要是指人力资本能够提高所有生产要素的生产率，具有正的外部性。如图7—12所示。

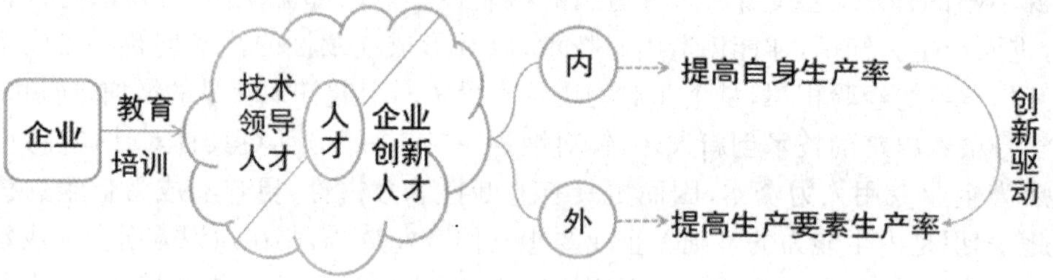

图7—12　人力资本作用机制

(1)内部效应。人的知识技能是人力资本的核心内涵，是人力素质最基本的反映。提高人的知识水平和文化素质最根本和最有效的方式是提供教育，开展培训。随着工业现代化的深入发展，现代企业所需的初级劳动力大量削减，并由劳动密集型产业转向资本密集型和技术密集型产业，掌握专业知识的劳动者特别是高级技术与管理人才将成为现代企业的稀缺资源。御茶村重视人力资本的开发、利用与投资，注重企业员工素质的提高，营造出“尊重知识，尊重人才”的良好氛围，大力开展员工的教育与培训工作，聘请日本专家学者实地指导，提高了员工的专业水平，充分发挥了人才的科技作用，增强了企业的竞争力，为企业的产业链升级带来了最根本的活力源泉。

(2)外部效应。与物质资本不同，人力资本的外部性是普遍存在的，这是由人力资本自身的特点决定的。虽然人力资本的作用直接表现为其内部效应的作用，它直接提高个人的劳动生产率，并且在正常情况下个人的智力与体力也不会被他人无偿占用或利用，但人力资本一般都要外化为知识或技术形态来影响经济增长。御茶村制定了一套专门从新入职到进一步培养的人才培养体系，将这些人才运用于茶叶生产的每一个环节。企业也聘请当地的一些茶农，既缓解茶行业繁忙的现象，也为当地百姓提供了就业机会。这样培养人才也是为整个社会提供了经济增长的源泉。

正是因为企业有了人才资本作为基础，在绿茶产业链的升级过程中，有了明确的方向和可以实践的人力，让御茶村集种植、加工和品牌营销为一体，打破了中国茶行业有品无牌的格局。

3. 技术创新——产业链升级的核心

企业要想在技术方面创新突破，物质资本支持是其必要条件，也是企业技术创新能力强有力的推动力。充足的资金有利于企业技术创新的实现，先进的设备和专利帮助企业吸引优秀的技术创新人才加盟，使创新管理更加科学有效，使技术力量更加合理有力(安子鹏，2007)。研究发现，企业研究开发投入与技术创新能力成正比，为了获得强有力的技术竞争力，设备和资金的投入、专利的开发是必不可缺的。随着技术进步对经济增长影响程度的不断加深，人们认识到，技术不再是作为经济系统之外的因素，而是在经济系统之内，通过对物质资本投资和对技术的直接研发产生，从而对企业生产率产生正向的影响，进而推动经济长期增长。

(1)"干中学"促进技术内生，实现产业链升级。干中学旨在说明知识部分来源于经验这一事实，劳动者从经验中学习，而经验是在生产过程中获得的。换言之，边干边学是动态规模经济得以形成的原因之一，因为厂商知道，增加目前的生产会减少将来的平均成本。这一过程的灵感来自对飞机外壳制造、造船及其他领域中的经验对生产率的巨大正面影响的经验观察。具体过程就是人们是通过学习而获得知识，而学习又是经验的不断总结，经验来自行动。经验的积累增加了企业的知识存量，知识不断增加的产物就是技术进步，最终通过技术进步推动企业生产率的提高。这个具体的作用机制如图7－13所示。

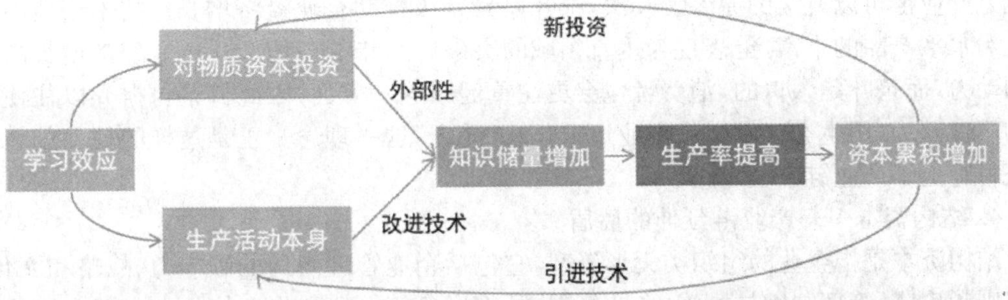

图7－13　"干中学"实现技术内生化的机制

御茶村的员工在制度的约束下，通过学习和积累经验，不断地提高生产效率，推动技术进步，驱动产业链升级。但由于重复解决大体相同问题的"干中学"受递减收益约束，对任何既定的刺激，存在一个均衡反应形式，学习者趋于重复其行为。御茶村用开发投入的新型机器设备来改变生产环境，使得技术的创新在新的刺激中不断发生。此外，在抹茶和茶产品的生产过程中，通过经验知识的积累，茶产品生产率不断提升，发生技术上的改变。对于刚准备升级的御茶村而言，由于缺乏一定的资本积累，引进新的种植加工技术并不断地研究学习，在实际生产过程中进行创新和改良，也使得它得以技术进步从而推动产业链的发展。

(2)直接研发和积累技术实现技术内生化，驱动创新发展。研究与开发是指基于系统研究的基础上所进行的创造性生产或者工作，其目的是增进社会所拥有的科技知识存量。基础研究是指主要获得现象背后的规律和事实而看不到特定应用和实用前景的实验或理论研究工作。应用开发就是在由针对生产新产品、新工艺和新材料所研究获得或者通过实践经验获得的现有知识基础上进一步开展系统性的攻关，以期望获得工业化实用技术，装备新工艺和新系统，提供新服务，以及大大改进或者替代现有产品。企业通过设立专门的技术研发部门，技术的正外部性促进技术存量增加，技术的负外部性淘汰一些过时的技术，让技术与时俱进，从而保证企业生产率的提高，推动产业链升级。具体的作用机制如图7－14所示。

御茶村设立了院士工作站，成立了专门的研究团队，致力于茶产品的创新，同时种植加工抹茶，开拓抹茶市场，用超微粉碎技术进行处理，这样一种差异化生产使得企业有得天独厚的竞争力。不仅仅种植加工，企业还研究开发了茶的衍生产品，增加了企业中间产品的种

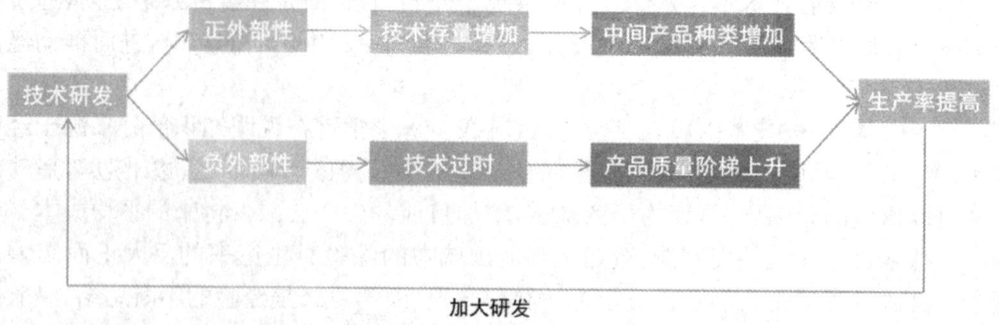

图 7—14 技术研发推动企业内生增长的作用机制

类也是产业链可以升级的原因。其次，茶叶质量升级推动企业经济增长。技术创新不仅仅表现为水平产品的丰富，也表现为垂直领域的突破。一味的模仿会让企业经济增长缺乏持久的动力，而茶叶是入口的，消费者也会更注重健康这一方面，因此御茶村摒弃以往使用农药的不良行为，用生态技术引领企业追求"敬天爱人"这一理念。正是这样的技术创新使得御茶村走上了产业链升级之路。

4. 结构资本——产业链延伸的后盾

结构资本是指企业的组织类无形资产，它包括企业管理当局的领导力、战略和文化、组织规则和程序、管理制度与措施、企业氛围、品牌形象等等。它将个体的人力资本转化成组织资本，是人力资本转化成组织财富的基础；人力资本只有经过结构资本的整合，才能上升为有效的智力资本。与企业人力资本相比，结构资本是企业所拥有的一种组织能力，其价值在于把人力资源凝聚起来，使人力资源在实现战略目标的过程中得到有效的利用。因此它会影响企业人力资本效率，进而影响人力资本投资的重要环境因素。

尽管现有的内生增长理论没有说明制度在企业内生能力形成中的重要作用，但它仍然是一个不可或缺的内生因素。从制度对企业产业链升级的作用机制来看，一是制度促进人们增加对各种资本的投资激励，如设备、人才、技术等投资，加快技术进步的进程，使产业链升级有所保证；二是制度通过优化资源的配置，提高了资源的使用效率。这种资源的使用效率的提高不是单个资源的效率的加总，从一定程度上讲，它不是人力和物质资源本身的效率，而是作为稀缺资源的制度对经济增长发挥的效率，就如同技术改变了人们使用生产的工具的形式和功能，提高人们的劳动技能而促进了经济增长。而有利于创新的制度安排，才是推动企业进步和技术创新的主要力量，也是产业链延伸的后盾。

为此，御茶村以产品品质为核心，以生态的茶园系统为依托，以现代绿色食品生产科技为保障，追求高品质、高效率、低成本，建立了一套可追溯质量管理体系，达到了"生产可记录、信息可查询、流向可跟踪、责任可追溯"的要求，基本实现了各地的消费者均可通过网络查询、短信查询和语音查询三种形式，了解企业茶叶采摘、加工日期、生产地块等相关信息和企业质量安全信息。使得企业与客户可以共同发展，企业与社会可以和谐进步。

此外，御茶村为了充分地了解社会发展和客户所需，企业的员工定期做市场调研，获得顾客对抹茶和其他茶产品的看法，致力于收集市场情报和客户的信息反馈，急客户之所急，想客户之所想，始终把目光放在社会需求的方向和行业发展的前沿。在公司内部，不仅建立健全了产品的品质控制系统,而且还创立了公司内部的信息交流系统,实现了情报资源的充分利用。同时,阿米巴化的管理制度充分调动了员工的生产积极性,在茶叶的生产加工环节都竭尽所能做到极致,为产业链升级做出贡献。

五、案例总结

纵观历史发展历程,国家以及人类社会都是以波动的方式不断向前推进的。国家社会的进步,物质资源的创造以及积累,都使得人们能够享受到更为先进、优质、精细的产品,正如马斯洛需求层次理论中所展现的人类需求由低到高那样。人类消费需求的提升是历史发展的必然。面对需求的转变,企业要做的不是视而不见、故步自封,而是看清自身处境,积极采取有效措施,化劣势为优势。

农业产品种植的好坏不仅与企业自身努力相关,也离不开外部气候土壤等自然条件,还有产品的种植周期。当一个企业引入新的农业品种时,研究开发、栽培、后续处理加工等环节均需涉及人力、物力,种植技术、加工技术等技术支持也相当重要。农业企业的成长,不同于依靠平台特点、商业模式来创造价值、获取利润的电商那样的模式,环境的开发、优化、可持续及植物的成活到植株成熟均耗时漫长。所以一旦领先种植并产出一定量的新作物,就可以快速进入市场,抢占市场先机。

一家企业的成功得益于很多因素,本文就研究的企业来说,概括为以下四点:

第一,敏锐感知,主动出击。市场环境风云突变,能够敏锐地感知到外部的变化,实属关键。若是面对变化,毫无察觉,保持原样,只能被消费者摒弃。市场环境的激变,看似不利,其实意味着有更多的未来和待挖掘的商机。一家优秀的企业,应该在稳定中寻求发展,如果比别的竞争企业更勇于积极应对变化,即意味着更多的发展机遇。

消费需求的转变,是促使御茶村绿茶产业链升级的源动力。御茶村敏锐地感知到消费需求转变推动着市面上产品不断优化升级、在产品身上挖掘更多服务内容以及创造衍生价值。正因为清晰地看到前进方向,御茶村抓住机遇,生产优质抹茶,从而升级其原有的绿茶产业链。

第二,知己知彼,正确定位。俗话说,知己知彼,才能百战不殆。企业在商战的激流中,认清自身状况以及局势,确定前进方向,犹如掌握航海的舵仪,才能走向终点。企业若想胜出,不能随意、毫无主见地跟随、效仿别人,要在清楚行业状况后,适当地“反其道而行之”,做到“人无我有,人有我优”的特色。别的多数企业若是都做这方面,那企业可以选择别的方面发展;别的企业若是生产普通产品,企业可以升级优化产品,以加以区别。只有看到自己和其他企业的不同与差距,才能正确定位自己。

御茶村步入国内茶市场,这对一家原本为日企提供茶原料的企业来说,前方可谓荆棘满布。国内茶市场中,绿茶的企业、种类可谓数不胜数,并且其中不乏佼佼者,御茶村若是想继续发展传统绿茶是比较困难的。而此时国内生产抹茶的企业却不多,且国内乃至全球范围内正兴起抹茶热潮。生产抹茶,即做到“人无我有”,御茶村将抹茶定为企业主营业务产品,并以此确定公司方向,供应抹茶原料。

第三,内生增长,企业提升。面对外部环境变化,企业必须从各方面做出努力,提高企业综合实力。内生增长是企业自身主动积极提升,主要是通过知识学习、人才培养、技术创新,再完善企业管理制度这四个方面来完成自我提升。

御茶村积极主动应对变化，在知识方面，不断聘请专家讲座指导学习，开设相应课程，引入新技术；在人才方面，引入、培养技术人员，打造研发团队，与高校及研究院合作，建立产学基地；在技术方面，投入大笔资金用于研发；在制度方面，执行阿米巴化管理以及可追溯质量管理来确保每个部门、人员能够高效作业，保证产品质量。

第四，高瞻远瞩，敬天爱人。一家企业必须要有长远眼光，只有站得高，才能看得远。而一个企业的发展离不开精神文化作为整体指导。企业的精神文化是一个企业的灵魂和基因，是用以指导企业开展生产经营活动的行为规范、战略精神和价值体系。企业的精神文化，是能够团聚员工的强力胶，将员工拧成一股绳，为企业发展贡献自己的一份力。

御茶村站在时代的前沿，看到整个历史进程发展的真谛——以人为本。因此公司一直以来都贯彻执行了“以制药的精神来制茶”，以一种专注于茶的品质的工匠精神，为消费者提供高品质好茶。在茶叶最开始的茶树栽培、茶园虫害治理、茶叶采摘加工等生产制作流程均采取了健康安全、无污染的可持续发展手段。这其实就是御茶村对环境的重视和尊敬。以可持续发展的精神观念来制茶，也能够提供最绿色的产品给顾客，这就是对人的“爱”。对环境的可持续态度究其实质也就是对人之爱，而无论什么企业，只有本着“以人为本”的精神，才能长远发展。

得益于御茶村所做出的这些努力，公司成功升级其产业链，提升企业实力，从而成为抹茶生产领先企业。

参考文献：

[1]王荣. 基于内生增长理论的高科技企业增长研究[D]. 合肥：中国科学技术大学，2006.

[2]杨建芳，龚六堂，张庆华. 人力资本形成及其对经济增长的影响——一个包含教育和健康投入的内生增长模型及其检验[J]. 管理世界，2006，(05)：10－18＋34＋171.

[3]李菲云. 基于内生增长理论的创新驱动发展战略[J]. 发展改革理论与实践，2017，(04)：32－38.

[4]陶军锋. 劳动分工、专业化人力资本积累与收益递增——内生增长理论研究[D]. 北京：中国社会科学院研究生院，2003.

[5]黄少安，韦倩，杨友才. 引入制度因素的内生经济增长模型[J]. 学术月刊，2016，48(09)：49－58＋83.

[6]邢利民. 资源型地区经济转型的内生增长研究[D]. 太原：山西财经大学，2012.

[7]苗丽. 做长做强茶产业链创新驱动供给侧改革[J]. 经营管理者，2016，(36)：270.

[8]方露娟. 中国茶产业链治理与升级：理论与实证研究[J]. 商场现代化，2010，(31)：142－144.

[9]荆林波. 扩大消费需求与促进消费升级[J]. 晋阳学刊，2010，(04)：3－11.

思考题

1. 如何理解御茶村产业链升级的路径选择？绿茶产业链升级后为企业带来哪些新优

势？

2. 消费需求、内生增长与绿茶产业链升级之间具有什么关系？御茶村的产业链升级实践具有哪些经验借鉴和启示？

案例编写：陈智怡（会计 143）、高雨潇（会计 143）、
范冰凡（会计 ACCA151）、
戴尔雅（会计 ACCA151）、
郑好好（数学 152）
指导老师：丁志刚

案例8
可持续发展，路在何方？
——绍兴巷深竹缘农庄的实践

摘　要：随着户外休闲度假旅游市场的快速发展，休闲农庄日益受到消费者的青睐并蓬勃发展起来。休闲农庄利用郊县、乡村的自然地貌和人文景观等特色资源，为度假者提供集观光、餐饮、住宿、娱乐、养生、拓展训练等众多旅游项目于一体的综合性服务。然而，许多农庄片面追求经济效益最大化，导致所在地的环境污染、生态破坏，给当地的环境和社会发展带来了诸多负效应。因此，探讨休闲农庄如何在谋求经济效益的同时，实现与环境保护、社会发展相协调的可持续发展问题成为一个非常有意义的研究课题。

绍兴巷深竹缘农庄为谋求可持续发展而做出的一系列积极的探索和尝试最终得到了成功的回报，其经验值得我们深入学习和研究。巷深竹缘农庄始终以追求经济、环境和社会效益相协同的“三重底线”为企业的基本经营目标，在实现经济效益的同时，与当地村镇建立起了一种双赢、和谐的发展关系。首先，农庄将经营活动与所在地的生态环境保护紧密结合起来，通过生态化设计、就地取材，实现绿色化运作。其次，通过就地雇佣、就地采购、对外推销本地特产以及回馈乡里、关怀老人等方式，农庄与社区之间建立起了一种积极的、相互依存的共生关系。最后，通过吸引外地的游客和作为游客的投资者，以及由此吸引而来的进一步的投资机会，拉动了当地经济的发展。在管理的微观机制方面，巷深竹缘农庄通过以顾客体验为中心的产品设计与运作以及以服务利润链为导向的员工队伍建设，驱动其“三重底线”之轮不断向前推进。

关键词：休闲农庄；可持续发展；三重底线；服务利润链

一、绪论

（一）研究背景

在消费需求不断增加的同时，现代化的信息传媒技术和频繁的外出旅游让消费者提高了旅游消费的层次，不再满足于一般的观光旅游。伴随着消费者日益增加的个性化需求，诸如生态旅游、文化旅游、度假旅游等高层次的特色旅游形式越来越多。尤其近几年来，随着我国经济的不断发展和人民生活水平的逐步提高，现代人越来越注重精神层面的享受，外出旅游、休闲逐渐成为人们的重要休闲排压方式；更多城市居民倾向于一种静谧、安逸、健康的休闲方式，生态农庄旅游也随之成为国民经济发展的一种重要产业形式。根据中国产业信息研究网发布的《2016—2020 年中国旅游业行业深度评估及投资价值研究报告》数据显示，2015 年旅游行业快速发展，市场规模已经超 4 万亿元；中国国内旅游、出境旅游人次和国内旅游消费、境外旅游消费均列世界第一，相较 2014 年的30 311亿元提升近万亿元，可见，我国旅游行业发展速度很快，未来仍有很大的发展空间。生态休闲旅游农庄作为当今旅游业重要的一部分，将会迎来新的发展契机。

生态休闲旅游行业作为一个新兴产业，是第一产业和第三产业的结合体，对农村的发展有着重要的社会与经济意义。它不仅丰富了人们的业余生活，有利于缓解人们的生活、工作压力，而且有利于缩小城乡差距，为农村新经济提供活力。但是，在生态农庄休闲旅游快速发展的同时也产生很多环境、经济等不利于其可持续发展的问题，比如说休闲旅游服务设施差，卫生条件脏乱，旅游产品的内容和形式雷同，经营者只顾追求经济效益而不顾环境保护和资源的合理利用，从而造成了环境污染与生态破坏等，因此生态休闲农庄这一旅游细分市场的快速发展所引发的经营可持续问题成了我们所关注的焦点，所以本文以巷深竹缘农庄的案例来分析如何实现生态休闲旅游农庄的可持续发展。

(二)研究方法

(1)文献分析。在前期准备阶段，我们通过百度、大众点评、农庄微信公众号等网络途径较全面地了解巷深竹缘农庄及其休闲旅游业的发展状况；在实地走访和深入了解农庄经营的各个方面之后，我们又通过知网、维普等电子期刊网站检索到数十篇文献并且结合巷深竹缘农庄的调研资料进行整理与分析。

(2)实地访谈。我们前后共组织了 3 次实地调研，分别对农庄创始人、农庄管理人员、工作人员、游客以及周边的居民进行了深入访谈。第一次调研是在 2017 年 3 月，我们与农庄的总经理针对农庄的经营状况、经营理念、发展经历等问题进行了简单的访谈并且参观了农庄；第二次调研是在 2017 年 5 月，我们不仅与农庄员工针对农庄的经营方式、员工福利等进行交流，还与来自上海的游客团针对农庄的服务质量、收费标准、产品设计等进行了访谈，并完成了现场问卷的发放与回收；第三次调研是在 2017 年 7 月，我们与农庄的创始人针对农庄最初的创办经历、发展经历、经营理念进行了全方面的访谈，同时参观了农庄新建项目。

(3)问卷调查法。在包括消费者的年龄、地域、职业、月收入、逗留天数等个人基本信息之外，我们主要围绕消费者的农庄服务体验设计了消费者调查问卷，在实地调研的过程中向农庄游客现场发放并回收问卷，将收集到的相关信息进行统计分析，为后续案例分析提供数据支撑。

二、巷深竹缘农庄发展简介

(一)巷深竹缘的创建初衷

在绍兴市平水镇小千自然村尽头那一片与外界相对隔离的独立山水空间里，有一个颇有情趣的农庄，很多游客慕名而来，它就是巷深竹缘农庄，也是小千养生谷国家 AA 级旅游景区。小千自然村空气中的PM2.5常年小于50微克每立方米，空气中含有的对人体很重要的负氧离子，其含量是城市的好几倍。农庄占地近200亩，投资规模逾2 000万元，可接待120位游客入住，独占山谷一坳，其间囊括了竹林、茶林、山丘、草地、湖水。庄主在不破坏原始生态的前提下在庄内建立了农家菜馆、舒心客房、儿童乐园、烧烤区、棋牌室、钓鱼台、会议中心、篮球场、健身房等各种娱乐设施。现在的农庄致力于成为"爸爸妈妈们的养生地"和"小朋友们的欢乐园"。

巷深竹缘农庄现在的成功当然离不开创办人徐百明的功绩。1974年，徐百明为了送祖母落叶归根，那是他第一次来到绍兴，从那以后他便与父辈生长的地方结下了不解之缘。去日本学习酒店文化之后，他回到上海开始自己的酒店事业，同时回到绍兴寻找祖坟。他几乎每年都来访绍兴，习惯都市喧嚣的徐百明被小千村茂密的竹林、清秀的山水、鸟语花香的安逸生活深深吸引了。于是经营了多年酒店事业的徐百明便觉得可以利用自己的产业优势，为这个美丽的小村子做点事情。他便游说小千村经营不善的"竹缘等农庄"庄主，在三番五次的游说下，他接手了农庄，从此开始了自己独特的经营之路。

从一开始祭拜祖辈时燃起的守护祖先的愿望与对这般风土人情的地方的眷念到怀抱"回归平水，造福造富一方"的想法，徐百明不仅仅是守候乡土与追求开拓事业，他更是承担起了社会责任与企业家精神。在访谈中，徐百明告诉我们，在他的长远规划中，巷深竹缘农庄不仅仅是一个休闲旅游农庄，农庄还将努力成为带动周边村民致富，改善下灶旅游环境的一个"领头羊"。

(二)巷深竹缘的经营概况

2011年农庄买入之初，当时的农庄是一片尚待开发的土地，原来庄主的不善经营和农庄基础设施的落后使得徐百明不得不推陈出新。经历了6年的不断投入与建设，巷深竹缘农庄已经发展成了集餐饮、住宿、旅游、休闲娱乐为一体的全方位发展的生态旅游度假胜地，现在的农庄针对其目标客户群的相关需求提供了完善的产品开发项，在食、住、玩三方面下足了功夫。

农庄打造的"回归生态，回归自然"产品设计，使游客不断形成产品期待感，也因此留住了一批忠实的顾客。虽然农庄有自己稳定的顾客群，但是想要在生态旅游领域占据一席之地，农庄也需要和地方政府、当地旅游局和媒体展开一些合作。2016年3月，小千养生谷国家AA级旅游景区的揭牌仪式暨"平水养生文化旅游节"在巷深竹缘农庄隆重举行。这是巷深竹缘农庄和平水镇政府合作举办的活动，平水镇党政办、区旅游局等主要领导出席并主持了旅游文化节的开幕式。当时《百寿宴》特邀当日嘉宾——80岁以上的长寿老人，共125余位，庄主给每位老人购买了保险。这样的活动不仅体现农庄人文情怀，也使农庄赢得了当地人的信任，建立了良好的口碑。常言道"得民心者得天下"，虽是通常用于古代帝王政治统治，但也是企业家的成功秘诀。

不满足于常态、不断探索与持续创新也是巷深竹缘农庄一直贯穿的经营法典。农庄引进先进的持续发展理念，借鉴日本酒店的待客之道，树立看远不看近的经营智能，贯彻了服务创新的思想，在形态变更、服务改善、辅助服务创新、产品线延伸等方面做出了创新之举。在形态变更上，农庄统一服务人员的制服，不断改进住房环境，与时俱进融入一些流行元素，采用统一的服务样章。

农庄自 2011 年买入以来,经过近 6 年的投入与发展,已经形成了独特的企业文化与竞争力,也赢得了当地村民的认可和政府的信任,前前后后获得了许多荣誉:绍兴县县级农家乐、绍兴市市级农家乐、浙江省省级农家乐示范单位,绍兴市特色农庄、绍兴市政府中小型会晤指定点、绍兴市诚信经营户、四星级农家乐、国家 AA 级旅游景区等。

(三)农庄市场竞争分析

农庄市场竞争分析的 PEST 模型如图 8—1 所示。

图 8—1　PEST 模型分析

1. 政策法律环境(P)

近年来,国家出台多项政策支持生态旅游业的发展,大大降低了旅游业的进入限制。2016 年《旅游法》的出台,为维护旅游者和旅游经营者权益、规范旅游市场提供了法律保障。《国务院关于促进旅游业改革发展的若干意见》《国民旅游休闲纲要》《国务院办公厅关于进一步促进旅游投资和消费的若干意见》等印发,在促进旅游业改革发展等方面提出了明确意见。同时绍兴市政府也出台了许多支持生态旅游业发展的法规,颁布了《绍兴市镜湖国家湿地公园保护管理办法》,旨在实行分级保护,落实功能分区,保护生态旅游环境,切实推广生态旅游的发展。绍兴政府一直以来就以文化旅游为亮点推动地方经济,现在政府想要打造"绍兴旅游圈",为巷深竹缘的生态旅游提供了支持。

2. 经济环境(E)

绍兴位于浙江的经济发展腹地,近年来经济发展迅速。据统计,2016 年绍兴全市旅游总人次达8 370万人次,旅游总收入 891 亿元,分别同比增长 15.0%和 16.9%。占 GDP 比重较 2015 年提高了 0.2 个百分点,达到 6.7%。在旅游业发达的绍兴,居民人均收入与个人可支配收入较高,对于休闲旅游的追求也高,不仅仅满足于旅游景点的观光,更多是追求一种精神上的轻松与自由。同样地我国经济整体形势良好,经济增长无疑会带动当地旅游产业消费总额的增加和消费结构的改善,大量游客也愿意在小长假、周末来绍兴这个文化古都旅游。

3. 社会环境(S)

众所周知,中国人口基数大,导致消费群体庞大,根据 2016 年的数据表明消费对经济增长的贡献率上升为 60%。消费经济的崛起,不仅将对我国经济发展产生深远影响,也将推动大众消费社会的发育与形成。由于中国人口老龄化的进程加快，中国人口结构将发生一定改变，老年人的数量会增加，青少年的比例相对会减少；老年人拥有更多的空暇时间进行休闲旅游，尤其是绍兴人偏好慢节奏的生活。同时随着城市化的不断深入，城市化所带来的交通拥堵、污染严重等“城市病”，也让一些城里人选择了反其道而行之，选择回到乡村居住和生活。当越来越多的都市群体向往乡村旅游，从整体来看乡村旅游的市场份额会不断地扩大，这就会推动巷深竹缘这类生态农庄的发展。

4. 技术环境(T)

随着科学技术的进步与发展、人们消费需求的多样化，适应了科技发展的生态旅游农庄便会具有竞争力，如果生态农庄利用网络进行营销，例如大众点评的评分、微信公众号的推广与运营、和其他平台进行合作等能大大提升农庄的知名度。巷深竹缘农庄也是通过这些方式让更多消费者知道它的存在。巷深竹缘农庄在具备卫生、保健功能的饮食与住宿服务中，采用天然无污染的方式种植果蔬，创意烹制药膳鸡，引进现代化的客房管理制度等；同时加大环保性的科技投入，利用猪槽引入发酵可降解排泄物之类的技术；网幅广告是以 GIF、JPG、FLASH 等格式建立的图像文件，定位在网页中大多数用来表现广告内容，巷深竹缘农庄有自己的网站，其网站也是对外宣传的窗口。

随着人们物质与精神生活水平的不断提高，休闲农庄也迎来了新的发展机遇。然而大多数休闲农庄在经营过程中只顾追求经济利益，很多旅游地生态因过度开发、不当经营导致困境，以及农庄没能处理好与社区的关系导致冲突和负面效应。这些负面案例无时无刻不在提醒着我们，单纯的经济决定论或者单纯的生态决定论都不能实现企业的长久发展，只有坚持走全面可持续发展之路才能实现企业的盈利；我们借助巷深竹缘可持续发展的模式来探究如何实现企业成功的经营之路。

三、巷深竹缘的可持续发展模式

(一)可持续发展的理论内涵

1987 年以布伦特兰夫人为首的世界环境与发展委员会(WCED)发表了《我们共同的未来》报告，这份报告正式使用了可持续发展概念，将可持续发展定义为：“既能满足当代人的需要，又不对后代人满足其需要的能力构成危害的发展”。从这个定义可以看出，可持续发展包括两个要点：一是需要，尤其是人类的基本需要，应被放在特别优先的地位来考虑；二是限制，技术状况和社会组织对环境满足眼前和将来需要的能力施以限制。

但是，长久以来，学术界对于可持续发展的具体解释一直争议不断。不同学者见仁见智，从不同的伦理立场和管理策略出发提出了各种不同的意见。例如，从环境保护主义的不同立场出发，就存在两种极端的观念：持极端资源保护立场的可持续发展观与持极端资源开发立场的可持续发展观。Turner 等人根据资源保护要求的不同程度将可持续发展观划分为一个四级的连续谱系：非常弱—弱—强—非常强。学术争议增进了对可持续发展的理解。然而，多样化的理解和概念的模糊性却给企业开展可持续发展管理带来了困难。

(二)可持续发展的价值构成与衡量：三重底线理论(TBL)

可持续发展观念虽然得到了社会各界的普遍认可，但是从何处衡量、如何衡量组织的可持续发展绩效却是一个难题。三重底线理论(TBL)的提出解决了这一问题，成为目前企业界普遍接受和推行的一套可持续发展绩效框架和行动原则。例如，全球报告倡议组织(Global Reporting Initiative，GRI)于2006年发布《可持续发展报告指南》，采用可持续发展的"三重底线"理念，将指标分为经济、环境和社会三个层面，总共涉及34个方面79个指标。

三重底线(Triple Bottom Line，TBL)由英国商业思想家、可持续发展研究学者和咨询专家约翰·埃尔金顿(John Elkington)于1998年首次提出。他认为企业不仅仅对他们的股东而应对更广泛的社区负有责任，并且需要通过使用一系列可衡量的业绩指标来衡量和展示企业经营的"可持续性"，由此产生了"三重底线"。

"底线"(bottom line)是一个会计术语，指的是在投资或者经济资本(economic capital)上的回报。重要的是，三重底线理论(TBL)认识到还存在着其他两种形式资本：自然资本和社会资本的贡献，它们也应该收到一个"投资回报"，即使它们并没有出现在传统会计报告中。从公司的角度看，可持续性来自对所有这三个资本来源产生的积极和平衡的回报(图8—2)。三重底线由此可以定义为"按照资金、环境和社会三个维度来评价和衡量对资本投资的回报"。这一范式表明的不是"非此即彼"，而是"亦此亦彼"的理念，阐述一个公司如何在经济的、社会的和环境的这三个领域达到平衡。"三重底线"意味着将传统公司业绩报告框架扩展，不仅考虑财务结果还包括环境资本和社会资本的业绩(表8—1)，这些正是可持续发展的核心内容。

图8—2　可持续发展的价值构成：三重底线

简而言之，"三重底线"基本思想就是，一个企业的最后成功不能或不应该仅由传统的财务利润衡量，还要由它的社会、道德和环境"利润"衡量。

表 8—1 三重底线会计报告

财务资本会计	社会资本会计	环境资本会计
收入	积极成果	积极成果
支出	负面影响	负面影响
经济利润	净社会收益	净环境收益

(三)旅游业的可持续发展研究

旅游业与自然环境、社会文化存在天然的密切联系,作为一种被消费的产品,旅游目的地的自然景观、建造物以及人文特色本身就存在有效保护与合理经营的双重可持续发展要求。自可持续发展理念被提出后,作为可持续发展的实践前沿,旅游业的可持续发展受到了西方政府和学术界的持久关注。

世界旅游组织(World Tourism Organization, WTO) 在 1993 年提出了旅游可持续发展的理念,1995 年,联合国教科文组织、环境规划署和 WTO 在西班牙召开的"世界旅游可持续发展"会议上,通过了《旅游可持续发展宪章》和《旅游可持续发展行动计划》,标志着可持续发展模式在旅游业中主导地位的确定。有学者从博弈的角度提出,在环境与旅游业发展之间存在着双赢、赢输、输赢、双输四种基本的发展模式。另外,有学者从一般性的可持续发展的内涵出发,指出旅游可持续发展存在四种基本模式:环境优先模式、环境考虑下的旅游发展模式、旅游发展考虑下的环境保护模式、旅游优先模式。

(四)巷深竹缘的可持续发展模式

对企业而言,如何将可持续发展要求融入日常的经营管理实践之中以实现"经济—环境—社会"平衡式的发展是制约企业顺利推行可持续发展的难题。在现实中,许多旅游企业狭隘地认为在现有的经营活动之外增加对旅游目的地的环境保护投资或增加社会慈善努力就是推行可持续发展。这种做法只是以部分地牺牲经济绩效的方式来迎合外部利益相关者的压力,由此导致的结果就是,企业既缺乏推进可持续发展的持久动力,也无法为自身的竞争力提供帮助。本案例企业巷深竹缘农庄在促进可持续发展方面开展的一系列探索和管理创新为我们提供了一个非常好的借鉴和学习榜样。

基于三重底线理论(TBL),围绕可持续的价值创造过程,我们将巷深竹缘农庄的可持续发展模式概括为一个系统性的框架。这个框架的第一层是基于三重底线理论(TBL)展开的农庄可持续性的三重价值目标(图 8—3)。

第二层是驱动可持续价值创造的内部管理过程(图 8—4)。巷深竹缘系统性地将"经济—社会—环境"三重价值目标融入具体的经营管理实践之中。驱动农庄可持续价值创造的内部管理过程包括"产品"和"人"两方面:(1)基于生态思考的差异化产品设计与运作;(2)以服务利润链为导向的员工支持和关怀。

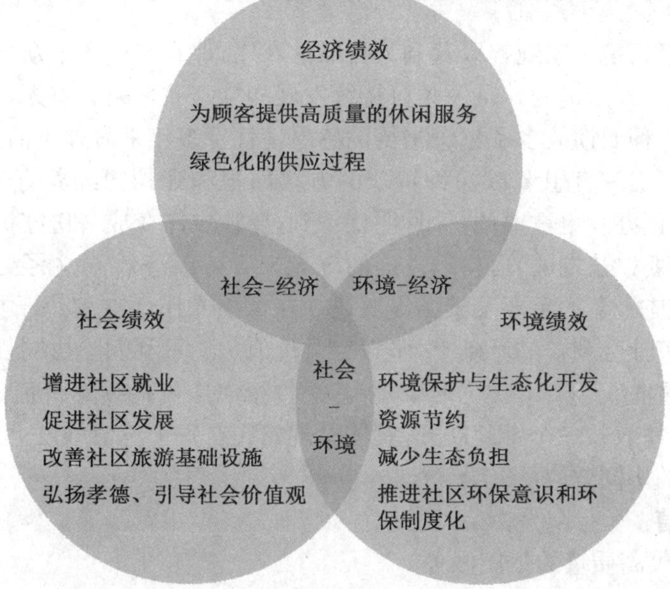

图 8—3　巷深竹缘可持续发展的三重价值及构成要素

图 8—4　巷深竹缘的可持续价值创造的内部管理过程

四、回归:把可持续发展变成看得见的三重价值

如果巷深竹缘只是一家纯粹以营利为目的的农庄,那它与市场上众多的农庄并无二致。然而,巷深竹缘从一开始走的就是一条可持续发展的"回归"之路。首先,"回归"代表了企业创办人徐百明的一种回馈故乡和纪念祖德的感恩情怀。多年来海外生活学习的经历和回国创业的成功使徐百明一直想要以一种特殊的方式回报和守护曾经养育过他祖辈的一方水土,农庄由此得以创办。更重要的,徐百明认识到,要让农庄变成一份守护故土、造福乡里的持久事业,就必须要以长期的、可持续发展的眼光来看待经济效益、社会公平和生态保护的三重价值目标,农庄经营的重要决策始终要建立在保护农庄所在地小千村生态环境和支持小千村以及平水镇社会利益的基础上,坚守三重价值("三重利润")协同创造的基本原则。

我们应用三重底线(TBL)理论框架,将巷深竹缘农庄可持续的价值成果分别从经济效益、社会效益和环境效益三个维度展开,具体呈现农庄在每个价值维度上的细分指标以及三个价值维度之间的协同效应(图 7－3)。

(一)经济价值

1. 为顾客提供高质量的休闲服务

巷深竹缘农庄依托依山傍水的地理优势和山清水秀、茂林修竹的自然景观以及山林深处优质的自然水源、野生食材、天然氧吧等资源,为慕名而来的顾客提供一流品质的旅游、休闲和养生服务。除了依托天然资源优势,巷深竹缘还凭借上海母公司的专业酒店经营和管理优势,在农庄服务质量上始终坚持专业化、精品化的严格管理标准,使农庄经营产生了品牌效应,赢得了众多的忠诚顾客。据农庄创办人徐百明介绍,目前农庄 70%以上的顾客基本上都是来自江浙沪周边中心城市的老顾客。

2. 绿色化的供应过程

巷深竹缘建成了独具特色的绿色化供应体系。第一,农庄依凭山区优质的水、土壤、空气、光照资源,自建有机果蔬种植园和禽畜养殖园,为农庄提供新鲜、健康和绿色食材。第二,农庄和当地村民合作扩大农副产品基地,收购村民多余的优质农副产品,为农庄提供丰富的食材,形成了绿色安全的供应链。第三,农庄与周边的农户签约,为上海的母酒店提供优质低价的农产品,由此形成了互惠互利的合作关系,其结果就是,巷深竹缘不仅仅可以保证优质食材的供应,而且在很大程度上降低了采购和物流配送成本。

(二)环境价值

1. 水源保护与净化

保护山区水源,对各类用水实行专门化管理。为了保护农庄周围的水源不受农庄经营活动的破坏,巷深竹缘投入了相当多的资金并且吸引社会资本的投资,引进科学的污水处理设施设备,加强水质保护。例如施工场地修建排水沟,设置水沟塞、挡板、沉沙池等净化设施,减少泥沙和废渣进入沟渠河网;对于生活污水等按规定专项处理,适量达标排放;针对生产生活中形成的污水,农庄自建污水池,经营过程中产生的废水,全部经过污水处理池处理成清水再排放,不给山里的环境添负担。

景观设计因地制宜,减少开发和建筑垃圾。在对农庄进行调研的过程中,我们发现农庄的建造是在顺应地势和依托自然景观的基础上进行的,农庄在不破坏原有的生态布局的前

提下，将其进行科学合理的改造，景观布置错落有致，浑然天成。巷深竹缘农庄采取一系列环保举措，减少一切可避免的自然污染，让农庄生产运营回归于原生态。

增加园区防火投入，保护山林远离火险。在我们的访谈中，农庄创办人徐百明特别强调了山林防火的重要性。多年酒店运营的经验和强烈的环境责任感使他认识到，一旦农庄发生火情，后果将是毁灭性的，农庄损失事小，山林遭遇火灾将给当地生态和村民的未来带来巨大的损失。因此，农庄从建设到现在，不断投入高额资金强化、完善农庄的安防与防火设施，建造了高压消防泵房，铺好了消防管道，农庄各处设置消火栓，定期对员工进行消防演练。据徐百明介绍，多年来，巷深竹缘在防火建设上的投入累计达近百万元，这在其他农庄是无法看到的。

2. 资源减量化：节能与节水

农庄在客房与工作区域的设计和日常管理中积极地采用了许多环保节能、节水措施，大大地减少了资源的使用量，使资源的使用合理有度。通过积极的宣传，这些措施的推出不但没有引起顾客的不满意，反而得到了许多顾客的积极支持。具体见表 8－2、表 8－3。

表 8－2　　巷深竹缘农庄的节能措施

节能项目	节能措施
照明	·将传统白炽灯更换为 LED 灯和节能灯 ·安装能通过可见光但阻绝或吸收热量的窗户 ·窗户的设计考虑到在房间中尽量采用自然光，减少白天照明需求
太阳能的使用	·屋顶太阳能提供洗衣房热水 ·屋顶太阳能辅助热水加热
空调	·采用变频空调

表 8－3　　巷深竹缘农庄的节水措施

节水项目	节水措施
节水设备	·采用感应水龙头 ·安装感应冲水 ·安装 3/6 升双冲水马桶取代单冲马桶 ·收集回收雨水，用于浇灌、厕所冲水等
节水措施	·用水处张贴节约用水提示，提高顾客、员工节水意识 ·续住客人每两天更换一次床上用品，减少清洁用水和废水的排放 ·洗衣机按标准装载量操作，减少用水量

3. 服务有限化

农庄除了在设施建设与管理方面提出了许多有效的环境保护举措，还在顾客服务内容方面作了一些“善意的”限制措施，以有限服务来减少生态负担。例如，农庄规定，晚上 10 点钟公共娱乐区域统一关停，这样既减少灯光、噪声污染，不影响周边村民休息，也减少了夜间安全、火灾隐患。另外，据徐百明介绍，农庄很少在当地媒体投放营销广告，减少媒体曝光度，这样做主要是避免因知名度升高，导致节假日客流量、车流量猛增而给农庄服务能力带来冲击，更重要的，是要保护山区生态环境免遭突然而来的巨大客流量的破坏。

农庄在发展自身经济效益的同时，借助政府的环境政策的支持，主要包括财政资金的投入和税收优惠的政策，大力改善了目前环保问题裹足不前的状况；另外，当地政府对于环保和生态建设的重视，极大地推动了周边社会居民环保意识的建立，有利于进一步构建生态建设体系，增加农庄周边环境效益的增长。在政府的支持和周边社会居民的合力之下，巷深竹缘取得了多项荣誉，比如"浙江省省级农家乐示范单位""浙江省精品农庄""绍兴市特色农庄""国家AA级旅游景区"等，这些奖项实至名归。

（三）社会价值

1. 本地雇佣，增进社区就业

巷深竹缘为确保产品与服务的本土化，农庄除了管理人员和一些专业人员由上海酒店派出外，相当一部分普通员工都是来自附近的村庄，巷深竹缘在为社区提供了大量的就业机会的同时也为自身经营运作降低人力成本和管理费用，这是一举多得的管理方式。除了正式雇佣的员工之外，节假日客流量增加的旺季，以及农庄大力建设自己的果蔬种植园地，也吸引了许多村民来这里提供临时劳动。此外，农庄还将与村民们加强联系，引导大家一起发展民宿、土特产经销等特色业务，带动更多村民通过发展乡村旅游致富。巷深竹缘借助当地村民的力量实现农庄的建设和发展，在降低人员流动性的同时降低了外部雇佣的劳动力成本。

2. 牵线搭桥，促进社区发展

充当义务推销员，帮助村民推销当地土特产。巷深竹缘在经营发展过程中时刻铭记自己与小千村村民血脉相连。随着来巷深竹缘度假的上海客人逐年增多，农庄为当地居民提供了大量的就业机会，也带动了小千村相关产业的发展。农庄会向村民们求购各类果蔬山货，用以招待远道而来的游客。周末节假日，上海游客来到农庄，也会向农庄周边的村民采购笋干菜等绍兴特产，巷深竹缘每年从附近村民收购的土特产价值就达几十万元。

充当义务宣传员，带动当地旅游发展，吸引外来产业投资。巷深竹缘的许多顾客都是原先徐百明在上海酒店的老顾客，这些老顾客们在体验了农庄的服务和了解巷深竹缘农庄的发展成就之后无不交口称赞，并把它推荐给身边的好友，于是以朋友亲自体验建立的口碑为农庄带来了大量的新顾客，他们来平水度假旅游拉动了当地的经济发展。另外，在创办人徐百明的宣传和带动下，不少上海企业界朋友纷纷来到平水镇投资、置业，由他引进的平水仙人谷养老项目，总投资7亿元，前期已经投入2 000万元，这大大推动了绍兴平水的经济发展。

3. 投资修路，改善社区旅游基础设施

从创办农庄伊始，企业家就希望在为慕名而来的游客带来无限欢乐的同时也为村民带来收益。目前，巷深竹缘正在自筹资金建设一条从农庄出发直达山顶长达3公里的游步道。农庄附近的竹林清翠幽远，视野开阔，修建游步道可以让更多的游客看到小千村的这一方美景，同时也能为村民今后上山带来极大的便利。如此便民利民的建设体现着巷深竹缘真挚的社会情怀。

4. 弘扬孝德，引导社会价值观

多年来，巷深竹缘农庄不遗余力地投身社会公德心建设行动，积极推广中国传统文化中

“孝德”精神的传承。2016年小千养生谷国家AA级旅游景区的揭牌仪式、“平水养生文化旅游节”及“老人节”在巷深竹缘农庄隆重举行。这一活动旨在推进平水旅游事业的同时积极弘扬当地的孝文化，由巷深竹缘农庄和平水镇政府合办并由农庄承办。活动中，农庄出资，特别筹划了一场别开生面的“百叟宴”。受邀参加宴会的嘉宾都是当地周边村庄80岁以上的长寿老人代表，总共有125余位，细心周到的农庄为每位前来的嘉宾购买了人身安全保险。此项义举为农庄赢得了社会各界的广泛赞许。据徐百明介绍，这样的孝敬老人的活动农庄每年都会举办，成为农庄履行“孝德”的一道亮丽风景线。农庄的义举不仅赢得了当地人的信任，建立起良好的口碑，更重要的，它在社会上树立起积极承担社会责任的好榜样，引导了更多的企业家投身到社会公益事业上来。

五、产品与人：驱动三重创造之轮

在对农庄的进一步调查中，我们特别感兴趣的一个问题是，巷深竹缘的可持续价值创造过程究竟是如何发生的？或者说，这种抽象的可持续发展目标是如何悄无声息地被“嵌入”到企业的日常经营管理活动中去的？在我们对农庄进行了多次深入调查、走访和了解到农庄经营的各个方面之后，答案慢慢浮出水面。我们将巷深竹缘的可持续价值的创造过程概括为两方面的努力：一是基于生态思考的差异化产品设计与运作，二是以服务利润链为导向的员工支持和关怀(图8—4)。

一方面，巷深竹缘农庄在为顾客创造独特的休闲体验过程中巧妙地“因地制宜”，将生态思考充分地融入产品的设计和运作中。农庄一开始就将顾客体验的设计与保护生态环境的目标结合在了一起，主要体现在以下几个运作策略上：(1)农庄通过“非常规”的选址大大减轻了山区生态系统的负载水平。(2)农庄通过绿色开发的手段，不仅巧妙地利用山区生态资源为顾客创造出独特的“吃、住、玩、乐、养”的多重体验，而且没有给环境施加额外的负担。所有的开发都是有节制的，利用的方式也是“师法自然”，最大限度地保护资源和环境。(3)农庄通过合作投资的方式推动农庄周边环境合理开发，在为农庄顾客创造外部体验的同时，更多地承担起了促进小千村旅游资源增值发展的社会责任。

另一方面，巷深竹缘在农庄内部建起了一个服务利润链的过程，这个利润链一头连着员工，一头系着顾客。企业服务员工，员工服务顾客，顾客回报利润。农庄把员工视为农庄实现可持续发展的基础，通过为员工提供充分的工作支持和优厚的薪酬待遇，解决员工的后顾之忧，从而在农庄内部培养了员工乐于奉献、乐于敬业的专业精神。更重要的是，通过这一服务利润链，农庄将可持续发展的理念和三重价值目标“无声地”转化为了员工的一种自觉行为。

(一)基于生态思考的差异化产品设计与运作

1.“非常规”选址，大大减轻山区生态系统负载水平

农庄选址建在大山深处，位置偏僻。这样的选择策略有两方面的好处：一是能使顾客享受到更好的纯天然生态资源；二是体现出农庄并不刻意去迎合大众化的商业需求，位置的偏僻恰恰能将那些“不投缘”的“大众型”顾客自然地分流出去。农庄藏在大山深处，九曲十八弯，如果没有一路断断续续出现的指示牌，一般游客估计很难找到农庄的位置。农庄位置偏僻不好找，暗中契合了徐百明的初衷：农庄不纯为经济效益，更为保护生态环境。客流量一

大，汽车尾气、停车需求、噪声、生活垃圾、员工服务压力等大大增加，必然会给山区生态环境带来很大程度的破坏，这样就与自己建设农庄守护故土、回馈乡民的初衷背道而驰了。因此，费力的寻找过程和“预订制”制度自然就将那些图省心、赶热闹的“大众型”顾客和“即时型”顾客分流走了，留下的都是农庄真正的目标顾客和老顾客，这样就有效地减轻了山区生态系统的负载水平和农庄的经营压力。

2.“因地制宜”设计绿色体验，最大限度地保护生态环境

农庄通过绿色开发的手段，不仅巧妙地“因地制宜”，利用山区生态资源为顾客创造出一流的、独特的“吃、住、玩、乐、养”的多重体验，而且没有给环境施加额外的负担。所有的开发都是有节制的，利用的方式也是“师法自然”，做到绿色无污染，最大限度地保护山区的生态资源和环境。这些精心设计的绿色服务项目，不仅为顾客提供了充分的生态化的休闲旅游体验，更重要的，也做到了最大限度地保护生态环境。

一是生态化的“吃”体验。在“吃”的方面，农庄绝大部分食材都是采用无污染、原生态的种植和饲养模式，使得农庄的菜肴不仅口味鲜美，而且营养健康。例如听音乐长大的黑毛猪、药膳鸡，自养的鸡鸭鱼羊，自种的蔬菜水果等。此外，农庄独创新意，增设了露天大灶菜和首创DIY柴火大灶、户外烧烤等自助活动。值得一提的是，农庄在培育食材的同时也做到了资源的循环再利用，例如动物的养殖项目。农庄利用山区天然的蓄养环境，在山上圈了一大块地用于家畜的养殖，在养殖项目上，农庄引进动物粪便无害化处理方案，动物粪便收集后运至堆肥场，同时添加木屑、锯末、稻壳等材料（为了增加堆体的空隙度），混匀后采用条垛式堆肥流程，进行多次发酵，约10天后自然腐化即可作为堆肥成品，可用于农庄果蔬种植基地的肥料。另外，农庄还特别采用了一套果蔬种植园浇灌引水系统，在山上特别设置了引水系统，将山泉水用于农庄自种果蔬的浇灌，降低了水资源的消耗，在雨季该系统可以自动停止引水，避免水资源的浪费，提高了资源的利用率。

二是生态化的“住”体验。在“住”的方面，巷深竹缘为顾客提供了“会呼吸的房屋”——绿色环保木屋。木屋可以说是农庄体验的灵魂——没有钢筋、没有混凝土、没有砖瓦，只有天然树木的气息。游客在这里能够感受到全身心回归大自然的感觉，他们焦虑的心也得到了宁静，疲惫的身躯得以放松。对于厌倦了城市里钢砖结构的冰冷气息的人们来说，木屋毋庸置疑地点燃了他们心中缺失已久的雅致、静谧、自然的乡村情调。

木屋因其材质天然，拥有节能、环保与健康等诸多优点：木屋在梅雨季节能调整湿度，当湿度大时木屋会自动吸潮，干燥时则会从自身的细胞中放出水分；木屋不需再次装修，环保健康；木屋建设方便快捷，现场组装，可拆装、可搬迁；木材为绝热体，在同样厚度的条件下，木材的隔热值比标准的混凝土高16倍，冬暖夏凉如同一台天然空调机；木屋对材料的消耗比混凝土结构住宅的建筑材料低40%。巷深竹缘农庄的木屋设计时尚，布置美观，与周围幽深僻静的竹林、氤氲缭绕的水库、清新怡人的田园、野花烂漫的山丘自然地融为一体，在为顾客创造一流住宿体验的同时大大减少了环境负担和对生态的破坏。

此外，农庄在木屋内部采用了许多节水、自然采光、使用太阳能等生态化的设计手段，大大减少了农庄的水电消耗。屋子的天花板上设计了几块开窗，开窗可关可开，方便进行室内室外的空气对流，让新鲜的空气进入屋内。木屋的窗户以最大面积的玻璃设置，既能让自然光线充分地照射进来，还能让客人欣赏到窗外四季变换的美景，可谓一举两得。

三是生态化的“玩”“乐”体验。在“玩”方面，农庄同样“因地制宜”开发了许多无污染、绿色健康的娱乐和健身项目，如篝火舞会、拔河比赛、竹林情趣、水库垂钓、真人CS素质拓展、山果园、农耕文化长廊等。农庄打造的“回归生态，回归自然”产品设计，使游客不断形成产品期待感，也因此留住了一批忠实的顾客。

此外，在不破坏植被覆盖率的准则下，农庄允许游客自助挖毛笋和果蔬，体验农业劳动；农庄还开设了农村大舞台、生态牧养区、小动物观赏区等极具乡村旅游特色的观赏项目。

生态化的“养生”体验。农庄位于平水镇小千自然村尽头那一片与外界相对隔离的独立山水空间里，空气中的PM2.5常年小于50微克/立方米，空气中富含城市里很难呼吸到的高浓度的负氧离子。农庄在不改变原生态环境的前提下，依托于竹林，打造了天然氧吧和许多凭地势而建的游步道、观光亭和观景台。农庄周围近200亩山水天地里，有幽深僻静的竹林、氤氲缭绕的水库、清新怡人的田园、野花烂漫的山丘，这些都为寻求宁静和放松的顾客提供了绝佳的生态化的“养生”体验。

(二)以服务利润链为导向的员工支持和关怀

1994年，詹姆斯·赫斯克特等五位哈佛商学院教授在历经20多年、追踪考察了上千家服务企业的成功经验研究之后，提出服务利润链(Service Profit Chain, SPC)理论。服务利润链理论认为，企业利润、收入增长、顾客忠诚度、顾客满意度、顾客获得的服务价值、员工满意度、员工忠诚度、劳动生产率之间存在直接的关系(图8—5)。这些关系可以形象地理解为一条将“盈利能力、客户忠诚度、员工满意度和忠诚度”与生产力之间联系起来的纽带。它是一条循环作用的闭合链，其中每一个环节的实施质量都将直接影响其后的环节，最终目标是使企业盈利。简言之，企业绩效来源于利润增长；而利润增长来源于客户的忠诚度；客户的忠诚度受客户满意度的很大影响，客户满意度由员工提供给客户的价值创造产生；要想让员工为客户创造高水平的价值，就需要员工对企业忠诚，员工忠诚度来源于员工的满意度；要想让员工满意，就需要企业为员工提供高质量的内部服务。由此在农庄内部构建起一个

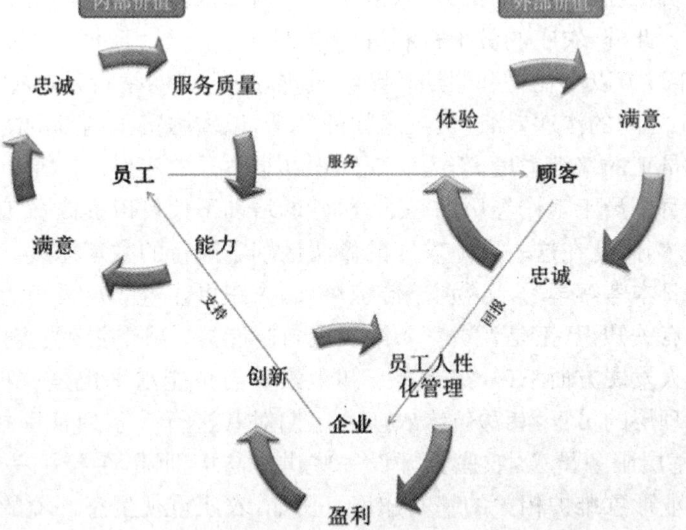

图8—5 服务利润链模型

服务利润链。

1. 创新人力资源管理实现员工忠诚

与许多服务企业的人力资源管理模式不同,巷深竹缘农庄一直致力于营造一种让员工满意的工作环境,不断地创新招聘模式,优化员工的薪资福利体系、重视员工综合能力与素质的培训、努力推行人性化管理方式,提升员工对农庄的忠诚度。

一是创新招聘方式,焕发组织活力。农庄有别于传统企业的撒网式招聘,针对当地居民的生活状况与求职意愿优先考虑职位提供,同时采取老员工推荐新人的方法,并保留来自上海、跟随徐百明已久的主心骨参与高层管理。由于多数当地员工都有乡土情结,相比于在外漂泊,不如在家工作,巷深竹缘无形中满足了当地员工们的归属感;而老员工推荐亲朋好友,能使被推荐者更好地了解农庄情况,更和谐地与老员工一同工作,此类新老员工在提升安全感后便不易轻易流失;高层管理主要采取保留方式,由于该农庄由多数文化水平较低的当地居民组成,高层则需配备拥有较高文化水平及管理能力、具有高度忠诚素质的员工,农庄的高层是由与徐百明共事已久的伙伴担任。针对员工各自的能力素质水平给予适当的机会,这充分体现了巷深竹缘农庄对人力资源管理方面的考量。同时,这种招聘方式节约了农庄的管理成本,管理层员工和普通员工都能很好地适应并执行自己的工作任务,能大幅度提高个人的工作效率。

二是强化基本制度建设,实现"以人为本"。"以人为本"深刻体现了可持续发展观。巷深竹缘从一开始就为农庄在薪酬、晋升与福利和培训方面引入与上海酒店业务相类似的人力资源管理基础制度,用制度保障员工利益。

与一般的农家乐不同,巷深竹缘农庄实施薪酬福利领先策略:员工工资水平以上海酒店的薪资为标准,在同行中处于中高水平。这保持了农庄薪酬的竞争力,以期激发员工的工作潜能,并提高相应的员工忠诚度,从而达到更高的效益。而农庄也十分重视现有员工的晋升制度,每个员工都能在公平公正公开的情况下竞争,农庄为在已有岗位上具有优异表现的、具备较强能力的员工提供晋升的机会,这使得员工内部保持活力,也在无形中促进了员工对自我发展的需求。此外,农庄的员工福利机制也较为完善,尽力为员工完善该行业应有的保险办理项目,逢年过节以小礼物和假期补贴给员工,并不定期举行外出旅游、集体聚餐等娱乐活动,加强员工之间的沟通,增进员工之间的感情,以增强员工内部的凝聚力,激发团队活力。此外加强对员工的培训力度,努力实现知识共享也是农庄发展的重点。

职业培训是每个员工工作经历的一部分,好的培训不仅可以提高员工素质,而且有利于节约人力资源成本,因此在这一点上农庄的做法区别于同行的敷衍态度。据了解,农庄近期曾组织员工前往日本考察学习。区别于传统培训,农庄更注重满足员工对自身发展的要求,而前往日本学习有关知识,正是让员工不断发展自身能力、认同并接受企业文化的一种强有力的方式。从个人发展方面来说,提升员工知识素养与技能水平也是一种可持续价值的手段。对于高级管理层的员工,巷深竹缘农庄会定期对其进行一系列管理技能与顾客服务相关的培训;对于基层服务员工,农庄会开设一些讲座与培训课,讲授一些食品安全、消防安全、顾客服务、企业形象维护相关的基本知识。例如,农庄重视生态环境的保护,便在员工培训中不断强调可持续发展理念,即培养员工生态文明可持续发展的观念。农庄为员工开设了防火、防止水污染等方面的培训,培养其环保意识与能力,"绿水青山就是金山银山",这一思想扎根在员工内心深处,农庄不仅仅是他们工作的场所,更成了他们需以己之力爱惜和保护的家园;不仅仅是生态环境意识,社区服务意识也融入了员工的培训、发展与支持中来,例如,农庄提供资金支持,使农庄经理与员工能有效与村庄进行互动,针对有就业困难情况的居民提供岗位,与无处供应食材的居民合作,成为采购商,并不定期进行社区道路卫生清理和敬老活动,这让员工和村庄建立密切的联系,不仅有利于员工自身能力的提升,也有助于企业形象深入人心,更体现了可持续发展中与社会协调发展的目标。

三是以员工为客户,推行人性化服务。转变管理思想,努力实现人性化管理和服务,这体现了农庄在已有硬性制度的基础上对软性制度的重视。在已有的温情式管理基础上,徐百明还针对不同员工的不同需求制造相应的解决方案:农庄不仅为员工个人准备了员工宿舍,而且为情况较特殊的员工提供一套家庭住宿房,解决了部分员工的后顾之忧,这无形中为员工创造了归属感。此外,农庄采用问卷调查这一方式,有效推进管理方式的创新,这使得农庄始终处于优势地位。农庄不定期发放给员工满意度调查问卷,让员工敢于为自己谋福利,使员工备受尊重。此问卷还希望员工为企业出谋划策,实现更高效的管理,让员工产生了"主人翁"意识,能更好地使员工融入这个"家"的集体。因此,在巷深竹缘工作可以说是一种享受,他们享受贴近自然的工作环境、享受亲切的人际氛围、享受舒心的工作心情,这样良好的内部服务质量让农庄的全体员工感到满意、获得尊重,使他们看到了自我的价值,与其说是在那里工作不如说是生活,工作与生活完美融合,就像是在家里那样舒服,员工之间就如家人的关系,相处非常和谐。农庄给予员工充分的工作支持,这一管理模式使得员工以农庄为家,员工满意度节节提升,从而使得服务利润链员工环节不断运动,创造价值。

2. 员工忠诚输出高服务价值

一是员工高满意度提升员工保留率和生产率。员工满意度直接影响内部员工忠诚度,而内部员工的忠诚度主要是以员工是否愿意长期为公司效力体现出来,转换工作或跳槽的人数是衡量员工忠诚度的重要指标之一。农庄"有人情味"的管理制度赢得了员工的信任,跟随徐百明已久的老员工也不愿离开已有工作职位,这使农庄内部的员工流失率几乎为零。员工的高满意度提升了员工保留率及生产率。在大多数服务工作中,员工流失的真正成本是生产率的损失和顾客满意度的降低。在巷深竹缘农庄中,高顾客满意度与低员工流动率是密切相关的。农庄在提供相关服务的过程中,与顾客直接接触的虽然只是企业的部分员工而不是全部,但是这部分人员是以企业的名义与顾客进行接触的,所以没有满意的员工就没有满意的顾客。巷深竹缘对员工的管理打破了狭隘的门户之分,从顾客的视角,审视所有可能与顾客发生接触的员工的行为,进而以人性化的管理来培养全体员工养成良好的行为和待人接物的习惯,提高员工行为的一致性,从而进一步提高顾客的满意度。

更高的员工满意度激发了员工的工作热情,从而提高了员工工作的生产效率。而生产率以产出量与投入量之比,反映了资源的有效利用程度,也就是说生产率是衡量企业运作管理的重要指标。农庄在维持同量的投入的前提下,员工满意度的提升促成了员工高涨的工作热情,从而增加了农庄的产出。这种生产率水平的差异造成了企业之间竞争力的差别,这也是巷深竹缘有别于同类服务行业的地方,增加了农庄的竞争力,从而扩大了利润空间,即经济效益方面达到了可持续发展。经济效益的提高促使农庄对员工的支持力度加大,这使得员工充满干劲,能提供更好的服务以促进生态和社会的可持续发展。

二是农庄的高员工保留率和生产率推动高服务价值的形成。从本质上来说，服务是无形的，不过服务企业可以通过一些服务体验来加深顾客的服务感知。例如，巷深竹缘利用其得天独厚的自然条件，收集来自各员工站在消费者角度上的不同想法，开设自己的果园、菜园、牲畜园，举办丰富多彩的娱乐狂欢，例如篝火舞会、拔河比赛、竹林情趣、儿童乐园、真人CS等素质拓展活动、后山果园、农耕文化长廊等等，让顾客亲身体验其中的乐趣，增强客户的体验，加深客户感知。

巷深竹缘别出心裁地将产品定制化可以使企业以很少的费用来赢得顾客满意，农庄根据消费者多样化的需求，推出了许多私人订制的项目，巷深竹缘的员工20年来一直秉持着"假如我是消费者，我会怎样……"的原则，员工就能根据消费者的要求请求农庄设计出不同的方案，比如说定制公司年会、婚庆、企业会晤等等。由于农庄里的每个人都站在消费者的角度考虑，所以能够更好地为消费者服务。这一系列细节足以体现农庄中的员工为顾客提供的服务价值。此外，农庄始终秉持着生态可持续和社会可持续的观念，在满足顾客需求的同时又保护了周边环境，积极地推动着农庄可持续价值的创造。

巷深竹缘农庄真正愿意站在一个长期发展的角度来进行运营，愿意在员工身上花足够的工夫，给予员工足够的尊重、授权和引导，实现了员工高满意度。其结果一方面增强了员工的忠诚度，提高了员工保留率；另一方面激发了员工的工作热情，促进了员工工作的生产效率，从而推动高服务价值的形成。这正是农庄始终能够以"假如我是消费者"的立场提供优质服务的原因，也是农庄拥有较强竞争力的原因。也正是在员工满意和忠诚的基础上，农庄把可持续发展的目标一步步落到日常服务工作的每一实处，并不断创造出新的可持续价值。

六、总结

通过对巷深竹缘的案例分析，我们不难发现农庄的经营运作与发展理念是紧密地围绕着可持续发展的战略布局而展开的，巷深竹缘通过追求"三重价值"从而实现可持续发展，同时通过产品设计与运作、服务质量实现竞争力提高，将环境保护与经济效益、社会效益有效地协调起来。经济持续发展是条件，生态环境持续发展是基础，社会持续发展是目的。经济可持续发展不仅仅指数量上的增长，更是追求质量的改善和效益的提高，同时也应注重生态可持续发展，在经济发展的同时要和资源、环境承载力相协调，人类的生活水平改善，健康水平提高，这样才能达到最终目的，就是社会的可持续发展。

巷深竹缘农庄始终坚持经济、社会、环境三者相协调的可持续发展理念不动摇，持续不断地努力将其嵌入到企业的日常经营活动中，通过人力资源管理创新与以顾客绿色体验为核心的产品（服务）差别化设计，打造了一个"生态、绿色、天然"的生态休闲旅游农庄品牌形象。

参考文献：

[1]彭海珍，任荣明. 可持续发展的三重底线[J]. 理论·前沿，2003(12)：91－92.

[2]詹岚，钟荣凤. 基于三重底线理论的乡村旅游生态化发展研究[J]. 东北林业科技大学学报，2016(01)：84－90.

[3]彭惠军,黄翅勤,范胜国. 城郊生态农庄休闲旅游可持续发展指标体系构建及应用——以湖南衡阳怡心园为例[J]. 广东农业科学,2011(9):177－178.

[4] 刘秀珍. 基于农业可持续发展的休闲农业旅游问题与对策分析——以广东省为例[J]. 中国农业资源与区划,2016(10).

[5] 陈胜科. 城郊休闲农业旅游发展现状分析——以长沙市为例[J]. 湘潮,2011(01):94－95.

[6]王昌玉. 生态旅游管理的内涵、原则及路径选择[J]. 商业时代,2009(27):101－102.

[7]董红梅. 生态旅游管理的基本要素[J]. 资源开发与市场,2002,18(6):31－33.

[8]钟林生,肖笃宁. 生态旅游及其规划与管理研究综述[J]. 生态学报,2000, 20(5):841－848.

[9]杨宏. 新型城镇化背景下中国农业旅游发展路径探讨:基于日本农家乐旅游的分析[J]. 世界农业,2016(12):452.

[10]张金成. 服务利润链及其管理[J]. 南开管理评论, 1999(1):18－23.

[11]Hunter C. Sustainable tourism as an adaptive paradigm[J]. Annals of Tourism Research, 1997,24(4):850－867.

[12]Turner R K, Pearce D and Bateman I. Environmental Economics: An Elementary Introduction[M]. Hemel Hempstead: Prentice Hall/Harvester Wheatsheaf, 1994.

[13]Elkington J. Cannibals with forks: the triple bottom line of 21st century business [M]. New Society Publishers, 1998.

思考题

1. 对一家商业组织而言,寻求可持续发展目标的挑战包括哪些方面?
2. 结合本案例,请谈谈你对酒店业可持续发展方面的管理创新的理解。
3. 除了本案例中介绍的实践,你认为酒店业的可持续发展还有哪些创新实践?

案例编写:韩雯雯(国贸152)、叶利青(工商专升本161班)、
张淑丽(工商专升本162班)、邹凌枫(国商151)、
廖文茜(工商151)

指导老师:刘海林

其他篇

案例9
帅丰持续发展之道分析：基于内生增长理论视角

摘　要：在当今市场竞争日趋激烈的情况下，对企业来说，更为重要的是从自身出发，不断积累竞争优势，构筑企业持续发展之道。我们通常只为企业一时的突破与进步抚掌喝彩，却忽视了企业在内生要素积累方面的长期努力。浙江帅丰电器有限公司创立于1990年，从生产厨电配套产品到进军集成灶行业，现已成为集成灶行业的领军企业。在数十年的发展历程中，帅丰不断推进技术创新，从创建九人研发小组，到深化劳动分工，不断提高组织工作效率，不断加强人力资本积累，挖掘发展潜力，取得连续四年销售规模增长率突破50%的佳绩。对此，我们借助内生增长理论，剖析了引领帅丰成长的关键因素，从而揭示出帅丰的持续发展之道。

关键词：内生增长；技术创新；企业持续发展；浙江帅丰电器有限公司

一、绪论

近几年来，传统三件套已步入成熟期，市场增长率趋于平稳，行业进入壁垒增高。作为一种新型环保厨具——集成灶异军突起，生产规模持续增长。那么，如何在竞争激烈的集成灶行业中，构造企业持续竞争优势，促进企业持续增长便显得尤为重要。浙江帅丰电器有限公司在复杂的市场环境中，自始至终致力于技术创新、深化劳动分工、人力资本积累等企业内部的管理工作。功夫不负有心人，经过27年的不懈努力，帅丰连续四年销售规模增长率超过50%，在众多集成灶品牌中脱颖而出，牢牢占据第一阶梯的位置。为此，我们选择浙江帅丰电器有限公司作为研究对象，借助内生增长理论，剖析引领帅丰成长的关键因素，挖掘帅丰成长的真正动因，从而揭示帅丰持续发展之道。

（一）企业简介

浙江帅丰电器有限公司位于浙江省嵊州市经济开发区。公司创立于1990年，占地面积55 000平方米，建筑面积80 000平方米，注册资金5 018万元。截至2016年年底，公司有员工

586人，其中大专以上学历占35%以上。帅丰从生产厨电配套产品到研发生产吸油烟机、灶具、消毒柜、烤箱，再到创新研发制造集成灶，从事厨具行业20余载，现已成为中国集成灶行业集创新研发、制造和销售于一体的专业化企业。

帅丰从创建之初到现在，始终将人才引进、技术创新和技术改造作为企业发展的原动力。公司各级产品研发及工程技术人员有60人左右，配备的主要技术装备有：大型激光切割机、自动激光焊接机、500T液压机、数控折弯机、7条装配流水线，配套齐全的燃气、电器实验室等。这些设备和检测仪器的配置，使帅丰公司形成了年产20万台集成环保灶、5万台烤箱的生产能力。凭借一流的技术装备和一支极富创新能力的产品研发队伍，帅丰的产品创新研发一直走在行业的前列，产品质量稳定可靠，在历次国家、省、市级市场监督抽查中均为合格品，深受广大代理商和消费者的好评和喜爱，在集成灶行业品牌中，牢牢占据第一阶梯的位置（见图9—1）。

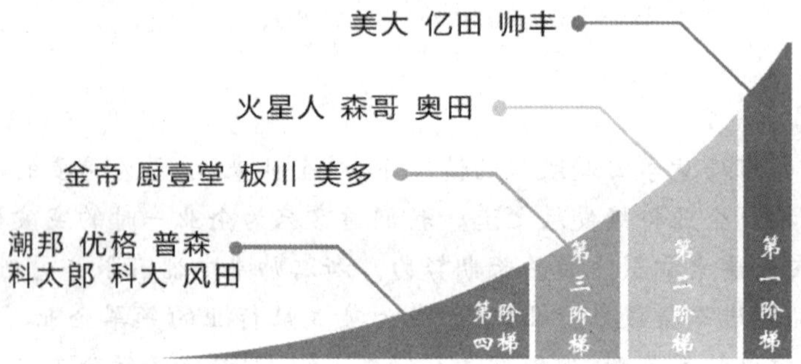

图9—1 集成灶行业品牌阶梯

（二）产品概况

集成灶，行业里亦称作环保灶或集成环保灶，是一种集吸油烟机、燃气灶、消毒柜、储物柜等多种功能于一体的厨房电器，具有节省空间、抽油效果好、节能环保等优点。帅丰目前产品主要分为至尊系列、博尚系列、居家系列，选择空间很大，能满足消费者的不同需求。

至尊系列主打GTS——集智成者，造微入妙。其特色为采用双屏互动，7寸娱乐显示屏和3.5寸TFT彩色显示屏。7寸娱乐显示屏集强大的功能性与操作性，可以wifi上网，让使用者充分体验智能操作，边娱乐边下厨，尽享科技生活。显示屏还能根据环境光的亮度调节屏幕灯光亮度。搭载的3.5英寸智能控制触屏，与蒸箱功能轻松实现互联，手指轻轻一点，即可实现所有功能，让生活更简单。

博尚系列外观精致，紧跟时尚潮流。其S守护神在外观上有全新的突破。为了让产品更美观的同时又不影响吸油烟功能，帅丰特别研发了超薄平板头部，简洁大气，更重要的是，油烟吸净率达到99.99%。集成灶所配备的蒸箱，拥有4层贴心设计，电热管辅助加热，最高可达120度。底部加热盘防干烧设计，避免了干烧现象，1.8L的水壶，可持续蒸制2小时不加水，铝合金圆弧拉手，造型更精致，做到蒸得更贴心、更快、更安心、更持久、更讲究。同时打造出80、90款蒸箱，更多种的选择满足多样化的市场需求。

居家系列强调更安全、更实用、更智能。采用燚动力上进风燃烧器，热效率高达65%，是爆炒小达人，符合中国人烹饪习惯。采用阻尼导轨，拉抽更随心所欲，减低冲击力而形成关闭时的舒适效果。烟道配备了安全防火装置，安全燃烧双重保险，同时配有燃气灶电子定时熄火装置，自动切断燃气，避免安全事故。紫外线消毒和热风循环烘干，保证家人的安全。居家系列隐形了照明灯设计，减少泥垢积留缝隙，隐蔽的吸风口，让外形也更加美观，实用的置物平台，可拆导烟板，让功能更居家。

(三)获奖

通过近几年的努力，帅丰取得不少成绩，并得到相关部门的肯定。帅丰先后获得国家高新技术企业、浙江省著名商标、浙江省知名商号、浙江省名牌产品等20余项市级省级奖项及30余张国家证书(见表9—1)。这些累累硕果无不彰显了帅丰在集成灶行业中领跑者的地位。

表9—1　　公司所取得的资格认证

序号	认证项目	获取时间	发证单位
1	ISO9001质量管理体系	2002年	北京三星认证中心
2	ISO14001环境管理体系	2016年	方圆标志认证
3	OHSAS18001职业健康安全管理体	2016年	方圆标志认证
4	CNAS实验室	2016年	国家认可委
5	全国工业产品生产许可证	2009年	国家质监总局
6	测量管理体系	2012年	中启计量体系认证中心
7	标准化良好行为	2012年	绍兴市质量协会
8	安全生产标准化	2014年	绍兴市安全生产监督管理局
9	国际标准采标证(家用燃气灶)	2012年	嵊州市质量协会
10	国际标准采标证(吸油烟机)	2012年	嵊州市质量协会
11	3C强制认证	2009年	中国质量认证中心

二、发展之路

在竞争日益激烈的市场环境中，任何企业都将受到外界因素的不断干扰。因而，加强内部要素管理、提升内部要素品质便成为企业持续发展的战略命题。帅丰是一个典型的制造企业，其自始至终走的是一条内生增长的道路。从最早的电机三厂到现在的集成灶制造，帅丰致力于内生增长要素的培育与提升。技术创新是企业发展的原动力。劳动分工的细化则使帅丰上下分工明确，形成合力，极大地提高了组织生产效率。人力资本的积累，尤其是专业化人力资本的积累，更是大幅提高了帅丰内部员工的素质和研发实力。三者相辅相成，共同促进了帅丰的发展，如图9—2所示。

(一)技术创新，“蒸”动力

1. 组建技术团队，坚持自主创新

“蒸”作为中国历史上最为悠久的烹饪方式，不仅能够保留食物的原汁原味，锁住食物更

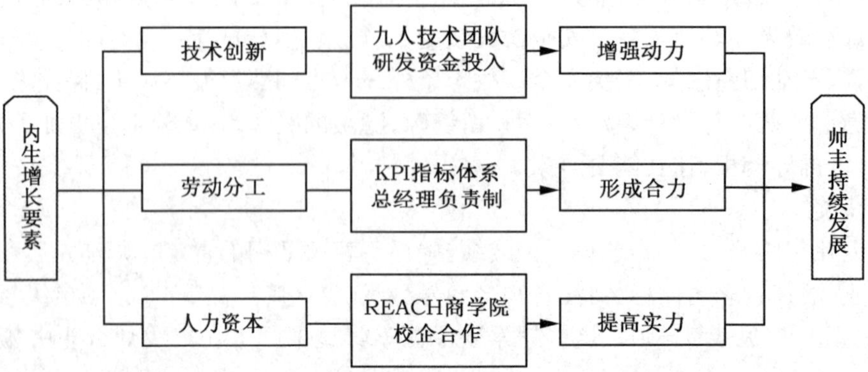

图 9—2　帅丰的内生增长之道

多水分和营养，而且相比炒、炸等烹饪方法，又能让消费者远离油烟的煎熬。帅丰立志打造中国人自己的智能时代，研发出热风循环烘干系统，消除了细菌、病毒进入体内的隐患，让家人能更安心地享受美食。

产品向来是质量先行，品牌竞争力源于产品过硬的品质。为了保证产品质量，帅丰从创建之初到现在，始终将人才引进、技术创新与改造作为企业发展的原动力。帅丰于 2005 年专门组建九人研发小组，正式启动集成灶项目，开始自主研发符合中国烹饪习惯和厨房格局并拥有自主知识产权的集成环保灶。帅丰的目的十分明确，始终致力于打造适合中国人使用的灶具，而只有在行业内研磨多年的技术人员才更清楚目前厨具的弱势，才能更准确地抓住创新的关键。

帅丰集成灶的生产立足于国际质量标准，不断加强原始的技术创新，重视建设自主开发能力。前期通过不断招揽对集成灶有独特见解的人才，成立了专门的研发中心和一流的技术中心；后期也不断从各地选聘优秀的设计人才加盟，积极动员他们大胆创新，并建立一系列严格的产品体系。帅丰也十分重视技术改造和设备更新。为了技术中心能更好地进行产品研发工作，帅丰从 2010 年至今先后投资6 000多万元，用于增添高精度冲床、数控折弯机、激光切割机和全自动焊接机等高效技术设备，这极大地提高了产品质量和生产效率。

2. 紧跟环保政策，保持清洁生产

近年来，各级政府高度重视环保工作，积极推动以人为本，坚持全面协调可持续的发展道路。这不仅是社会经济日益发展的需要，也是企业发展的竞争优势所在。相较传统的厨具产品，高集成、低碳化的集成环保灶更符合国家相关政策规定，必将受到市场、企业、国家的一致推崇，也必然是未来市场的发展趋势。帅丰大力坚持“环保、绿色节能”的设计理念，积极研发低浓度排放的无烟净化厨具设备，极大地迎合了当下支持可持续发展的主旋律。

在考虑到对资源综合利用、人类生存环境的保护、产品安全、公共卫生等方面的影响时，帅丰坚持“清洁生产，节能降耗；诚信守约，共同进步；生态文明，和谐发展”的环境方针，大力推行清洁生产，对生产现场实施 5S 管理，并于 2014 年取得清洁生产证书。与此同时，帅丰大力倡导工艺部门对下料所产生的边角料进行科学分析，合理进行再利用加工成小件制品，对产生的可回收废料及危险废物通过有资质的回收公司进行回收处理，避免材料的浪费及对环境产生的危害，为建立"资源节约型、环境友好型、社会和谐型、创新效益型"企业不懈努力。

3. 参与制定标准，凸显科研实力

优质的产品一定来源于严格的生产流程。帅丰集成灶的生产不断加强原材料的检验、样品设计策划、评审、验证以及样品的测试和试验等，加强生产与配套的各个环节的监督控制，严防违反国家产业政策、法律、法规的要求，避免因公司的设计成果有缺陷，给社会和顾客带来负面影响的情况发生。

为了消除公众对帅丰集成灶在使用过程中的隐患的担忧，帅丰始终坚持开展 ISO14001 环境管理体系、OHSA18000 职业健康安全体系的认证工作，并通过了方圆标志认证公司的认证。

保证产品质量，标准必先行。近年来，浙江帅丰电器有限公司积极参与了《ISO/TC291/WG1Domestic Gas Cooking Appliances》《GB 16410 - 2016 家用燃气灶具》《GB4706.28 家用和类似用途电器的安全吸油烟机及其他烹饪烟气吸排装置的特殊要求》《GB/T 31911-2015 燃气燃烧器具排放物测定方法》《CJ/T 386-2012 集成灶》《ZZB 032-2015 集成灶》等一系列国际标准、国家标准、行业标准和地方标准的修订和起草。除此之外，帅丰还根据工作实际，参考相关行业标准，制定了涉及职业健康、环境保护和信息技术、产品检测等内容的一系列企业标准，大大提升了企业的技术保障能力。

为了使实验室符合国际规范，增强实验室的市场竞争力，进一步赢得政府部门、社会各界的信任，帅丰同步考虑了申请中国合格评定国家认可委员会(CNAS)实验室认可。在认可申请的各个环节中，无论是在受理审查阶段、文件审查阶段还是现场评审阶段，CNAS 专家都对帅丰实验室开展了仔细、认真负责的评审，层层把关，对评审结果做出了客观、公正的评价，并提出了宝贵的意见和建议，帮助帅丰实验室在技术能力和管理水平上有了质的飞跃。2016 年 7 月 18 日，帅丰实验室通过 CNAS 的层层严格评审，获得 CNAS 实验室认可证书，成为行业内仪器设备最先进、检测项目最全面、试验结果最精准的集成灶实验室。这标志着帅丰实验室的建设取得重大突破，再次凸显了帅丰的科研实力，对帅丰产品安全保障和性能的提升有非常大的促进意义，也加强了企业进一步拓展国内和海外市场的信心。帅丰由此成为集成灶行业首家获得 CNAS 认可证书的实验室，对集成灶行业的整体发展、行业的技术升级起到了带头和示范作用。也正是因为帅丰坚持严格的产品检测体系，帅丰集成灶 80%以上产品均达到一级能效，极大地减少了能源消耗。

4. 突破技术瓶颈，奠定领导地位

集成灶作为一个全新的厨电产品，集燃气灶、吸油烟机、消毒柜等厨房电器的功能于一体，并且各个功能之间不单单是简单的拼凑整合，而是依照功能之间的联系进行连贯组合，以一个完整的产品形式呈现在用户眼前。

2015 年 3 月 19 日，国家发改委、质检总局、国家认监委发布了《家用燃气灶具能源效率标识实施规则》(自 2015 年 12 月 1 日起实施)，要求在开展集成灶能效等级检测时，需要在开启集成灶最大排风量的试验条件下开展试验。这一规则的出台，为集成灶行业带来了很大挑战，由于集成灶在开启最大排风量时要带走一部分热量，从而影响到集成灶燃气部分的热效率，大部分产品的能效等级只能达到最基本的3级水平。

帅丰产品线以集成灶为主，如果产品能效等级仅停留在3级，势必会影响帅丰的市场竞争力。2015年上半年，公司全体工程师围绕这一课题不断突破，但由于该企业实验室尚未建成，每次需要将样机送到第三方机构检测，周期十分漫长，进展十分缓慢。面对日趋严峻的市场竞争形势，建立企业实验室成为非常迫切的任务。2015年6月，帅丰实验室成立，现已建成燃气试验室、电气试验室、噪声试验室、气味降低度试验室、油脂分离度试验室、电磁抗扰度试验室和环境试验室，全方位覆盖了集成灶重要指标检测。帅丰实验室建成后，经过工程师们不断地检测、改进、再检测、再改进，在短短不到一个月的时间内，帅丰公司主力产品的能效等级全部达到了1级水平。

无论是帅丰凭借自身技术优势，参与国家标准的制定；抑或是建立CNAS实验室，突破集成灶技术瓶颈，这都极大地凸显了帅丰强大的研发水平，为帅丰的持续发展之路奠定了技术基础。

(二)劳动分工，"爆"合力

劳动分工是指人们社会经济活动的划分和独立化、专门化。在前期，帅丰建立"总经理负责制"，以此为基础初步构建组织框架，明确各部门工作职责，尽量实现专人专职，实现公司经济活动的划分和独立化。在此过程中，尽可能细化岗位工作，制定部门工作流程图、岗位说明书，实现专人专职。在公司发展中，帅丰不断完善沟通机制，广泛收取员工意见反馈；再通过公司内部的内控管理，发现公司存在的问题，肯定公司适应发展的措施，进行企业组织结构的内控管理，将优秀的部分继续保持，不足的部分进行调整改良，取其精华，去其糟粕，不断调整改良帅丰组织结构，形成一个更适应帅丰发展的组织结构。

1. 细化组织管理，提高工作效率

帅丰依法建立了由股东大会管理的组织机构，董事会领导下的"总经理负责制"，并对各职能部门充分授权，以提高组织运作效率和快速反应能力，保证组织经营业务的健康、稳定的可持续发展。帅丰的组织架构如图9—3所示。

公司制定部门工作流程图、岗位说明书及部门、个人考核办法，明确责任，分解企业经营目标，形成了权力机构、执行机构、监督机构之间各司其职、有效制衡、相互协调的工作机制，以为股东持续创造卓越的投资回报并实现股东价值最大化为发展宗旨。

帅丰组织机构的设立将公司管理任务具体分工，明确了每个部门、每个岗位的具体职责。一个人不能完成所有的工作，专门化的安排可以把工作做得更好。分工的精细把每个人如同零件一样长期固定在某种岗位上，同时在其专属岗位上发挥其创新能力。帅丰在此基础上形成了以职能为中心的组织形式，这种组织是以命令控制为主要特征，按照纵向职能为主、横向协调为辅的原则建立的，信息传输渠道以纵向为主，横向为辅。分工的明确化一定程度上促进了人力资本积累，引发创新的思想。

组织管理结构是企业劳动分工的初步设立。企业通过构建部门结构，初步完成劳动分工，是劳动分工在内生增长中发挥其促进经济增长作用的基础。

2. 完善沟通机制，打破部门壁垒

公司是一个整体，部门职责划分明确，信息层层上达固然为好，但冗杂的部门结构也可

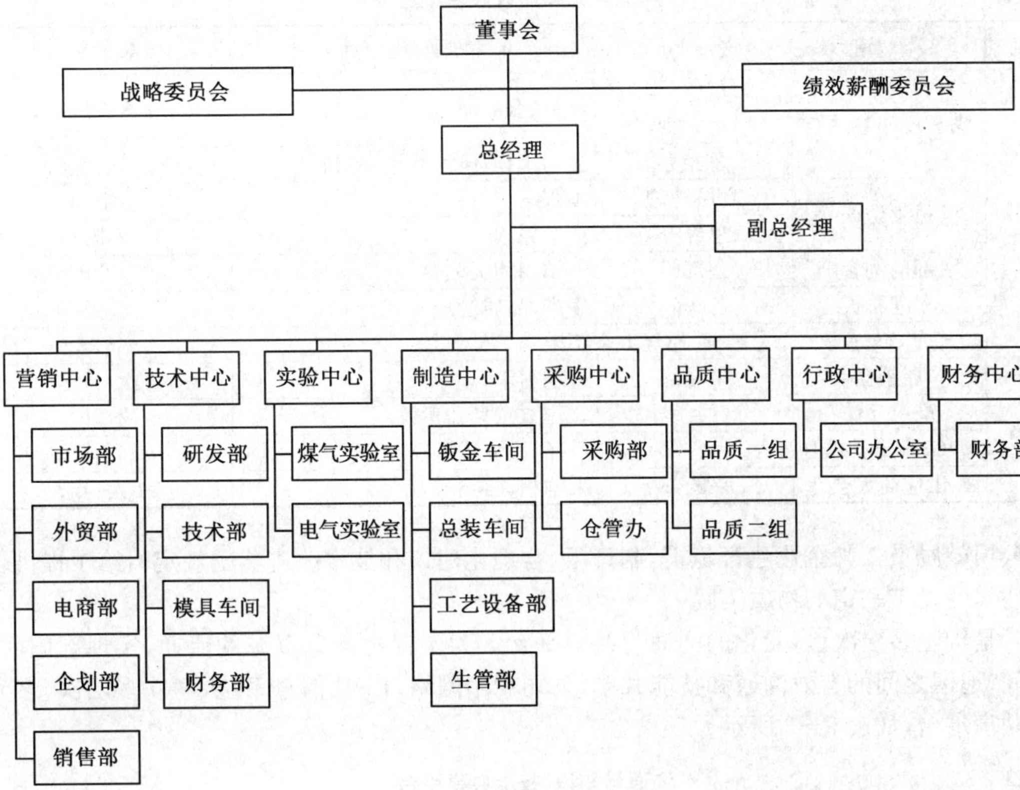

图 9—3　帅丰组织架构

能阻碍了信息传达的及时性。为此，帅丰根据战略目标和规划，构建扁平化的组织结构，简化管理层级，以缩短决策层与操作层距离，提高信息传递的及时性和准确性，提高组织工作效率和应对内外环境的应变能力。

帅丰倡导广纳贤言，通过建立跨部门职能小组，如：环境/职业健康/安全委员会、标准化委员会、合理化建议小组等，促进横向沟通，打破部门壁垒，促进各部门之间的密切合作，调动员工主动性和积极性。

一是多渠道收集意见和建议，鼓励合理化建议。公司建立了全方位、多样化、无障碍的信息收集渠道，收集来自员工、顾客、供应商及其他相关方的意见和建议：(1)总经理信箱：公司在车间、宿舍设有总经理信箱，由总经办负责管理，每周六开箱收集信息，并对信息进行分类、核实、分析和处理。(2)绩效面谈：每月绩效考评后，上级需与下级进行一次绩效面谈，分析绩效和过程，肯定成绩，发现不足，共同制定目标和计划，面谈中积极听取员工的意见和建议。(3)各种例会：通过车间早会、管理例会、部门会议、年度经销商会议等，收集员工意见和建议。除此之外公司还通过其他渠道收集意见和建议，如表 9—2 所示。

表 9—2　　　　其他意见和建议收集渠道

类别	渠　道	责任部门	主要收集信息	频　次
内部	满意度问卷调查	售后服务部 质量管理部	产品、服务质量	1 次/季度
		总经办	公司工作环境、薪资、福利	1 次/年
	员工访谈	高层管理	不限	不定期
		总经办	离职原因	不限
	部门例会	各部门	本部门相关内容	1 次/周
	车间看板	各车间	生产、品质管理	全天
	短信、微博等	总经理、总经办	不限	全天
外部	展销会	市场部	市场需求	1 次/季度
	高层互访	高层领导	合作方意见和建议	不限
	400 服务热线	销售部	产品、服务质量投诉	全天
	供应商大会	采购部	采购相关	1 次/年

公司鼓励员工为企业建言献策，制订了《合理化建议和技术改进奖励规定》，给予提供合理化建议的员工一定的物质奖励。

二是构建多层次、多元化的沟通与共享平台。为了促进信息资源的流通，实现部门间、职位间、地区之间的有效沟通和技能共享，公司利用网络、ERP 信息系统，建立多层次、多元化的共享平台，如表 9—3 所示。

表 9—3　　　　沟通与知识、技能共享平台

分 类	沟通与共享形式	共享内容
部门之间	企业局域网、ERP 平台、企业邮箱、跨部门工作会议	内部工作、管理动向、管理制度、市场信息等
职位之间	部门例会、绩效面谈等	操作技能、业务知识、工作经验、工作技巧等
地区之间	供应商技术支持、供应商会议、高层领导互访、经销商和专卖店人员培训等	市场信息、专业知识、企业理念等

帅丰的内控管理和沟通机制，是公司发现问题、收集意见的重要渠道。通过广泛的沟通，深化内部管理，帅丰可以发现问题所在，以此为切入点，积极推进劳动分工的合理化，以此促进企业持续发展。

帅丰沟通机制的建立，加强了员工之间的有效沟通，以全新的角度看待员工沟通，将员工沟通作为一个独立的、重要的要件看待。只有这样，员工沟通才能不像一般性的辅助性工作，处于可有可无的境地，才能进行积极而有实质的创新。

帅丰从行为一致性、诚信、充分授权、开放性交流、关怀员工这五个方面调整自己的行为以赢得下属更多的信任；制度上做到有章必依，赢得制度上的信任；员工间真诚相待，赢得同事间的信任。在获得员工真实的想法之后，寻找切入点，准确地调整企业分工、员工管理，以此稳固企业内部，带动企业发展。

3. 明确内控管理，加强流程合作

近几年来，帅丰发展势头强劲，不仅扩建 4 万平方米的厂房，并将帅丰的上市计划提上

了日程，公司管理压力十分巨大。为此，帅丰围绕公司长远发展的目标，建立KPI指标体系，在纵向层次上将公司的战略目标逐层分解到部门、科室、班组、岗位，实现“千金重担人人挑、人人头上有指标”；达到涵盖财务、顾客、内部流程、学习与发展，强化与战略的衔接，平衡企业短期和长期的目标。与此同时，公司建立了以顾客为中心，以业绩为导向的绩效管理系统，通过绩效计划制定、实施、考评、反馈及结果运用，激励员工提高工作绩效，从而使企业获得持续发展。

在生产方面，帅丰成立了国家级实验室，同时跟中国制品五金协会下设的检测中心在关于油脂分离度的研究进行合作，追求创新研发出更加健康环保的集成灶，也使其产品可以达到国家级实验标准，质量更高、更有保障，将生产逐步规范化、合理化。在运营管理方面，制定完善了《部门工作职责》《员工岗位说明书》，明确各部门、各岗位的职责、权限、组织关系及任职资格。在财务方面，帅丰坚持内生能力扩张型的财政政策，建立了财务管理制度体系框架，并以此为引导制定完善了《资金使用管理办法》《财务计划与预算工作流程》《付款管理规定》多项财务管理制度。建立和完善公司经营管理的财务支持体系，加快实现项目财务会计管理模式。提高成本控制水平，完善风险控制功能，确保资产保值增值，促进企业可持续发展，实现企业价值最大化。

帅丰从发展规划、组织机构、管理目标、制度建设、职责权限、授权管理、工作流程、经费保证等方面完善治理结构，针对潜在风险所涉及的各管理及业务流程，进行了科学、合理的流程控制设计，建立了流程改进的反馈机制，确保了流程的刚性执行。这样的分管机制可以让每个部门各司其职，重新发挥合理的劳动分工的生机。

4. 人力资本，“煮”实力

(1)开展教育培训，提升知识价值

内部知识存量以企业内部员工之间、部门之间知识共享与交流表现形式的内部知识流动，是促进企业产品创新的重要手段。帅丰通过提高内部流量知识水平，以获得更高水平的创新绩效和财务绩效。

外部知识获取对于企业自身知识存量的提高也非常重要，知识开放可以加速创新节奏，建立企业优势。帅丰运用社会资源开展多层次的培训，如通过健峰技术管理培训学校和浙大高校分别对员工、管理人员及高层领导进行培训，取得了较好的成绩，实现了员工和公司共同发展。公司总经办根据市场大环境取得培训需求及分析情况，再结合公司实际，针对不同的对象进行有计划的培训，选择合适的培训课程、方式、时间，制定企业年度培训计划并组织实施，致力于让外部知识存量在内生增长中最大限度地发挥作用。

一是新员工培训。对象为所有新进员工、调岗人员，主要内容是企业发展历程、规模和前景，企业远景、使命、价值观，厂纪厂规，部门引导，ISO、5S基础知识，安全、质量、成本意识，职业道德、新岗位作业流程等。方式是采用每月1次的集体讲课、观看企业视频，老员工带新员工等方式。目的是希望员工能尽快熟悉并融入企业，将企业文化深入人心，以更好地达成今后的战略目标。

二是高层领导培训。对象为副总经理以上领导，主要内容是对高层管理人员培训，重点应该侧重于观念、理念方面，此外还有市场经济所要求的系统管理理论和技能，如管理学、组织行为学、市场营销、企业经营战略、企业经营过程控制、领导科学与艺术等。目的是希望通过培训使高层管理人员掌握经营环境的变化、行业发展趋势以及进行决策的程序和方法，提高洞察能力、思维能力、决策能力、领导能力，以确保决策人正确地履行职责。

三是中层管理人员培训。对象为各部门副经理、经理，主要内容是管理的基本知识与技能，如管理学、组织行为学、领导艺术等；业务知识与技能，如销售技能、采购技能等；工作改进，如流程改进方法等。主要通过请专业讲师授课、外出参加培训课程、轮岗、内部研讨、岗位助理等方式。目的是通过培训使中层管理人员更好地理解和执行企业高层管理人员的决策方针，具备多方面的才干和更高水平的管理能力，改善管理工作绩效，提高管理水平和管理质量，为企业决策层培养接班人。

四是基层员工培训。主要包括技术人员、业务人员、操作工、职能部门人员等，针对在岗员工岗位职责、专业技能、操作规程、业务流程等进行反复强化培训，以使员工在充分掌握理论的基础上，能自由地应用、发挥、提高。主要通过老带新、专题培训、资格认证培训等。目的是提高基层员工的专业技术水平和业务能力，掌握本专业的新知识和新技术，扎实掌握技能，能为维持企业竞争力提供动力。

五是自主培训。公司制定和实施《在职员工学习培训奖励暂行办法》，鼓励各级员工开展自主培训活动，主要通过自主学习、远程教育等方式，提高自身的学历水平和专业技能，对于自主学习取得成果的，公司将给予补助和奖励。2015 至 2016 年公司有 2 名管理人员通过自考方式顺利完成了本科学业，拿到了本科学历证书。公司对他们进行了通报表扬并给予了补助和奖励，这也激励更多的员工通过学习来提升自身素质。

帅丰通过多维度培训，促使员工快速成长，确保公司业务稳步发展。开办 REACH 商学院能让每一位新加入帅丰的家人都能快速成长，自 2016 年创办以来，商学院共计开班 20 余期。之所以取名“REACH”，不仅是到达、成功的意思，还与财富的英文“rich”同音，寓意着该学院的宗旨在于为所有的代理商创造更多的财富，更大的价值，将人力资本的积累向最大值靠拢。REACH 商学院的成立将成为企业和经销商之间重要的桥梁和纽带，有助于全面提升经销商销售技巧，有效拓宽市场渠道。

培训的目的在于改变思想观念、改变行为，进而提升绩效，只有有效的培训，才能实现培训的目的，公司建立培训评估体系，保障培训的有效性。帅丰本着企业与员工共同发展的原则，结合员工职业发展规划建设，使各个层面的员工都有机会在不同的职业发展道路上接受培训和学习，使员工的职业技能和自身能力不断得到提升，服务企业发展需要，体现出所学知识的价值。

(2)塑造企业文化，统一上下目标

将帅丰的内部发展与影响内生增长的因素相结合，发现人力资本既作为一种生产要素进入生产函数，又是决定技术进步的一个主要因素，帅丰始终把重视人力资本的积累放在重要位置。帅丰对员工的关爱是细致入微的，经常开展丰富多彩的知识共享活动和文体活动，倡导诚实守信、爱岗敬业、开拓创新和团队协作精神，努力培育员工积极向上的价值观和社会责任感。帅丰深知对一个人教育的加强将会提升这个人对企业发展所产生的价值，而健康对员工工作的效率也将产生间接影响，改善健康状况可以提高学习效率，也可以提高教育的回报率。保持健康的关键在于维持人体内各种生命元素的平衡，营养状况不仅会影响人的体魄，而且会影响人的智力功能，重视员工的健康才能让其智力充分投入技术研发与创新。

一直以来，员工关爱与感恩社会是帅丰重视的部分，更是帅丰温暖气氛的来源。帅丰的领导层与下级员工的相处方式是较为轻松愉悦的，工作上认真，态度上温和，为公司创造新效益的动力就显得更强劲，心与心之间足够团结，追寻的目标也更明确，全员都在为达成"只做集成，做好集成"而努力。集成灶是其全部的工作，也是唯一的工作，是帅丰集成灶专业的地方，一如既往地走这条路线，企业终能持续发展。去企业进行调研时，有技术人员提到："虽然工作犯错时也被商董（商若云董事长）责备过，但事后她都会语重心长地跟我道明原委。印象里她不只是领导，也是一位值得尊敬的长辈，对待工作她果敢坚决，但对待员工她当家人一样看待。"也许正是因为商董鼓励员工发挥想象力以及商董的平易近人，对员工形成一种很好的激励氛围，让更多的技术人员对研发积极上心，不会因为尝试的失败而放弃。在企业上下一条心的氛围下，帅丰集成灶的发展饱含生机，整个团队更融洽。

人力资源的质量优劣也主要是由教育来决定的。公司以"集成灶品牌创新者和领跑者"为战略目标，展开部署为总体战略和品牌战略、人才战略、营销战略三个子战略，落实各层次人才技能的应用，最大化提升效益。技能需要经验和教育的积累。明智的企业家十分重视教育，帅丰的领导层不仅重视对本企业人才的培养和培训，而且设法通过教育手段来改善本企业的文化，形成企业内部的"树枝文化"，制定了战略导向的人力资源规划，坚持"以诚待人，以理服人，以制度管人，以效益留人"的人才管理理念，让员工具备自己的选择权，没有明确的地位差异，即使产生分歧，也愿意听取员工的心声。通过建立以人为本的人力资源开发和管理的工作系统、激励机制、员工培训与教育体系，在有效激励的促进下，帅丰才能够充分发掘员工潜能，调动员工积极性、主动性和创造力，为员工创造施展才能和发展的平台，为创造高绩效提供人力资源数量和质量的保障，实现企业与员工的持续发展和共赢。

三、成功之道

（一）内生增长理论

内生增长理论形成于 20 世纪 80 年代中期，是西方宏观经济理论的一个分支。它的主要思想是内生的技术进步是保证经济持续增长的关键因素，经济可以不依赖外力的推动来实现持续增长。西方学者常以保罗·罗默《收益递增与长期增长》(1986)及卢卡斯《论经济发展机制》(1988)的发表作为内生增长理论诞生的标志。自 20 世纪 80 年代以来，内生增长理论在收益递增和知识外溢的内生型经济增长模式等方面的研究，取得了许多突破性的进展。学者们普遍认为，一个企业的长期增长是由内生因素诸如人力资本、生产技术、劳动分工、沟通等解释的，即在劳动投入过程中包含着因正规教育、培训、在职学习等而形成的人力资本，在物质资本积累过程中包含着因研究与开发、发明、创新等活动而形成的技术进步，从而把技术进步等要素内生化，得到因技术进步的存在要素收益会递增而长期增长率是正的结论。内生增长要素如图 9－4 所示。

内生增长理论是一个系统性的理论，其整体功能绝非各个组合要素的简单叠加，而是在各组合要素相互作用、相互制约中发生协同所呈现出的一种非线性的非加和关系。各种要素以企业的组织结构为基础，通过特定的联结方式复合在一起，着眼于企业持续发展的整体目标，注重各种能力要素在质和量等方面的相互配合和协调发展，进而获得各能力要素的协同增长效应，构筑企业持续发展之路。

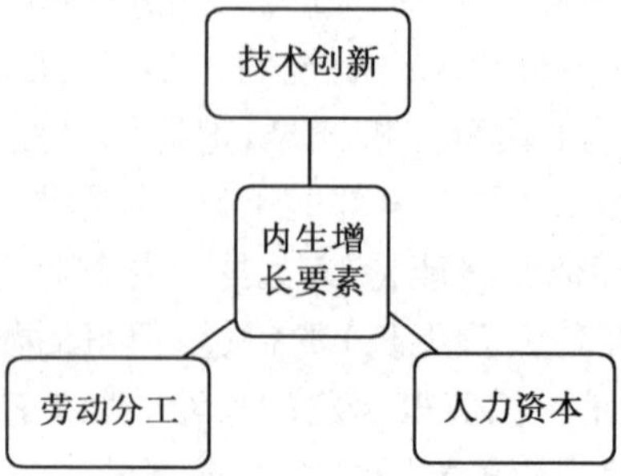

图 9—4 内生增长要素

1. 技术创新要素

内生增长理论认为，经济可以实现持续增长，而技术进步是经济增长的决定因素。Burgelman(1996)认为企业技术创新力是便于组织支持企业技术创新战略的企业一系列的综合特征，它包括可利用资源及分配、对行业发展的理解能力、对技术发展的理解能力、结构和文化条件、战略管理能力等。Barton(1992)则认为企业技术创新能力的核心是掌握专业知识的人、技术系统、管理系统的能力及企业价值观。国内学者魏江等(1999)认为企业的技术创新能力是企业内生化的能力，企业可以通过建立和完善自身的创新系统来提高技术创新能力。林云(2007)认为由于内生吸收能力的异质性，企业在经济发展过程中呈现出显著不同的绩效，而基于知识溢出的不同途径以及异质吸收能力的内生技术创新能力，则成为企业发展源源不断的动力；由于创新能力不同，企业会呈现出明显的个体差异。

技术创新理论经历了从静态到动态、从外生到内生的演进过程；对于能力优势根源的探讨，也逐渐由外部环境转向企业自身所拥有的资源、能力和知识等。由此，企业内生技术创新能力可概括为：企业在把握市场的基础上，对知识的选择、吸收、积累、整合并创造出新技术的能力，以及塑造有利于创新的组织内部环境和企业文化，以支持和保障创新行为顺利进行的能力。

2. 劳动分工要素

劳动分工是经济增长的主要源泉。Smith(1776)系统地提出了优化劳动分工可以提高生产率，并且分工导致发明；泰勒、法约尔等人把管理职能也进行了分工，实现了科学化管理；Romer(1990)说明了增长源于分工的思想以及中间产品品种增加的增长效益；Young 和 Borland(1991)解释了分工的演进和组织的变化。

劳动分工是指人们社会经济活动的划分和独立化、专门化。具体地说，分工是人们在经济活动过程中技术上的联合方式，即劳动的联合方式，简称劳动方式，它属于生产力范畴。对企业来说，主要为企业内部分工，企业组织和划分视其所拥有的工具而各有不同，不同的企业其内部分工各有千秋，随着企业的发展，其分工也随之变化发展。合理的劳动分工可以提高企业的生产率，最终可以促进企业的发展。

3. 人力资本要素

人力资本要素作为“活资本”，具有创新性、创造性。人力资本是指存在于人体之中的具有经济价值的知识、技能和体力（健康状况）等质量因素之和。Smith(1976)把工人的技能增强视为经济进步和经济福利增长的重要源泉。Marshall(1890)对人的健康、精力和技能的重要经济意义的强调,预见了我们现在所讨论的人力资本问题。

内生增长理论的发展是丰富的,从无到有延伸出很多影响因素。理论来源于实践,而实践则是为了更好地完善理论。我们借助内生增长理论对帅丰成长发展作了分析研究,帅丰不断进步的原因在于强化技术创新、优化劳动分工、注重人力资本积累,这一成功案例对于其他企业具有重要的指导意义。

(二)强化技术创新,提升企业竞争优势

当今社会竞争异常激烈,环境变化十分迅速,单纯依赖外部条件的刺激根本不可能保持企业技术创新能力的加强和企业的可持续发展,所以依靠自身的力量来提高技术创新能力便成了企业发展的必然趋势。

帅丰认为企业内生技术创新能力主要体现在三个方面,即人力资本支持能力、结构资本支持能力和物质资本支持能力,如图9—5所示。其中,人力资本包括技术创新人才人力资本和企业领导人力资本;结构资本包括创新文化、企业制度和知识管理与组织学习;物质资本包括创新资金投入、设备投入。

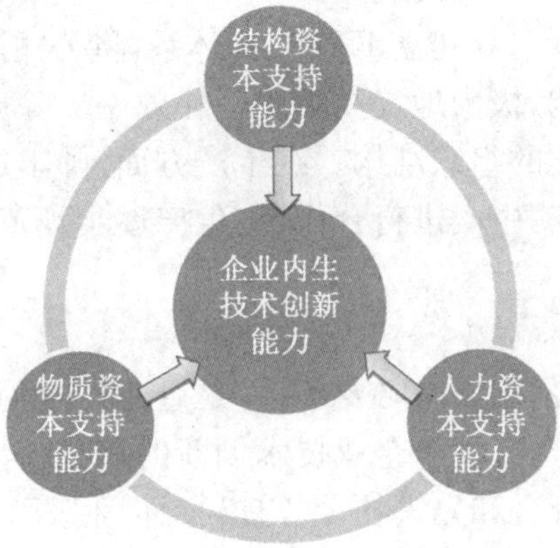

图9—5　企业内生技术创新能力结构图

1. 引进技术人才

现代企业的典型特征是凸显人力资本的价值。现代企业的持续发展需要知识和技术的不断创新,因而更依赖于人力资本,人力资本对于企业竞争优势的影响力与日俱增。这是由于企业直接经济效益的增长、市场销售能力的提高、产品制造能力的增强等都依赖企业的技术创新活动。技术创新人才是企业最活跃的核心资源,是技术创新的源泉和发展的关键。技术创新人才的状况反映了企业技术创新的综合能力,技术创新人才的数量、素质是企业技术创新能力的具体体现,是企业进行技术创新活动的决定性因素。因此,技术创新人才人力资本支持能力是企业技术创新的关键。

此外,企业领导人力资本是企业人力资本的核心。企业领导人力资本的发挥程度直接关系到企业的兴衰成败,其他资本只有在这种资本的统一指挥协调下,才能形成合力,成为企业前进的强大推动力。企业领导人力资本的运用使企业能够综合调配其他资本进行技术创新，形成核心竞争优势，因此它是企业人力资本的核心。

随着技术发展的日新月异和新产品的不断涌现，为了保证产品质量，帅丰从创立之初到现在，始终将人才引进、技术创新和技术改造作为企业发展的原动力。商若云董事长作为集成灶行业中知名的女性企业家，其身上独有的温柔、果断、坚韧的品质，深刻地影响着帅丰的发展理念。与商若云董事长并肩而行的邵总，更是散发着年轻人独有的创新、冒险精神。两代人同样注重企业内生技术创新能力建设，于 2005 年 8 月专门组建九人研发小组，并先后聘请多名专家担任顾问，积极吸收各地人才。优质人才的大力引进，造就了如今手握多项国家专利、数十项实用型专利的实力企业——帅丰。而帅丰也凭借其强大的人才优势，极大地推动了帅丰内生技术创新能力，在以技术取胜的集成灶行业中，占据了一席之地。

2. 优化结构资本

结构资本是指企业的组织结构、制度规范、组织文化、管理体系、内部网络、IT 基础结构等内部结构。结构资本将个体的人力资本转化成组织资本，是人力资本转化成组织财富的基础；人力资本只有经过结构资本的整合，才能上升为有效的智力资本。与企业人力资本相比，结构资本是企业所拥有的一种组织能力，其价值在于把人力资源凝聚起来，使人力资源在实现战略目标的过程中得到有效的利用。

帅丰实行“总经理负责制”，并建立 KPI 指标体系，将公司战略目标在纵向层次上，逐步分解到部门、科室、班组、岗位，极大地提高组织运作效率。除此之外，帅丰也根据战略目标和规划，逐步完善构建扁平化的组织结构。在生产方面，帅丰成立了国家级实验室，同时与中国制品五金协会下设的检测中心进行合作，将生产逐步规范化、合理化，同时也能避免一些繁琐的程序。

3. 增加物质资本

物质资本支持是企业技术创新的必要条件，是企业技术创新能力强有力的推动力。首先，毫无疑问的是，充足的资金有利于企业技术创新的实现。没有资金，企业的技术创新活动寸步难行。其次，充足的资金和先进的设备有利于企业吸引优秀的技术创新人才加盟，使创新管理更加科学有效，使技术力量更加合理有力。对于企业 R&D 与技术创新关系的实证研究表明，企业 R&D 投入与技术创新能力成正比。Crepon 等(1998)研究了法国制造部门中企业的 R&D 支出对创新和生产率增长的影响，发现 R&D 支出与作为创新产出指标的专利数具有正相关关系。

由于物质资本的支持能够确保企业比竞争对手拥有相对的竞争优势，因此帅丰对技术研发部门的资金投入毫不吝啬。为了技术中心能更好地进行产品研发工作，帅丰从 2010 年至今先后投资6 000多万元，用于增添高精度冲床、数控折弯机、激光切割机和全自动焊接机等高效技术设备，这极大地提高了产品质量和生产效率。

(三)优化劳动分工，助推企业稳步发展

生活需要的多样性和劳动能力的有限性之间的矛盾，必然导致劳动分工的出现。劳动分工由来已久，狩猎时代就存在以性别和年龄划分的原始分工，此后产生了农业、牧业、工业等一般生产性分工。劳动分工的话题和经济学一样古老，早在古希腊时期就由波拉提、亚里士多德等哲学家做过分析，肯定了分工的必要性。随着社会的不断发展，众多学者对劳动分工提出了自己的理论想法，将劳动分工不断细化、深化至社会分工、工厂内部分工，认为劳动分工能够提高生产效率，促进技术创新，促使企业规模收益递增。

1. 细化劳动分工

William Petty (1671)第一个认识到劳动分工会促进劳动生产率的提高，劳动生产率变化会引起价值量变化。简而言之，如果将制造业分成尽可能多的部分，每个劳动者的工作就会变得简单和容易，与单独一个人笨拙地担负全部操作相比，其成本更低，效率更高。斯密则在《国富论》(1776)中率先提出分工与专业化协作的结果是提高劳动生产力，分工是提高劳动生产力的主要手段，是导致经济进步的唯一原因。

为了提高工人的劳动生产力，首先需要细化劳动分工。帅丰十分强调专业化的劳动分工，认为劳动分工可使工人专职于某一工序的劳动，提高每个特定工人的熟练程度；其次，这使集成灶的生产、销售可以分成若干工序并同时进行，节约由一个工种转换到另一个工种所花费的时间；再者，机器换人计划的逐步实施，能够简化劳动和缩减劳动时间，从而提高集成灶的生产效率和整体生产能力。

帅丰细致的分工，把每个人如同零件一样固定在某种岗位上，同时鼓励在其专属岗位上发挥其创新能力。具体来说，帅丰的发展过程就是在初始生产要素和最终消费之间插入越来越多、越来越复杂的生产工具、半成品、知识的专业化部门，使分工越来越深化的过程。除生产部门外，帅丰也十分注重组织结构的管理和细化。部门间职务的交叉重叠向来是大部分企业不可避免的难题，帅丰迎难而上，建立"总经理负责制"和 KPI 指标体系，将公司生产、管理任务具体分工，明确各部门、岗位职责，其细化的分工使得各部门各司其职，避免了效率的低下。

2. 实现规模收益递增

产业的不断分工和专业化是报酬递增机制得以实现的一个前提。Schultz 强调经济增长应该源自专业化劳动分工和递增收益，特别指出专业化的人力资本是递增效益的一个重要源泉。总的来说，社会的经济增长与劳动分工之间存在正反馈。一方面，经济的长期增长离不开收益递增，而收益递增源于技术进步，技术进步又是劳动分工深化的结果。从这个意义上说，劳动分工决定了经济长期增长。另一方面，经济增长扩大了市场范围，又有助于加深专业化和劳动分工，如图 9—6 所示。

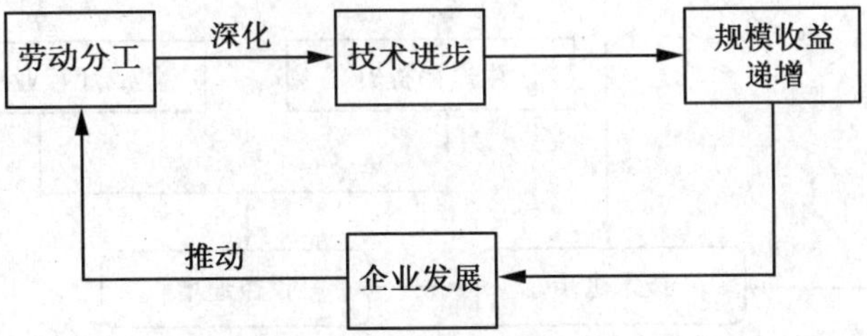

图 9—6　企业的规模效益递增

在经济增长中，收益递增取决于劳动分工的演进，技术进步是劳动分工不断深化的结果，是经济系统的内生变量。劳动分工作为内生因素之一，对企业的经济增长发挥着不可替代的重要作用。帅丰制定出合理的劳动分工是有必要的，不仅方便了企业的目前管理，也为企业未来扩大化发展提供了便利。其沟通机制和内控管理的制度，为劳动分工的改进提供了源源不断的思想。实现经济增长与劳动分工之间持续不断的正反馈效果。

(四)注重人力资本积累，提升企业发展潜力

在知识经济的背景下，随着科技的不断进步和全球化竞争的日益激烈，知识的作用逐渐显现并得到广泛的认同，知识资源被提升到战略高度成为知识主体持续与快速发展和获取竞争优势的关键要素。内生增长理论将人力资本的积累作为经济增长的一个重要因素，体现了人力资本对企业发展的推动力量。知识的产生、积累与应用贯穿于帅丰发展的每一个环节，人力资本的积累与帅丰的劳动分工、技术创新互相影响、互相渗透、密不可分。人力资本的积累和增加对经济增长与社会发展的贡献远比物质资本、劳动力数量增加重要得多，它不仅能够影响帅丰技术核心能力的提升，是帅丰创新的基础，更是竞争优势的根本来源，体现了组织系统生产知识的能力和潜力。

人力资本是经济发展的重要资源，随着经济的不断发展，人力资本与各种要素相比较，其补充与替代作用已经越来越重要，人力资本投资收益率也远远高于物质资本的投资收益率，这也是人力资本投资得到广泛重视的原因。

1. 提高知识存量积累

知识是广义的人力资本。知识产生于劳动分工，根据社会分工与工厂内部分工的两种获取途径来看，可以把全部知识体系划分为经验知识和理论知识。一般而言，理论知识由教育或培训等正规途径获得，决定于全社会的人力资本投资水平和教育水平，其形成与国家、家庭、学校及厂商对教育、培训及研发部门的投资有关，即与社会分工相关。而经验知识则是人类实践经验积累的结果，其形成取决于工厂内部分工，即生产的迂回程度。干中学(learning by doing)是获得经验知识的主要形式。知识存量的积累过程如图 9—7 所示。

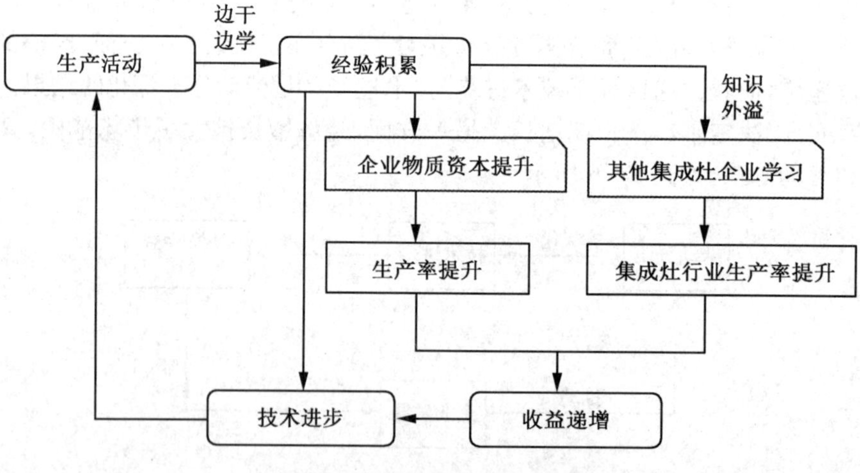

图 9—7　知识存量积累过程图

一是边干边学积累经验。广义的人力资本，等同于知识。阿罗在《边干边学的经济含义》(1962)中指出，在生产过程中积累的经验也是生产过程中的一种投入，知识存量是促进经济增长的一个要素。企业在增加其物质资本的同时也学会了如何更有效率地生产，生产或投资的经验有助于生产率的提高——经验对生产率的这一正向影响被称为干中学，其理论框架如图9－8所示。

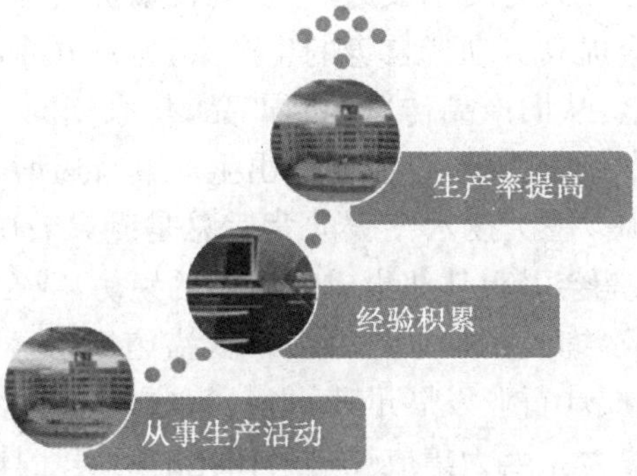

图9—8　干中学理论框架

知识是通过学习获得的，技术进步是知识的产物、学习的结果，而学习又是经验的不断总结，经验来自行动，经验的积累就体现于技术进步之上。首先，边干边学是经验的产品，发生于解决这些问题的相关生产活动中。其次，重复大体相同问题的边干边学受递减收益约束。对任何既定的刺激，存在一个均衡反应形式，学习者趋于重复其行为。为了取得递增的绩效，刺激必须不断增加，而不是单纯重复。再次，经验具有递增的生产力，随着经验知识的积累，单位产品成本随生产总量递减。

干中学旨在说明知识部分来源于经验这一事实——劳动者从经验中学习，而经验是在生产过程中获得的。帅丰很好地把握了知识这一项战略性资源，将知识运用在实践中，又在实践中学习，在不断循环中积累知识，将现有能力与其他知识重新组合，产生能够把握变革的新能力。帅丰不定期进行员工技能大赛，并对优秀员工进行物质及精神奖励，激励员工在工作的同时不断学习提高自己的技能。帅丰多次召开全国经销商大会，共同探讨帅丰的机遇和发展，在大会上互相交流与学习，共同促进帅丰发展。最早的集成灶吸油烟采用环吸，吸风口在锅具的上沿位置。但环吸会造成热效率很大部分的流失，带走油烟的同时也带走了热量，存在一定的安全隐患。通过不断的实验研究，吸取每次失败的经验，从中不断获取、更新知识后，帅丰研发出了侧吸这样的抽油烟模式。环吸和侧吸最大的区别就是吸风口离火源的位置不同，减少了热量的流失，也避免了安全隐患。帅丰最早引进意大利SABAF的燃烧器，虽然这种燃烧器的性能优秀，但是对于国内来讲，功率偏小。帅丰结合国内烹饪习惯的需要，不断研发，发明了"焱动力"燃气灶，功率更大，热效率也能够达到。帅丰不断地在实践中学习，提高了组织系统的竞争力和技术的创新研发能力，促使企业健康持续发展。

二是知识外溢促进收益递增。在内生增长理论中，人力资本并不仅仅作为技能和知识的载体，而是与知识、技术进步可以互换的内生变量。Lucas(1988)所谈论的人力资本就是从广义上理解的，等同于知识。就广义人力资本——知识而言，它具有"溢出效应"。由于知识的使用是非排他的，私人的知识成果没有产权保护的情况下，并不能阻止其他人对它进行利用，私人成果会扩散到整个社会，成为社会所公有的知识。知识的正的外部效应能够给知识的非产权所有者带来巨大的潜在利益，使得知识的社会利益大大超过私人利益，从而形成收益递增。

卢卡斯的人力资本投资，尤其是人力资本的外在效应具有递增收益，而正是这种源于人力资本外在效应的递增收益使人力资本成为“增长的发动机”。人力资本是劳动者的技能水平，一方面，这种技能水平会提高劳动者自身的生产率，另一方面，人力资本的外部效应会从一个人扩散到另一个人身上，从旧产品传递到新产品，从家庭的旧成员传递给新成员，因而会对所有生产要素的生产率作出贡献，进而使产出生产具有递增收益。

纵观帅丰数十年的发展，每次技术突破的背后总是凝聚着帅丰技术团队的辛勤汗水。帅丰每次新产品的问世，总是会引起其他集成灶厂商的模仿，或在此基础上的改变。但当问及此类会不会涉及法律侵权，抑或是帅丰是否会采取措施反击，商若云董事长坦言，与传统三件套相比，虽然近几年集成灶行业发展迅速，但是集成灶的市场份额还比较小，所以就更需要所有集成灶厂商同心协力。因为集成灶是一体化的厨房灶具，兼顾绿色环保的优点，帅丰相信集成灶会是未来市场的主流。所以在如今传统三件套牢牢占据市场份额且集成灶易被模仿的情况下，帅丰也就对帅丰集成灶的知识外溢持中立态度，不采取措施反击。所以，当其他集成灶厂商模仿帅丰新产品时，人力资本的外部效应则从帅丰扩散到其他集成灶厂商身上，在一定程度上提高了整个集成灶行业的生产效率，从而使产出生产具有递增收益。而正是这种源于人力资本外在效应的递增收益，使人力资本成为增长的发动机。

2. 加强专业化人力资本培育

专业化人力资本是指体现在人身上的技能和生产知识的存量。Schultz 强调，经济增长应该源自专业化劳动分工和递增收益，尤其强调专业化的人力资本是递增收益的一个重要源泉。在专业化人力资本的培养过程中，帅丰通过内部教育、培训等培养企业员工，使之从普通人力资本转变为专业化人力资本；同时通过增加 R&D(研究与开发)投入，吸引其他企业的优质人才，达到自身专业化人力资本的提高。专业化人力资本的形成路径如图 9—9 所示。

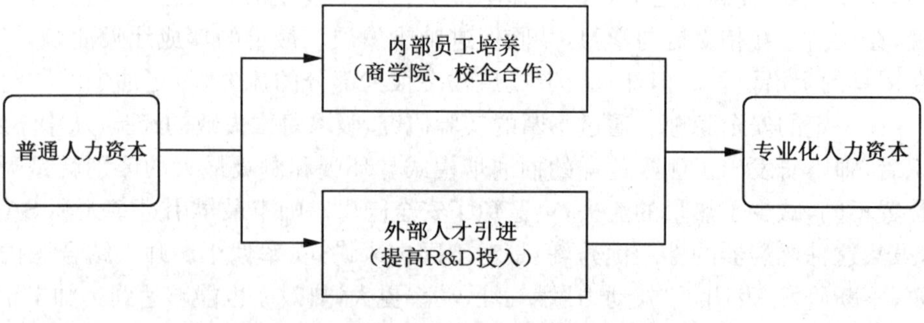

图 9—9 专业化人力资本形成路径

在知识的生产过程中，若技术水平或知识存量不变的情况下，完全重复的生产活动可能会导致规模报酬递减。因此在生产部门以外，应当引进一个研发部门，专门从事知识或技术的生产。当 R&D 投入(研发资金)倍增时，会吸引更多的专业化人力资本，使得产量发生成倍增长，致使整个研发过程中的规模报酬递增。帅丰丰厚的技术资金投入吸引了其他集成灶企业优质人才，使帅丰最初的九人研发小组，发展到如今 60 余人的技术团队，加强了帅丰技术团队的实力，促进了帅丰专业化人力资本的积累。

帅丰也致力于内部员工的培养，不仅创办 Reach 商学院，定期对内部员工和各地经销商进行培训指导，实现员工与公司的可持续发展。另一方面，帅丰长期与台湾健峰技术管理培训学校合作，致力于打造一支具有国际化视野和专业化运营能力的高素质人才队伍，不断提高公司内部员工的专业化水平。

四、案例总结

随着人们对环保的不懈追求以及绿色理念的深入人心，顺应绿色环保潮流的嵊州市集成灶行业不断得到市场的认可。本文以帅丰为案例对象，研究它成为"集成灶的先行者和领跑者"的重要原因。帅丰作为嵊州市集成灶行业中唯一参与集成灶行业、国家、国际三标准制定的制造企业，凭借其产品的高标准、高品质，稳居集成灶行业的第一阶梯。究其原因，帅丰在技术方面，不断加强自身技术创新，荣获多项专利；在公司组织结构方面，细化劳动分工，提高组织工作效率；在人力资本积累方面，对内加强人才引进，对外与台湾高校合作，加强员工培训。正是这些内生增长关键要素的积累，为帅丰集成灶的厚积薄发提供了源源不断的动力，推动其品牌实力更上一层楼。

内生增长理论是一个有着光明的发展前景和巨大应用潜力的经济理论。其立足内生增长的视角与方法，有助于我们对企业持续成长的深层次认识。它所揭示的技术创新、知识积累、人力资本开发等对企业成长的作用，有助于我们在实践中准确寻找突破口，挖掘关键要素。我们将内生增长理论与帅丰的实践进行研究分析，揭示帅丰持续发展之道，这对于其他企业甚至整个行业实现持续发展都具有重要的指导意义。

参考文献：

[1]Smith A.The Glasgow Edition of The Works and Correspondence of Adam Smith, Vo1. 1,The Theory of Moral Sentiments[M]. Oxford University Press,1976.

[2]Burgelman R A. A Process Model of Strategic Business Exit:Implications For An Evolutionary Perspective on Strategy[J]. Strategic Management ,1996(17).

[3]Barton D L. Core Capability &Core Rigidities:A Paradox in Managing New Product Development[J]. Strategic Management,1992(13).

[4]Romer P M. Endogenous Technological Change[J]. Political Economy,1990(10).

[5]G. 多西. 技术进步与经济理论[M]. 北京:经济科学出版社,1992.

[6]W. 阿瑟·刘易斯. 经济增长理论[M]. 上海:上海三联书店,1990.

[7]阿尔弗雷德·马歇尔. 经济学原理[M]. 宇琦译. 长沙:湖南文艺出版社,2012.

[8]冯桂中. 人力资本、结构资本和关系资本关系探析[J]. 企业活力,2006(8).

[9]亚当·斯密. 国富论(1776年版)[M]. 西安:陕西师范大学出版社,2010.

[10]海韦尔·G. 琼斯. 现代经济增长理论导引[M]. 北京:商务印书馆,1994.

[11]胡永廷、杨胜刚. 经济增长理论的最新进展[J]. 经济评论,2003(3).

[12]姜新娜. 知识经济时代经济全球化的新特点[N]. 新浪报道. 2006－7－5.

[13]林云. 知识溢出、企业内生技术创新与城市经济[J]. 技术经济,2007(8).

[14]罗伯特·M. 索洛. 经济增长理论：一种解说[M]. 上海：上海人民出版社，1994.

[15]魏江. 基于创新项目组合的企业技术核心能力培育模式研究[J]. 科技进步与对策，1999(6).

[16]熊彼特. 经济分析史[M]. 北京：商务印书馆，1996.

[17]朱保华. 新经济增长理论[M]. 上海：上海财经大学出版社，1999.

[18]左大培. 内生稳态增长模型的生产结构[M]. 北京：中国社会科学出版社，2005.

思考题

1. 帅丰集成灶有哪些特点？
2. 帅丰是如何构筑内生发展之道的？

案例编写：程霜霖(国贸 152)、梁　馨(国贸 152)、
邵怡蕾(工商 152)、周舒娴(会计 151)
指导老师：朱杏珍教授

案例10 连接建筑的一切

——筑脸网的成功之道

摘　要：在"互联网+"席卷全球这样的大环境下，建筑类的传统产业不得不面临着转型升级的抉择，而筑脸网也应运而生。筑脸网作为一个兼服务第三方和销售两方面的平台，通过电脑PC端、移动APP端、微信公众号三端合一的信息推送，用核心产品连接建筑产业上下游一切企业，并通过一系列线下活动，为建筑产业链提供互联网专业化解决方案，形成建筑产业新生态。

本案例描述了筑脸网的发展概况、平台内容、核心产品以及一系列线下推进活动，结合产业生态系统理论，探讨了筑脸网的成功之道，指出了"互联网+建筑"对于建筑行业发展变革的重要价值。

关键词：筑脸网；连接；产业生态系统；核心产品；线下活动

一、引言

（一）研究意义

建筑产业是国民经济最重要的物质生产部门，它与整个国家经济社会的发展、人民生活水平的提高有着密切的关系。建筑业呈现产业链条长，建筑企业项目多、采购量大，经济产值高，产业规模巨大的特点，据国家统计部门数据统计显示，2017年建筑业增加值占GDP的比重6.73%，所占比重较上年提高了0.07个百分点。截至2017年第三季度，建筑业企业单位数量共计84 185个，同比增长了5.04%，吸纳了4 698.73万从业人员，同比增长了4.76%。无论从GDP的贡献、就业容纳能力来看，建筑业都是无可争议的国民经济支柱产业。随着"互联网+"发展战略的实施，国家对建筑业也提出了"互联网+"战略，大力提倡建筑工业化，发展装配式建筑、绿色建筑、节能建筑等项目，具体包括土木工程、房屋、工程建设和设备安装以及工程勘察设计等各个重要环节。

绍兴市是全国知名的建筑大市、建筑强市，建筑与房地产是绍兴的重要支柱产业。目前，全市已有建筑企业1 232家，其中特级企业 19 家，一级企业 196 家，二级企业 610 家。拥有为数众多的优秀建筑类企业，具备相当完整的建筑上下游企业群，其产值与税收占比均位居全国地级市之首[1]。并且，绍兴建筑业早已突破地域限制，企业发展已经覆盖至全国所有的省级地区。在新时代下，“互联网+”新业态发展很快，能否在“互联网+”环境下，抓住机遇，是绍兴建筑业未来能否继续领跑的关键。

作为本案例的研究对象——筑脸网，就是立足于建筑产业领域，结合互联网打造一个产业大平台，精准连接建筑的一切，化解产业上下游之间的信息不对称问题，从而促进建筑行业转型，达到行业的新发展。本文将通过对筑脸网运营发展的深入研究，运用产业生态系统理论，总结其在发展过程中如何独辟蹊径，通过聚焦建筑，构建产业平台，重塑产业生态，实现快速的成长。在此基础上，提出我们对民营企业发展的建议，以供相关企业借鉴。

(二)研究对象

1. 企业简介

筑脸网 2012 年正式上线，定位于分享经济的建筑产业互联网新生态平台，助力中小建筑企业与建材企业发展的服务商，为企业提供互联网整体解决方案。通过平台的众包服务和电子招投标服务，让中小企业造房子找到优质服务商和建材供应商，让建筑企业在造房子工程中找到优质建材供应商和相应的劳务、机械、专业承包等服务，为建筑企业找项目，促交易，降成本，提升管理。

公司开放、分享、平等、协作，目前有运营部、产品研发部、技术部、编辑部、设计部、服务部、销售部、财务部、总经办等部门，高效合作，执行公司的各项任务。公司秉承“诚信合作、缔造经典，追求完美、互利共赢”的经营理念，用户至上、服务第一，精益求精，赢得建筑行业的认可和赞誉。现已开通了 336 个城市站，注册用户 10 余万[2]。

2. 创业团队

公司 CEO 阮木 1992 年开始创业，22 年来屡败屡战，终有所成。2003 年，成立浙江兴业建设项目有限公司。2012 年 5 月，他正式启动了筑脸网建设，他发现，互联网除了技术，最重要的是要有创意和时机。他开始潜心探索一条适合筑脸网发展的道路。目前网站已有 40 多人的团队，平均年龄 25 岁，其中 90%为大学本科以上学历，员工的可塑性高，学习能力强。

筑脸网以推广运营部、技术部和销售部为核心部门，三者之间有着相互帮助的关系。其中，技术部支撑平台网页、微信和 APP 的开发和更新，为推广运营部的推广运营提供技术支持，良好的技术开发使得其推广更加有吸引力。同时，技术部的技术开发帮助销售部提供更好的销售平台，以及销售工具等。销售部的销售成果以及出现的问题，也可以反馈给技术部和推广运营部，使他们也能做出一定的调整。

3. 企业竞争力

筑脸平台自 2012 年上线运营至今，注册会员用户达 10 万人以上，筑脸网供应商的数量也由最初的 3 家发展到了 165 家，开通了 336 个城市站，在绍兴、杭州、上海、合肥等多次举办鉴湖论道、建筑产业“互联网+”创新论坛等大型分享活动，在整个行业里具有一定的影响力和知名度。

目前，在浙江省内与筑脸网运营相同业务的企业并不多，省内主要的竞争对手是来自杭州的造价通和建材网两家企业。造价通是建设行业首个综合数据交互平台，拥有国内所有材料价格的数据信息系统、行业资讯系统、工程指标系统、造价指数系统、人才交流系统，数据覆盖全国 326 个核心城市。建材网则是为客户提供建筑材料等相关服务的，拥有一整套建材服务的网络公司。

省外的竞争对手也主要有两家，包括北京的筑龙网和上海的筑集网。筑龙网，隶属于北京筑龙伟业科技股份有限公司，创建于 1998 年。筑龙网以社区为基础，内容覆盖建筑设计、施工、造价、项目管理、BIM 等 18 个专业领域。目前拥有超过1 100万注册会员、逾 300 万移动端（微信/微博/APP）订阅用户，是全国访问量最大的建筑网站，并致力于成为拥有全球影响力的建筑教育品牌。相对于筑脸网来说，筑龙网成熟用户稳定，功能多样，但是它所偏重的是为建筑行业从业者提供基于视频课程、直播课程、专家答疑、论坛交流的专业学习服务；同时搭建基于“建筑＋互联网”的创业项目孵化平台，为推动行业创新发展贡献力量。筑脸网则是建筑行业的一条龙服务，不但涉及建筑知识的普及，更多的是建筑业内部信息的交流，为建筑业商家提供中介服务。筑集网 2014 年成立于上海，拥有 3 大模块平台，分别是“筑集采招投标平台”“筑集采商城平台”“筑集采金融信息服务平台”。相对而言，筑集网功能与筑脸网更为接近，但筑脸网与之相较更为成熟，同时拥有更好的地理优势，服务体系也更完善。

可以说，经过多年的运营，筑脸网在“互联网＋”建筑这一新兴领域已经积累了一定的资源、经验和人脉，找到了属于自己的发展道路，具备了一定的竞争力。目前，筑脸网已与省内外众多企业达成合作，并有浙江多家知名企业在筑脸网入驻，其中包括上海尤安建筑设计事务所、浙江华亿工程设计有限公司、浙江勤业建工集团有限公司、华汇集团、中成集团、长业集团等战略伙伴。

（三）理论依据

产业生态系统由 Frosch 和 Gallopoulos（1989）在《创造战略》一文中提出，其将经济视为一种类似于自然生态系统的循环体系，包含相互依赖的生产者、消费者和规制机构，它们相互之间及其与环境之间交换物质、能量和信息。[3] 我国学者李晓华和刘峰（2013）从产业链出发，将产业生态系统划分为创新生态系统、生产生态系统与应用生态系统三个子系统，它们构成了产业生态系统的核心层。此外，产业生态系统还包括生产与应用的要素供给、基础设施、社会文化环境、国际环境、政策体系等辅助因素（见图 10－1）[4]。

作为典型的劳动密集型的传统产业，建筑业的特点体现在产品生产单件性、生产过程多阶段分割、行为主体多、关系协调复杂、劳动强度大等，这些特点直接影响了建筑产品生产和交换过程中信息交流的及时性、完整性和高效性，进而导致建筑产品成本增加，技术进步速度慢，社会资源浪费大。因此，传统建筑业迫切需要转型升级发展。

建筑产业要走出一条资源集约、环境友好、生态文明的可持续发展之路，必须推动互联网与建筑业融合，以“互联网＋”重构建筑产业的新生态，提升建筑业数字化、网络化、智能化水平，加强产业链协作，将专业技术、信息技术、智能技术融入建造过程，整合各种硬件服务商、软件服务商、专业服务商，以及网络服务商，甚至金融机构，形成网络化协同建造公共服务平台，实现全产业链上各参与方之间信息的高效共享、准确传递、正确反馈，发展基于互联网的协同建造新模式和网络化产业生态体系。具体而言，在“互联网＋”环境下，建筑业企业

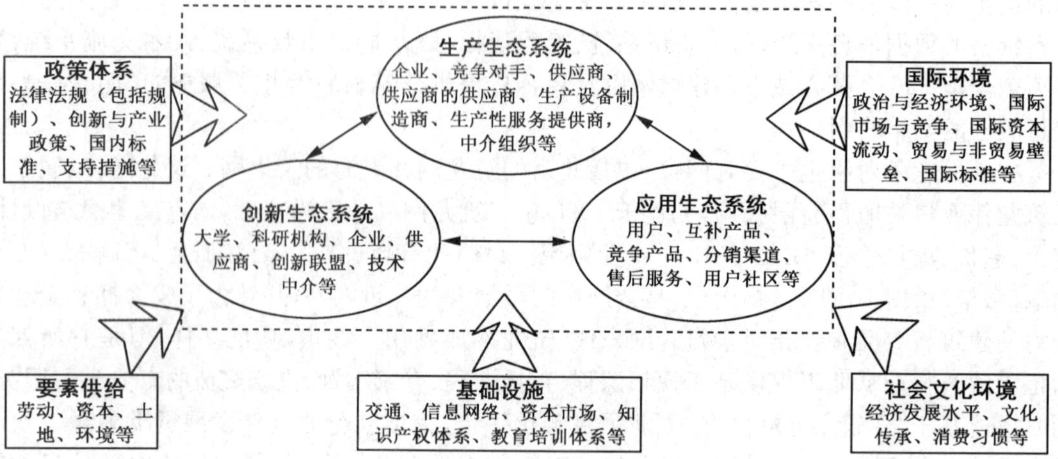

图 10—1 产业生态系统构成

商业模式创新有多种途径，并形成相应类型的商业模式。平台型模式即为其中的一种[5]。平台型模式是指连接两个或多个特定群体，为他们提供互动机制，满足所有群体的需要，并巧妙地从中盈利的商业模式（见图 10—2）。而这种连接异质市场（例如供需双方）的具有平台性质的核心企业也推进着“新产业生态系统”的形成和产业的高端化[6]。

二、发展历程及核心产品

筑脸网以筑脸头条专业资讯服务和电子招投标信息为核心服务，以数据精准采集和电子招投标系统为技术核心，通过资讯、电子招投标、本地化服务、企业应用开发和建筑商城等产品服务，形成以分享经济为模式的建筑产业互联网新生态圈。

（一）发展历程

筑脸网萌芽于创始人阮木创办的咨询公司，经过团队多年打拼，终于在业界形成一定影响力。

2010 年 1 月，变更为“绍兴县中建兴业网络咨询有限公司”，注册资本 100 万元。

2012 年 5 月，开始开发建筑网。

2012 年 6 月，公司名称变更为“绍兴中建兴业网络技术有限公司”，注册资本 200 万元。

2012 年 12 月 31 日，在绍兴咸亨酒店发布成立建筑网 www. buildface. com。

2013 年 1 月 23 日，建筑网微信公众号(jianzhuwang)开始运营。

2013 年 4 月，获得通信管理局“增值电信业务经营许可证”。

2013 年 5 月，“易口碑”移动微营销上线。

2013 年 7 月，与绍兴文理学院合作，增加建筑网数据运营维护 APP、建筑空间 APP、建筑商城 APP、筑脸 APP。

2015 年 5 月 30 日，鉴湖论道——建筑网第一届“互联网＋建筑”创新论坛举办，绍兴市人民政府发来贺信。

2016 年 5 月，公司名称变更为“浙江中建兴业网络科技有限公司”，注册资本 1 000 万

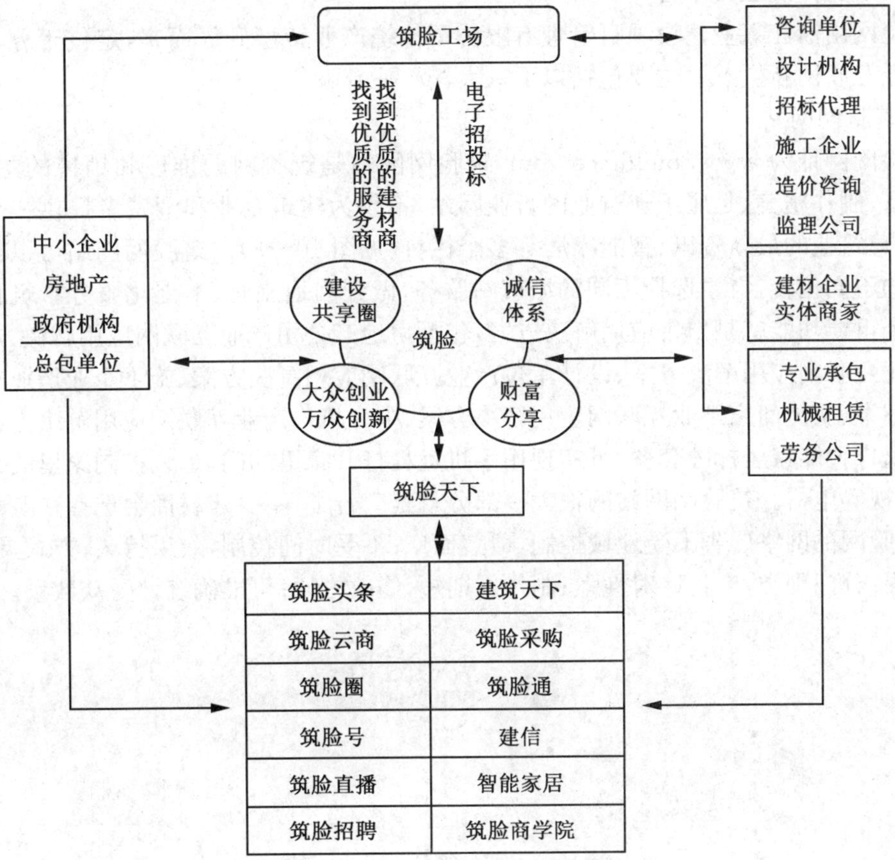

图10—2 筑脸新产业生态系统构成

元。

2016年3月，与驰象实业集团有限公司、中国住房和城乡建设发展联合平台达成战略合作意向。

2016年5月，建筑网与浙江清华长三角研究院信息技术研究所合作，在嘉兴成立子公司，建立技术研发中心，陈清华博士成为筑脸网创业合伙人。

2016年5月28日，鉴湖论道——建筑网第二届“互联网＋建筑”创新论坛举办。创新协作，智联共享，建筑网全国各城市建筑行业合作伙伴交流会计划全面推广。

2017年6月24日，在绍兴举办小型筑脸“智能家居”交流会。

2017年9月，筑脸网联合中城联（中国城乡建设联合发展共享圈）建立中城联兴业事业部，事业部模式是中城联致力于达成共享文化价值观的重要方式。

近年来，建筑大企业的入住，以及知名博士的加盟，让筑脸网不断打响知名度。从线上走到线下，从行业间交流走到学生校园合伙人、居民小区，推广渐渐走入群众，从努力让人们认可接受到信任合作，在互联网企业竞争激烈的今天，筑脸网用他们的努力慢慢积累客户逐渐成长。

（二）筑脸网及三大平台

筑脸网由浙江兴业建设项目管理有限公司传统产业转型升级而来，定位于分享经济的建筑产业互联网新生态。主要包括以下三大核心平台服务。

1. 筑脸网网站

筑脸网网址为 www. buildface. com，筑脸网网站是筑脸网的推广和销售的主要阵地，内容丰富，制作精美，是属于建筑业的行业网站，不仅为建筑企业和消费者提供一个买卖场所，更有建筑业的最新资讯、智能家居等多个栏目（见图 10－3）。筑脸网网站可以根据消费者所处的不同位置，自主选择不同的城市站服务，做到因地制宜，本土化服务。筑脸网网站的另一个重要功能就是出售应用解决方案，包括房地产公司产业互联网应用解决方案、监理公司产业互联网应用解决方案、设计单位产业互联网应用解决方案、施工企业产业互联网应用解决方案、实体商家产业互联网应用解决方案、中介机构产业互联网应用解决方案等。筑脸网还出售智能家居标准套餐，可实现用手机远程打开家里的门，远程控制家里的灯、空调、窗帘、电视等电器。筑脸网网站的很大一部分就是广告了，不少建材商会选择在筑脸网上投广告，筑脸网的网络广告不受地域控制，覆盖面广；不受时间控制，效果持久；方式灵活多样，互动性强；分门别类，广告针对性强；制作周期短，修改方便；可准确统计受众数量。

图 10－3　筑脸网官网截图

2. 筑脸微信公众号

筑脸网微信公众号以区域划分，致力于建筑建材本地化信息服务，以区域化建筑企业为服务重点，通过线上与线下对接，实现本地 O2O 服务（见图 10－4），为筑脸网前期积累了大量的客户资源，扩大了人脉。筑脸网微信公众号上还有筑脸网的广告投放、住建部的最新公文解读、建筑工程中的“黑科技”、新潮的建筑设计风格、未来智能家居畅想等，既对筑脸网的主打产品有一定的推广作用，又满足了消费者的涉猎需求，集推广与娱乐为一体。

图 10—4　筑脸微信公众号

3. 筑脸网 APP

筑脸网 APP 是继筑脸网网站之后推出的一大平台，涵盖了筑脸网网站的所有功能和模块，包括筑脸头条、筑脸 O2O、筑脸采购、筑脸云商、积分分享推广、筑脸圈、筑脸招聘等，真正做到建筑一条龙服务(见图 10—5)。

图 10—5　筑脸网 APP

4. 三端合一

筑脸网的平台亮点主要在于其是一个兼服务第三方和销售两方面的平台，也是一个电脑 PC 端、移动 APP 端、微信公众号三端合一的平台。它是为了解决建筑行业上游、中游、下游信息不对称的问题，提供整个产业链专业信息服务的平台，是要把建筑行业的人（企业）、信息（服务）、商品链接起来，从而达到三个平台同一方向上筑脸网的精准连接，开创建筑业的新生态。

这三大平台数据互通，用户可用同一个账号及密码登录任意一个平台，实现数据的共享，也较大程度上避免了数据的丢失问题。同时，三大平台之间优势互补，适应用户不同的需求和场景变换，微信公众号用于随时随地地了解和分享各地建筑信息，电脑 PC 端用于办公场所和家庭用户，移动 APP 端提供信息同时可以更好地保存用户数据。

图 10—6 由微信公众号进入筑脸网的截图，在用户用手机快速地浏览一些推送文章时，可以清楚地看到页面最下方也有进入电脑 PC 端的便捷按钮以及筑脸 APP 的快速下载安装按钮。这体现了筑脸网三大平台互通的功能，能让用户更加方便快速地了解到筑脸网更多的资讯以及更多隐藏的功能。

图 10—6 筑脸微信公众号快捷连接网站及 APP

（三）核心产品

1. 筑脸头条

筑脸头条是筑脸网在三大平台上的核心产品，打开筑脸网的首页最先出现的页面便是筑脸头条（见图 10—7）。筑脸头条的主要功能是提供全国建筑行业最新最专业的资讯信息服务，定位于便捷阅读、精准推送的聚合新闻。基于大数据智能分析技术，对海量信息提取关键词，按照行业习惯分类，通过如图 10—7 子目录进行展示，并且结合用户阅读习惯，进行精准推送。

例如，其中的智能家居功能产品汲取了国际先进的“人工智能”技术之理念，紧跟时代潮流，追求科技、智能、时尚、品质的融合，整合了吧乐吧、LEAX、中山电器、银河风云、云知屋等多家国内外智能家居公司产品。通过智能家居系统普及率了解市场需求，围绕住宅小区、

图 10—7　筑脸头条及信息分类子目录

酒店公寓、排屋别墅、娱乐会所、办公场所，提供全屋智能家居解决方案。针对不同的需求，可以个性化定制，满足各种智能化生活追求（见图 10—8）。筑脸网通过“勤业，镜悦府”这样

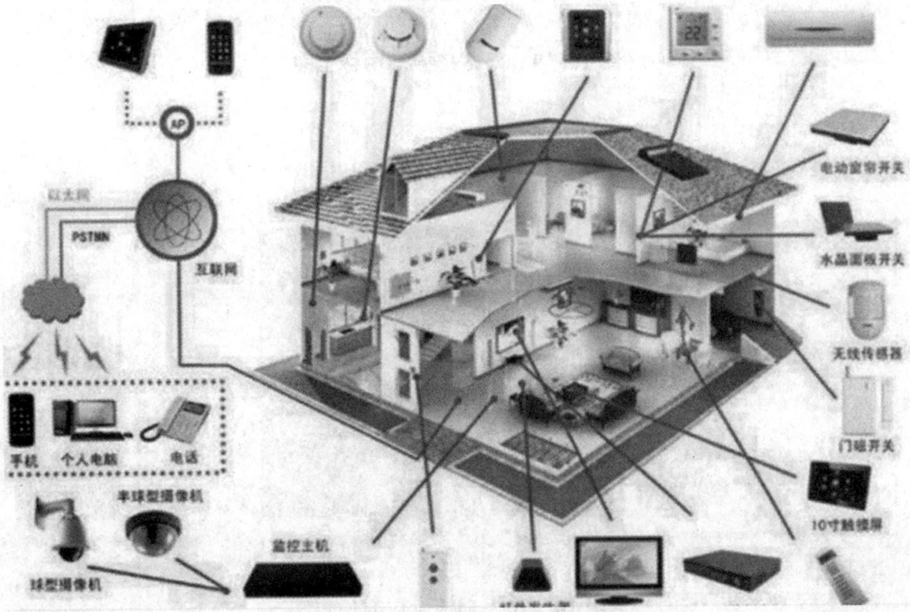

图 10—8　智能家居应用场景

的线下活动，让智能家居走进镜悦府，让居民体验不一样的智慧生活，提升生活品质。仅是在这样的一次活动中，筑脸网中的智能家居这方面的服务以及产品就达到了很好的业绩，表现为与 20 多家居民达成了采购家居合作。

2. 电子招投标软件

筑脸网的电子招投标提供工程项目、材料、服务采购等的在线投标、开标和监管服务，为客户提供一个公平公正的诚信交易平台，改变传统的采购模式。符合国家在倡导的电子投标趋势。各专业机构和专业人员都可以申请，进行电子招投标。其服务内容一是集团集采招标及供应链协同管理解决方案，客户定位：跨地域、多层级的集团公司；二是基建房地产招标采购与成本管控整体解决方案，客户定位：品牌房企、房地产企业、施工总承包企业；三是电子招投标第三方交易平台解决方案，客户定位：招标代理公司、B2B 电子商务平台。

在筑脸采购上企业将招投标一块不断深化，将招标细分为材料招标、专业分包、设备租赁、劳务分包、工程项目五块，招标内容与城市站信息实时对接，并及时将中标信息反馈到网站和各城市站公众号上（见图 10—9）。另一方面，企业将供应商资源进行分类整合，从门窗、地板、涂料、瓷砖、玻璃到安防、橱衣柜、壁纸墙布一应俱全，便于客户寻找需要的服务，同时根据客户反馈打造金牌供应商（见图 10—10），做到在采购上陪客户走好每一步，将服务深入到最后一步。

图 10—9　网站招标及中标信息

图 10—10　金牌供应商信息

筑脸网的及时信息服务还集聚了3 000多个政府公共资源交易中心及时招投标信息，按照地级市 GPS 定位，通过手机端随时随地查看工程建设、政府采购、土地矿产、产权交易。客户可以利用电子招投标技术，来更好地实现他们相互之间的合作。

3. 掌印

筑脸网还陆续推出了一系列新产品，其中最为突出、最符合市场需求的便是掌印。掌印通过运用物联网、移动互联技术给传统印章加上了“智能锁”，变成了一枚与传统印章大小类似的智能印章，结合掌印平台提供的解决方案，实现对印章使用前可控制、使用中可监控、使用后可追溯，从而帮助企业提高对业务开展过程中的风险把控，实现业务信息及时反馈和总部决策贯彻执行的目的(见图 10－11)。这样完备的监控系统正是每一个企业家或是管理层所需要的，这样的新产品在市场上达到了很好的效果，也体现出了筑脸网对市场的精准定位，对客户的准确把握。

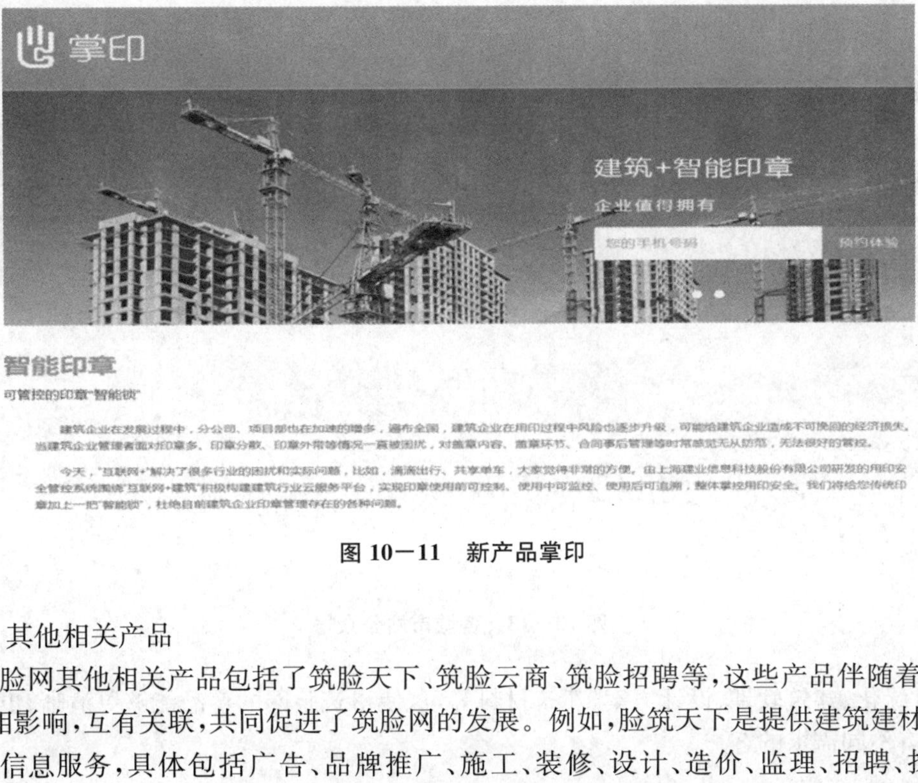

图 10－11　新产品掌印

4. 其他相关产品

筑脸网其他相关产品包括了筑脸天下、筑脸云商、筑脸招聘等，这些产品伴随着筑脸头条，互相影响，互有关联，共同促进了筑脸网的发展。例如，脸筑天下是提供建筑建材本地化互联网信息服务，具体包括广告、品牌推广、施工、装修、设计、造价、监理、招聘、找资源、BIM、VR、智能家居、智慧办公等本地化信息服务，通过移动互联网让供求双方迅速对接(见图 10－12)。

筑脸网已在全国开通了 336 个城市站，在此基础上，企业在绍兴、嘉兴、成都、重庆、杭州、宁波、合肥、青海等十多个城市已设门店落地运营(见图 10－13)，力争在三年里完成 150 个城市站布局。企业利用已有的人力物力资源在目标客户较多的城市设立城市站，这些城市站具有较强的地区性特征，对地区建材、招标、房产、政策等建筑信息了解更为深入且迅速，有很强的时效性和准确性，从而可以为每个城市的客户提供因时因地制宜的服务。

除此之外，筑脸网还有一些额外的细分领域，如工程咨询、勘探设计、建筑施工、中介机

图 10—12　筑脸天下

图 10—13　各城市站公众号

构、园林绿化、建筑软件、设计方案、建筑材料等，这使得筑脸网的产品能够更清晰、更精准地提供给有不同需求的客户。

三、线下系列活动

筑脸网自 2012 年上线以来，开通了 336 个城市站点，注册会员十万人以上。通过线下一系列活动，包括产业会展传播、客户营销活动、城市站设立及合伙人发展等，推动建筑产业上下游信息以及资源的连接，在建筑行业内产生较为显著的影响。

(一)开展产业会展传播

1. 鉴湖论道

鉴湖论道是 2015 年由浙江省建筑行业协会和绍兴市建筑业协会主办，筑脸网和绍职范蠡商学院承办的，以房地产公司、施工单位、设计单位、监理单位、中介机构、建材企业副总经理级别以上人员参会的“互联网＋建筑”创新论坛。

会议围绕“互联网＋建筑”主题，探讨传统建筑行业在互联网时代的改革发展。如在2016 年 5 月举办的鉴湖论道中，大会重新定义“产业互联网”，提出“建筑网＋创新创业”等话题，杨吉、黄柏江、沈杰等建筑界的知名专家作为大会嘉宾莅临现场，为大会发表议题，将大会推至高潮。2017 年 12 月，以“新起点、新观念”为主题，共同讨论了在智能化时代，互联网建筑企业与传统建筑企业如何与实体经济相融合，促进产业创新革新发展等问题。

鉴湖论道的召开有宝业集团、浙商投资促进会、驰象实业集团等合作伙伴支持，更有世界浙商网、《浙商》杂志、绍兴广播电视台、建筑直播等媒体支持，这为筑脸网的推广提供了很好的平台。同时，达到了筑脸平台招商的目的，吸引了更多建筑界企业的入驻，例如宝业集团，建筑大企业的入驻也证明了筑脸网其营销的成效以及其成长性。这为筑脸采购中的产品种类和数量提供了质和量的提高，也为筑脸云商的服务提供了更多的选择，从而也吸引到了其他客户在平台上采购、找服务等，从中筑脸平台赚取了一定的中介费。

2.“互联网＋”分享交流会

“互联网＋”分享交流会由筑脸网主办，重点在于讨论行业趋势、互联网转型升级、企业发展模式等问题。该交流会每年举办的次数在 1～3 次不等，参与者包括很多建筑界知名企业 CEO 等。如 2016 年 8 月在安徽与安徽省浙江商会联合举办的“互联网＋”分享交流会中，有安徽省浙江商会会长高军、富景填策科技集团总经理张勇、上海品代营销总监梁春来等高层人物发表致辞与演讲。

在筑脸网的积极促动下，2018 年 10 月，中国建筑产业“互联网＋”大会将在绍兴落地，大会主题“奋进健康中国、健康建筑新时代”。届时会上将权威发布《2018－2023 年中国建筑产业发展趋势及投资前景预测报告》《中国健康建筑产业政策发展趋势研究报告》，除此之外，还将权威颁布《中国建筑材料产品质量与服务管理行业标准》以及《中国数字建筑产业联盟宣言》。2018 年 3 月，首届中国建筑产业“互联网＋”大会暨中国健康与智能建筑产业博览会顶层策划考察研讨会议在绍兴召开，来自全国各地各行各业的专家学者齐聚一堂，为10 月举行的中国建筑产业“互联网＋”大会献计献策。

筑脸网需要建筑产业上、下游的全面资源的加盟，才能更好地达到建筑产业一条龙服务的目标，也需要各团队、项目的发展壮大才能做到每一环节的万无一失以及平台的正常运营。筑脸网通过会议招商，并吸引更多的企业入驻或作为筑脸的提供商。在交流会上，筑脸能够了解到关于建筑行业的一些潮流信息及未来趋势，这一活动为筑脸平台上的筑脸头条服务提供了可靠的消息，使筑脸头条更加有信服力，让平台的客户有更高的信赖度。

（二）寻找战略合作伙伴

筑脸大平台要打造成功，需要各种力量的支持，更需要大量人才。

1. 校企合作，培养人才

2017 年 5 月，筑脸网与浙江越秀外国语学院网络传播学院举行校企战略合作签约，筑脸网董事长兼 CEO 阮木围绕校企合作新模式、校园创业合伙人计划、共建共创“校园创业俱乐部”“创业课程”“筑脸平台实操”这三种双向培养途径，实现学生、学校、企业三方的共赢，培养网络传播创业创新人才，通过校企深度合作新模式，启动编制“建筑企业舆情发展指数分析”，把握政策导向和行业发展方向，携手推进建筑产业“互联网＋”，助力建筑产业上下游企业转型升级创新发展。

筑脸网对商学院学生的培养使得其能在学生中更好地进行人才的选拔、深入的培训，且对于筑脸网来说，这也为筑脸网的培训项目提供了较为良好的锻炼平台，同时，在筑脸 APP 上采用付费订阅模式也为筑脸网增加了一个盈利点。与商学院学生的合作，为筑脸公司寻找好的人才提供了可能。这为今后筑脸 APP 和微信端的优化升级使得筑脸网提供合作服务的质量更高。

2. 合作共赢，与强企携手

为顺应移动互联网时代的发展，本着资源互补、发展共赢的目的，筑脸网与建业科技两大公司进行了长达一个多月的深入了解与交流，在诸多领域产生共鸣。2017 年 10 月 15 日双方主要负责人共同出席签约仪式，正式达成战略合作关系。

（三）线下活动营销

筑脸平台还有一些线下的小活动，对筑脸网的营销活动起到了较为良好的作用，达到了助力推广的目的。其一，筑脸网有时会派出一些工作人员在各大商场、超市卖场等各种人群密集的地方发放筑脸的传单以及筑脸平台的宣传册，让大众对筑脸平台有着更深刻的认识，从而达到吸引大众在筑脸网上寻找产品或服务的目的。其二，筑脸网也会进行水货刷机工作，即通过推荐行人扫描二维码下载筑脸 APP 或关注公众号赠送小礼品的方式增加 APP 的下载使用量以及公众号的关注阅读量。其三，也有工作人员创建筑脸的微信群，每一个员工都积极向身边的人推广筑脸网，每人每月都会有一个推广额度，年底会根据拉人数量这种业绩发放奖金，通过激励法让员工拉各种关系的亲朋好友或者合作伙伴进群，吸引更多的人进群了解筑脸的基本内容。其四，筑脸寻找兼职，以不同区域、不同行业影响力的人有偿转发分享筑脸平台的推文，将筑脸的信息散播到各个不同的人群、行业中，达到了良好的营销效果。

这些活动虽然看似扩展度不高，也是很多企业惯用的推广手段，但是活动虽小，五脏俱全，也是筑脸推广的一大助力，为筑脸吸收到了一部分用户。例如微信公众号的关注数量每天能平稳增加 10～20 人，微信端粉丝关注有 5 万。公众号中较好的文章有四五千人浏览，较一般的文章也有千八百个人浏览。而三端活跃人数都在18 000～20 000人。

（四）城市站与合伙人制度

1. 城市站运营

筑脸网在全国设立 336 个城市站，其中在浙江的绍兴、嘉兴、宁波等城市站已经真正落地运营，并且向其他地区寻求城市站的合作。在各个地区的城市站中，作为地区分公司，主要负责收集该地区的建筑资源，收集目标客户的消费需求以及地区的细分市场因素等；为实现精准连接，筑脸公司总部为城市站提供一定的技术与人员的支持，城市站可以根据地区的特色，开展具有地区特点的筑脸服务。并且总部还会帮助地区建立地区网站、地区微信公众号等工具，协助地区筑脸的发展。

2. 筑脸合伙人制度

筑脸网为筹集资金，推出筑脸合伙人制度，投资人可以以投资入股的方式加入到筑脸公司，成为筑脸公司的股东，同时加入到筑脸网推广与营销当中，为实现建筑行业一条龙而努力。筑脸的合伙人不一定是个人，也可以是一个企业，或者是一个团队，任何对建筑行业感兴趣，同时愿意为实现建筑产业新生态而努力的人都可以加入其中。

当一个城市站落地运营后，需要寻找合伙人，找到合适的合伙人，就可以对城市站进行区域的改造，使城市站与所在区域结合。之后就是信息的收集与分析，寻找目标客户，设计目标产品。可以得出，筑脸合伙人制度是为实现筑脸的精准连接而设立的重要的制度。

四、研究结论

本文通过对筑脸网运营发展的深入研究，运用产业生态系统理论，探讨了筑脸网的成功之道，指出了“互联网＋建筑”对于建筑行业发展变革的重要意义。在此基础上，提出我们对民营企业发展的建议，以供相关企业借鉴。

我们认为，筑脸网能够在激烈的市场竞争中取得一席之地，很大程度上得益于企业洞察并把握了互联网时代建筑产业中所蕴藏的发展契机，将“互联网＋建筑”有效结合，聚焦建筑产业领域，结合互联网打造一个产业大平台，连接建筑的一切——以三端合一为连接平台载体，以核心产品去连接客户需求，以线下活动推动连接，从而连接建筑产业上下游一切企业，为建筑产业企业提供互联网解决方案，推动行业新生态的发展。

参考文献：

[1]张仕廉，许梦，叶贵. 区域建筑产业生态系统健康评价研究[J]. 管理现代化，2014，34(5)：37－39.

[2]方猷. 阮木：抢占“互联网＋建筑”大市场[J]. 浙商，2016(13)：104－104.

[3]Frosch，R. A. ，Gallopoulos，N. E. Stratgies for Manufacturing[J]. Scientific American，1989，261，144－152.

[4]李晓华，刘峰. 产业生态系统与战略性新兴产业发展[J]. 中国工业经济，2013(3)：20－32.

[5]尤完，卢彬彬. 基于“互联网＋”环境的建筑业商业模式创新类型研究[J]. 北京建筑工程学院学报，2016，32(3)：150－154.

[6]王大林，杨蕙馨. 信息革命与新常态背景下的新产业生态系统[J]. 广东社会科学，2016(1)：15－25.

思考题

1. 筑脸网的核心产品有哪些？其如何有效满足客户需求？

2. 筑脸网目前开展了哪些线下活动？试分析这些活动对于筑脸网构建建筑产业生态系统的有效性。

案例编写：戴婷婷(工商 161)、陈　娇(国贸 161)、
张志浩(工商 152)、吴佳秀(英语 172)
指导老师：雷　宇